跨境电子商务

鲁丹萍 张博融 主 编

林 俐 孙 惠 副主编

立信会计出版社
LIXIN ACCOUNTING PUBLISHING HOUSE

图书在版编目(CIP)数据

跨境电子商务 / 鲁丹萍,张博融主编. —上海:立信会计出版社,2017.8
ISBN 978 - 7 - 5429 - 5491 - 6

Ⅰ.①跨… Ⅱ.①鲁… ②张… Ⅲ.①电子商务 Ⅳ.①F713.36

中国版本图书馆 CIP 数据核字(2017)第 194972 号

策划编辑	赵志梅
责任编辑	赵志梅
封面设计	南房间

跨境电子商务

Kuajing Dianzi Shangwu

出版发行	立信会计出版社		
地　　址	上海市中山西路 2230 号	邮政编码	200235
电　　话	(021)64411389	传　　真	(021)64411325
网　　址	www.lixinaph.com	电子邮箱	lxaph@sh163.net
网上书店	www.shlx.net	电　　话	(021)64411071
经　　销	各地新华书店		

印　　刷	常熟市梅李印刷有限公司
开　　本	787 毫米×1092 毫米　1/16
印　　张	13.25
字　　数	317 千字
版　　次	2017 年 8 月第 1 版
印　　次	2017 年 8 月第 1 次
印　　数	1—3100
书　　号	ISBN 978 - 7 - 5429 - 5491 - 6/F
定　　价	32.00 元

前　　言

　　跨境电子商务作为电子商务发展的延伸,适应了当今世界全球化发展的浪潮,也是电子商务发展的必然结果。本书主要介绍了跨境电子商务的相关概念及发展历程,举例介绍了跨境电子商务的实际操作方法及操作技巧,涵盖了从售前准备到售后服务的整个流程。

　　本书共九章,第一章,跨境电子商务概述,介绍跨境电子商务的基本原理及运营方式;第二章至第四章,分别从售前准备、店铺装修、订单处理这三个方面着眼,介绍了跨境电子商务的具体步骤;第五章至第九章,选取了速卖通和 eBay 两个平台,介绍跨境电子商务的操作技巧。

　　本书可作为高职高专经济管理专业的教材,也可作为广大对跨境电子商务有兴趣人士的操作参考书。

　　本书由温州职业技术学院的鲁丹萍教授和台湾慈济大学的张博融担任主编,温州大学商学院的林俐教授和南京江宁高等职业学校的孙惠讲师担任副主编。具体分工如下:鲁丹萍编写第五章至第九章,张博融编写第一章和第二章,林俐编写第三章,孙惠编写第四章。

　　由于时间仓促,加之水平有限,书中难免有疏漏之处,还请读者批评指正。

编　者

目　　录

第一章

跨境电子商务概述

知识目标

1. 掌握跨境电子商务的含义
2. 了解跨境电子商务的政策及跨境电子商务的运营模式
3. 掌握跨境电子商务的职业要求

技能目标

1. 能够开展跨境电子商务的政策调查
2. 能够分析跨境电子商务企业对职业的要求,开展职业规划

关键概念

跨境电子商务　进出境商品管制　跨境电子商务职业

职业核心能力

自我学习能力　信息处理能力　政策解读能力　跨境电子商务的职业素养
解决问题能力

知识导图

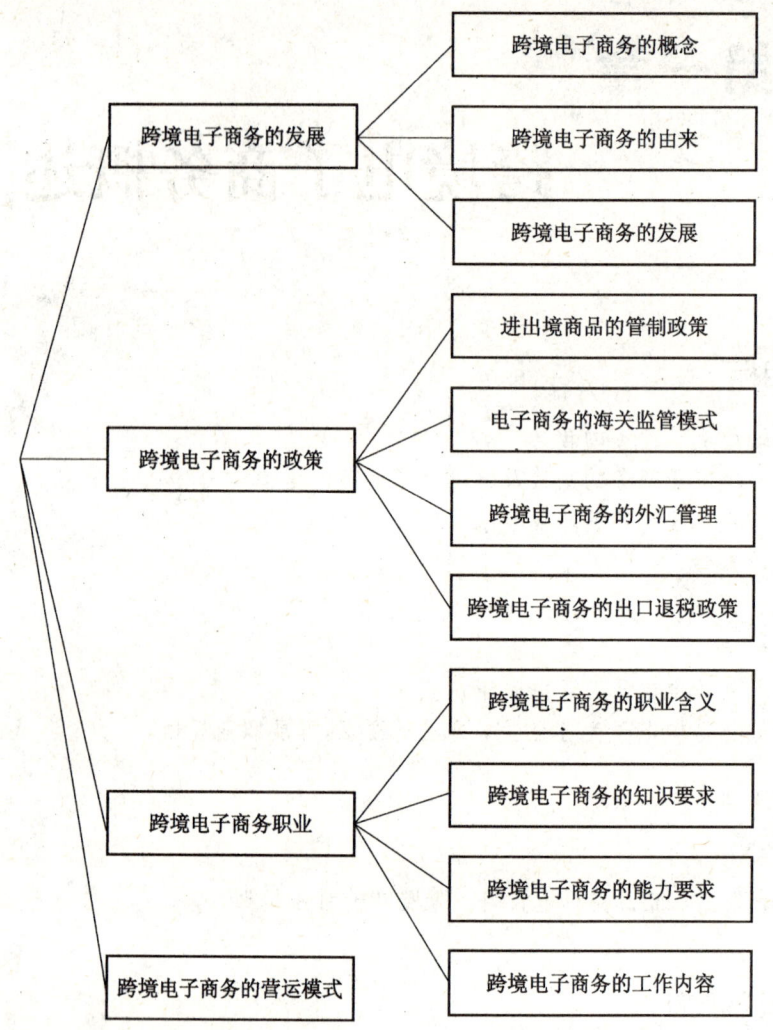

第一节 跨境电子商务的发展

【引例】

技能点:跨境电子商务平台应用

案例资料:

2016 年,全球电子商务市场规模超过 25 万亿美元,成为世界经济的亮点和新增长点。其中,跨境电商表现尤为抢眼。据艾瑞咨询的调查显示,2016 年中国跨境电子商务规模达到 2 198 亿元,比 2015 年增长 80% 以上。在中国外贸增速持续放缓的大背景下,跨境电子商务作为一种新型的国际贸易发展方式,正逐渐成为新常态下稳外贸增长、促经济发展的新动力、新引擎。

2016 年 1 月 6 日,国务院总理李克强主持召开的国务院常务会议决定,将先行试点的中国(杭州)跨境电子商务综合试验区初步探索出的相关政策体系和管理制度,向更大范围推广。按照合理布局、注重特色和可操作性的原则,在东、中、西部选择一批基础条件较好,进出口和电子商务规模较大的城市,新设跨境电子商务综合试验区,复制推广。

思考问题:

为什么要设立中国跨境电子商务综合试验区?

分析提示:

中国跨境电子商务综合试验区是中国设立的跨境电子商务综合性质的先行先试的城市区域,旨在跨境电子商务交易、支付、物流、通关、退税、结汇等环节的技术标准、业务流程、监管模式和信息化建设等方面先行先试,通过制度创新、管理创新、服务创新和协同发展,破解跨境电子商务发展中的深层次矛盾和体制性难题,打造跨境电子商务完整的产业链和生态链,逐步形成一套适应和引领全球跨境电子商务发展的管理制度和规则,为推动中国跨境电子商务健康发展提供可复制、可推广的经验。

跨境电子商务作为推动经济一体化、贸易全球化的技术基础,具有非常重要的战略意义。跨境电子商务不仅冲破了国家间的障碍,使国际贸易走向无国界贸易,同时它也正在引起世界经济贸易的巨大变革。对企业来说,跨境电子商务构建的开放、多维、立体的多边经贸合作模式,极大地拓宽了进入国际市场的路径,大大促进了多边资源的优化配置与企业间的互利共赢;对于消费者来说,跨境电子商务使他们非常容易地获取其他国家的信息并买到物美价廉的商品。

一、跨境电子商务概述

(一) 跨境电子商务的概念

跨境电子商务是指分属不同关境的交易主体,通过电子商务平台达成交易、进行支付结算,并通过跨境物流送达商品、完成交易的一种国际商业活动。

跨境电子商务利用现有产业平台与资源优势,探索制定跨境电子商务综合服务体系以及跨境电子商务进出口所涉及的在线通关、检验检疫、退税、结汇等基础信息标准和接口规范,实现海关、国检、国税、外管等部门与电子商务企业、物流配套企业之间的标准化信息流通。

(二) 跨境电子商务的特征

跨境电子商务是基于网络发展起来的,网络空间相对于物理空间来说是一个新空间,是一个由网址和密码组成的虚拟但客观存在的世界。网络空间独特的价值标准和行为模式深刻地影响着跨境电子商务,使其不同于传统的交易方式而呈现出自己的特点。

跨国电子商务具有如下特征(基于网络空间的分析)。

1. 全球性

网络是一个没有边界的媒介体,具有全球性和非中心化的特征。依附于网络发生的跨境电子商务也因此具有了全球性和非中心化的特性。

> 议一议:跨境电子商务的主要特征是什么

2. 无形性

数字化产品和服务基于数字传输活动的特性也必然具有无形性,传统交易以实物交易为主,而在电子商务中,无形产品却可以替代实物成为交易的对象。以书籍为例,传统的纸质书籍,其排版、印刷、销售和购买被看作是产品的生产、销售。然而在电子商务交易中,消费者只要购买网上的数据使用权便可以使用书中的知识和信息。而如何界定该交易的性质、如何监督、如何征税等一系列的问题却给税务和法律部门带来了新的课题。

3. 匿名性

由于跨境电子商务的非中心化和全球性的特性,因此很难识别电子商务用户的身份和其所处的地理位置。在线交易的消费者往往不显示自己的真实身份和自己的地理位置,重要的是这丝毫不影响交易的进行,网络的匿名性也允许消费者这样做。但电子商务交易的匿名性导致了逃税和避税现象的恶化,网络的发展降低了避税成本,使电子商务避税更轻松易行。

4. 即时性

传统交易模式和信息交流方式,如信函、电报、传真等,在信息的发送与接收之间,存在着长短不同的时间差。而电子商务中的信息交流,无论实际时空距离远近,一方发送信息与另一方接收信息几乎是同时的,就如同生活中面对面交谈。某些数字化产品(如音像制品、软件等)的交易,还可以即时结清,订货、付款、交货都可以在瞬间完成。

5. 无纸化

电子商务主要采取无纸化操作的方式,这是以电子商务形式进行交易的主要特征。在电子商务中,电子计算机记录取代了一系列的纸面交易文件,用户发送或接收电子信息。由于电子信息以比特的形式存在和传送,整个信息发送和接收过程实现了无纸化。无纸化带来的积极影响是使信息传递摆脱了纸张的限制,但由于传统法律的许多规范是以规范"有纸交易"为出发点的,因此,无纸化带来了一定程度上的法律混乱。

6. 快速演进

互联网是一个新生事物,现阶段它尚处在幼年时期,网络设施和相应的软件协议的未来发展具有很大的不确定性。但税法制定者必须考虑的问题是网络,像其他的新生儿一样,必将以前所未有的速度和无法预知的方式不断演进。基于互联网的电子商务活动也处在瞬息万变的过程中,短短的几十年中电子交易经历了从 EDI(电子数据交换)到电子商务零售业兴起的过程,而数字化产品和服务更是花样出新,不断改变着人类的生活。

二、跨境电子商务的由来

近几年来,随着电子商务产业环境的变化,外贸电子商务逐步走入公众的视野。跨境电子商务是基于网络发展起来的,是一种全新的贸易运作方式,打破了地域分离,缩短了信息流动时间,使生产和消费更为贴近,降低了物流、资金流及信息流的传输处理成本,是对传统贸易方式的一次彻底革命。

当前,我国跨境电子商务蓬勃发展,已形成流通领域的新业态,并将逐渐发展为"E 国际贸易方式",成为在国际贸易中掌握主动权的重要领域。

三、跨境电子商务的发展

(1)贸易的碎片化趋势促使传统贸易模式发生变革。随着国际分工的深化和互联网的发展,外贸领域逐步出现一种崭新的贸易模式——跨境电子商务模式,进口商出于资金及风险的考虑,倾向于将传统的大额交易转为中小额交易,长期采购变为短期、多批次采购,进口商采购行为的变化使通过互联网开展的跨境小额批发或零售业务迅速发展起来;而一些个人购买者也可以在全球购物网站上进行比价和购买高性价比产品,这些数量众多、散布在全球各地的长尾需求,也成为推动跨境电子商务发展的强大引擎。

(2) 技术创新及配套服务的完善扩充了跨境电子商务的在线交易功能。随着相关 IT 技术的不断完善,以 PayPal 为代表的国际性第三方在线支付平台在全球范围内的广泛使用,新兴第三方在线支付平台的不断涌现,以及各类传统金融、支付机构迅速开发网上支付业务,跨境电子商务所依托的跨境支付模式日趋成熟。

(3) 产业链利润的重新分配成为促进跨境电子商务快速发展的内生动力。国际贸易未来的发展趋势必然使销售渠道缩短,国内企业可以通过跨境电子商务直接建立国内产品与境外批发商/终端消费者的营销渠道,自主掌控产品的境外营销环节,重新拥有产品的国际市场定价权,把产业链的主要利润留存在国内经营者手中;同时,可以直接和消费者联系,更清楚目标市场的需求,更好地指导产品的研发、设计和生产。

(4) 全球跨境电子商务的法律环境日趋规范。从 1981 年欧盟推出贸易数据交换指导原则以来,不同国际组织和国家已经推出了涉及电子商务和贸易的各种框架协定和文件近百个。特别在 WTO 多哈回合谈判陷入僵局的情况下,2010 年,联合国国际贸易委员会开始起草《跨境电子商务交易网上争议解决:程序规则》,已经取得重要进展。同时,作为电子商务的一个重要法律基础,电子签名法案在美国、欧盟等多个国家陆续签署,为跨境电子商务的开展奠定了实施基础。

(5) 全球跨境电子商务发展不平衡但潜力巨大。美国、日本、新加坡、韩国等国的跨境电子商务发展环境建设和成效明显,处于第一梯队。中国、俄罗斯、智利等国的跨境电子商务在政策环境、技术水平应用层次和效果上处于极有潜力的发展阶段。同时,还有很多国家处于起步阶段和改善追赶过程中。由此判断,未来 10 年将是跨境电子商务发展的黄金时期。

第二节　跨境电子商务的政策

一、进出境商品管制政策

进出境商品管制是指一国政府为了国家的宏观经济利益、国内外政策需要,以及履行所缔结或加入国际条约的义务,确立实行各种制度、设立相应管理机构和规范对外贸易活动的总称。进出境商品管制政策的目的是为了发展本国经济,保护本国经济利益,达到国家政治或军事目的,实现国家职能。

重点与难点:跨境电子商务政策

1. 出入境检验检疫制度

跨境电子商务活动中,进出境商品管制政策主要体现在出入境检验检疫制度。出入境检验检疫制度是我国贸易管制制度的重要组成部分,其目的是为了维护国家声誉和对外贸易有关当事人的合法权益,保证国内的生产、促进对外贸易健康发展,保护我国的公共安全和人民生命财产安全等,是国家主权的具体体现。进出口商品检验制度是根据《中华人民共和国进出口商品检验法》(以下简称《进出口商品检验法》)及其实施条例的规定,国家质量监督检验检疫总局及其口岸进出境检验检疫机构对进出口商品进行品质、质量检验和监督管理的制度。

2. 进出口许可管理制度

货物、技术进出口许可管理制度是我国进出口许可管理制度的主体,既包括准许进出口的有关证件的审批和管理制度本身的程序,也包括以国家各类许可为条件的其他行政管理手续。其管理范围包括禁止进出口技术和货物、限制进出口技术和货物、自由进出口技术及实行自动许可管理的货物。其中,货物、技术进出口许可管理制度是我国进出口许可管理制度的主体。

技能点:跨境电子商务政策调查

3. 对外贸易经营者管理制度

对外贸易经营者管理制度是我国对外贸易管理制度之一,对外贸易经营者管理制度是我国为了鼓励对外经济贸易的发展,发挥各方面的积极性,保障对外贸易经营者的对外自主权,由商务部和相关部门制定的一系列法律、行政法规、部门规章的总和。对外贸易经营者管理制度对对外贸易经营活动中涉及的相应内容作出了规范,对外贸易经营者在进出口经营活动中必须遵守。

4. 其他进出境商品管制政策

其他进出境商品管制政策还包括进出口货物收付汇管理措施、对外贸易救济措施等管制政策。

二、跨境电子商务出口退税政策

跨境电子商务在创造巨大财富价值的同时,也对建立在传统贸易基础上的税收法律体系和征管工作机制带来了巨大冲击。

从交易对象来看,分两种情况:一是对于有形商品,无法通过互联网进行实物交割,必须进行离线交易,跨境货物通过海关办理通关手续,因此按照国家相关规定,向海关申报纳税亦属理所应当。二是对于无形商品,情况比较复杂,既可以通过载体以实物形式向海关申报纳税,也可以通过互联网或其他通信网络完成交易。由于交易过程无须通过海关,不受地域和空间的影响,海关亦无有效手段对此类交易进行监管,故无形商品的在线交易模式将对海关税收产生重大影响。

从交易主体来看,分两种情况:一是 B2B 模式,即企业之间通过互联网完成交易的谈判、签约、在线方式完成支付,并通过离线或在线方式完成交易。B2B 模式下的跨境交易具有规模大、种类多、不具备最终消费特征等特点,应按照进出境货物实施管理,海关征收关税和进口环节代征税。二是 B2C 和 C2C 模式,即企业与消费者或消费者之间通过互联网完成洽谈、订单确认、在线支付等手续,通过在线或离线方式完成交易对象的交割。由于 B2C 和 C2C 模式都针对终端消费者,因而具有规模小、批次多、品种杂、符合个性化要求、最终消费特征明显等特点。目前,按照进出境物品实施管理,海关征收行邮税。

2013年9月公布的《国务院办公厅转发商务部等部门关于实施支持跨境电子商务零售出口有关政策意见的通知》中明确提出,要实施适应电子商务出口的税收政策,解决电子商务出口企业无法办理出口退税的问题。《财政部国家税务总局关于跨境电子商务零售出口税收政策的通知》(财税〔2013〕96号)规定,自2014年1月1日起,对符合条件的跨境电子商务零售出口(以下简称电子商务出口)企业执行增值税、消费税退(免)税和免税政策(以下简称退免税)。从某种意义上讲,跨境电子商务网上"私人订制"的出口货物,真正让卖方实现了退免税。跨境电子商务出口退税政策落地,对鼓励我国自有品牌走向海外有积极意义。

职业判断：

跨境电子商务企业出口退税了,你知道吗?

长期以来,跨境电子商务企业面临着退税、结汇的难题,游走在政策和法律的灰色地带。如今,随着国家政策的陆续出台,退税问题迎刃而解,跨境电商可以光明正大地享受相关出口退税优惠。

那么,出口退税要怎么享呢? 国家税务总局出台的(财税〔2013〕96号)文件明确了跨境电子商务企业出口退税的相关政策。

同时符合下列条件的电子商务企业,可以享受增值税、消费税退(免)税政策:

1. 电子商务出口企业属于增值税一般纳税人并已向主管税务机关办理出口退(免)税资格认定。

2. 出口货物取得海关出口货物报关单(出口退税专用),且与海关出口货物报关单电子信息一致。

3. 出口货物在退(免)税申报期截止之日内收汇。

4. 电子商务出口企业属于外贸企业的,购进出口货物取得相应的增值税专用发票、消费税专用缴款书(分割单)或海关进口增值税、消费税专用缴款书,且上述凭证有关内容与出口货物报关单(出口退税专用)有关内容相匹配。

不满足以上条件但同时符合下列条件的,同样适用增值税、消费税免税政策:

1. 电子商务出口企业已办理税务登记。

2. 出口货物取得海关签发的出口货物报关单。

3. 购进出口货物取得合法、有效的进货凭证。

相信随着各项利好政策的陆续出台,越来越多的跨境电商会享受到政策福利,逐步走向阳光化发展道路!

思考问题：

符合什么条件的电子商务企业,可以享受退(免)税政策?

第三节 跨境电子商务职业

跨境电子商务是国际贸易、国际市场营销、国际商务中的一个新领域,是适应信息时代和网络时代对电子商务职业人才强烈需求而发展起来的专业。社会对跨境电子商务技能型人才需求量很大,近些年来该类人才一直供不应求。从我国人口结构变化和发展的趋势看,高中教育和高等教育需求的高峰即将到来。如果只有高中和大学这一条"独木桥",不仅教育需求与教育资源供给之间的矛盾很难缓解,还会造成教育资源和人力资源的浪费。因此,必须进一步完善国民教育体系,加快职业教育发展,合理配置教育资源,加强电子商务职业教育,实行教育合理分流。

> **技能点:**跨境电子商务岗位需求调查

一、跨境电子商务职业的含义

跨境电子商务职业是指具有敬业精神、创新精神和较强实践能力,具有较高职业道德水平,知识、能力、素质协调发展,面向从事对外贸易的电子商务相关的一线岗位,以及使用电子商务专业知识从事国内外网络贸易能力的较高素质的商务技能型、应用型岗位。

> **议一议:**跨境电子商务人才需要具备什么素质

二、跨境电子商务的知识要求

从电子商务的技术性来看,无论是侧重电子技术的技术型人才的培养,还是侧重商务技巧的商务型人才的培养,都是强调必须重视知识、技能的培养和应用,即强调从业者应该拥有足够的电子技术和商务技巧两方面知识。懂得电子商务技术手段,能够将商务需求转化为电子商务应用,熟知电子商务环境下的商务运作方式和模式,如企业资源计划管理,供应链管理,客户关系管理等管理方式,以及虚拟企业、网上商场、网上采购、电子支付等商务模式,理解电子商务环境下的网络营销、商务谈判等业务的特点及其组织和管理。

三、跨境电子商务的能力要求

跨境电子商务要求从业人员具备商务方面和计算机网络等多方面的技能,以及借助现代信息技术来开展各种商务活动的能力,对于电子商务要有较高的认知水平和先进的电子商务意识,可以概括为以下几个方面的业务能力。

1. 计算机网络应用能力

要具备一定的有关计算机网络硬件技术方面的能力,了解各网络设备的功能及有关网络产品的性能,具备熟练的网络操作技能。

2. 电子商务应用能力

要具备电子商务实施软件的应用能力;具备电子商务系统的选择、安装、调试和维护等技能和电子商务安全等方面的知识和技能;具备网站策划、网站开发、网站编辑等能力。

3. 电子商务管理能力

具备网络推广的技能、市场信息分析与处理能力；市场调研和市场推广能力、网站运营能力等。

请注意：

跨境电子商务招聘工作岗位有别于传统外贸招聘工作岗位。

传统外贸招聘工作岗位主要有外贸业务员、外贸单证员、外贸跟单员、报关员、报检员、外贸货代员等。

四、跨境电子商务的工作内容

目前，跨境电子商务工作主要是中小企业从事外贸电子商务和网络营销相关的工作，典型职业岗位（群）以及对应的具体工作内容有：

（1）网上国际贸易（代表性岗位——外贸电子商务人员）：利用网络平台开发国际市场，进行国际贸易。

（2）企业网络营销业务（代表性岗位——网络营销人员）：主要是利用网站为企业开拓网上业务、网络品牌管理、客户服务、采购管理等工作。主要岗位有销售人员、渠道人员、客服人员、采购人员、市场人员、业务发展人员。

（3）新型网络服务商的内容服务（代表性岗位——网站运营人员、主管）：频道规划、信息管理、频道推广、客户管理等。

（4）跨境电子商务创业，借助电子商务这个平台，利用虚拟市场提供产品和服务，也可以直接为虚拟市场提供服务。

五、跨境电子商务的平台

跨境电子商务平台是一个为企业或个人提供网上跨境交易洽谈的平台。企业电子商务平台是建立在 Internet 网上进行商务活动的虚拟网络空间和保障商务顺利运营的管理环境；是协调、整合信息流、物质流、资金流有序、关联、高效流动的重要场所。企业、商家可充分利用跨境电子商务平台提供的网络基础设施、支付平台、安全平台、管理平台等共享资源有效地、低成本地开展自己的国际商业活动。

跨境电子商务平台通过互联网展示、宣传或者销售自身产品的网络平台载体越来越趋于平常化。电子商务平台扩展另外一种途径——互联网营销，让用户多一种途径来了解、认知或者购买我们的商品。电子商务平台可以帮助中小企业甚至个人，自主创业，独立营销一个互联网商城，达到快速盈利的目的，而且只需要很低的成本就可以实现这一愿望。

跨境电子商务平台可以帮助同行业中已经拥有电子商务平台的用户，可以提供更专业的电子商务平台解决方案。发展跨境电子商务，不是一两家公司就能够推动的，需要更多专业人士共同参与和奋斗，共同发展。

第四节　跨境电子商务的营运模式

跨境电子商务的主要营运模式包含三种,分别是 B2B、B2C、C2C。2013 年包含 B2B、B2C、C2C 在内的国内跨境电商总交易规模约 3.1 万亿元,其中 88.2% 是跨境出口,跨境进口仅占 11.8%。

1. B2B

B2B(又称 BTB)是指企业对企业之间的营销关系,它将企业内部网,通过 B2B 网站与客户紧密结合起来,通过网络的快速反应,为客户提供更好的服务,从而促进企业的业务发展。近年来,B2B 发展势头迅猛,趋于成熟。

> 重点与难点:B2B

提起 B2B 电子商务的网站模式,首先会想到类似于阿里巴巴等为企业发布供求信息或撮合交易的第三方 B2B 平台。其实,这只是其中的一种模式而已,大型企业自营的 B2B 平台、垂直行业 B2B 网站也是 B2B 电子商务的网站模式。不同类别的 B2B 网站模式有自己本身的特点和运作方式。

1) 大型企业自营的 B2B 网站

大型企业自营的 B2B 网站是大型企业为了提高效率,减少库存,降低采购、销售等方面的成本,或者其他原因,和它的用户或供应商之间的交易通过互联网来完成,为此建立的 B2B 网站。这种模式的 B2B 网站比较少,只有大型企业才有,如 Cisco 公司。Cisco 公司是全球最大的互联网络连接设备提供商,早在 1991 年开始采用"Pre-Web"系统,借助互联网络提供电子支持服务。1996 年 7 月,经过重新改造、设计的 Cisco 公司网站实现了客户通过网络直接订货。这种 B2B 网站给 Cisco 公司带来了极大利润和竞争力,估计在线销售每年可以节省 3.63 亿美元,而 Cisco 公司的网上销售额每年增长可高达 60% 以上。

相对于第三方 B2B 网站来说,这种模式的 B2B 网站才实现了真正意义上的电子商务:企业间商务活动的绝大多数环节都可以通过网络进行,如供求信息的发布与交易的协商、电子单据的传输、网上支付与结算、货物配送和售后服务等。事实上,大型企业自建的 B2B 网站的交易额在全部企业电子商务交易总额中占支配地位。

2) 垂直行业型 B2B 网站

垂直行业型 B2B 网站是定位在某个行业内企业间电子商务的网站,也被称为垂直门户或者行业门户网站,它是第三方 B2B 平台的一个分类,其特点是专业性强,并通常拥有该行业资源的背景,更容易集中行业资源,吸引行业生态系统内多数成员的参与,同时也容易引起国际采购商和大宗买主的关注。

总的来说,垂直 B2B 网站在某个行业的专业性方面,优胜于综合型 B2B 网站,因此,垂直型 B2B 网站的发展进步很快,并逐渐受到企业的青睐。

3) 第三方经营的 B2B 网站

第三方经营的 B2B 网站是指由第三方建设的,为广大大、中、小企业提供信息发布或撮合交易的 B2B 平台。例如,CA 买卖网是为买卖双方提供信息发布平台,促成交易机会,并可通过网站上的电子网照功能实现企业开展线上经营活动所需的包括供求信息发布、在线洽谈、电子合同、网上保付、网上物流等交易流程。

2. B2C

B2C是电子商务按交易对象分类中的一种,即表示商业机构对消费者的电子商务。传统海淘模式是一种典型的B2C模式。严格来讲,"海淘"一词的原意是指:中国国内消费者直接到外国B2C电商网站上购物,然后通过转运或直邮等方式把商品邮寄回国的购物方式。除直邮品类之外,中国消费者只能借助转运物流的方式完成收货。简单来讲,就是在海外设有转运仓库的转运公司代消费者在位于国外的转运仓地址收货,之后再通过第三方或转运公司自营的跨国物流将商品发送至中国口岸。

目前,B2C跨境电商主要有以下几种模式。

1)综合型B2C

综合型B2C应发挥自身的品牌影响力,积极寻找新的利润点,培养核心业务。例如,亚马逊借助国际化的背景,探索国际品牌代购业务或者国际品牌产品销售等新业务。网站建设要在商品陈列展示、信息系统智能化等方面进一步细化。对于新老客户的关系管理,需要精细化管理客户体验的内容,提供更加人性化、直观的服务;选择较好的物流合作伙伴,增强物流实际控制权,提高物流配送服务质量。

2)垂直型B2C

垂直型B2C应在核心领域内继续挖掘新亮点。积极与知名品牌生产商沟通与合作,化解与线下渠道商的利益冲突,扩大产品线与产品系列,完善售前、售后服务,提供多样化的支付手段。鉴于个别垂直型B2C运营商开始涉足不同行业,需要规避多元化的风险,避免资金分散。与其投入其他行业,不如将资金放在物流配送建设上。可以尝试探索"物流联盟"或"协作物流"模式,若资金允许也可逐步实现自营物流,保证物流配送质量,增强用户的粘性,将网站的"三流"完善后再寻找其他行业的商业机会。

3)传统生产企业网络直销型B2C

先要从战略管理层面明确这种模式未来的定位、发展与目标。协调企业原有的线下渠道与网络平台的利益,实行差异化的销售,如网上销售所有产品系列,而传统渠道销售的产品则体现地区特色;实行差异化的价格,线下与线上的商品定价根据时间段不同设置不同价格。线上产品也可通过线下渠道完善售后服务。在产品设计方面,要着重考虑消费者的需求感觉。大力吸收和挖掘网络营销精英,培养电子商务运作团队,建立和完善电子商务平台。

4)第三方交易平台型B2C网站

B2C受到的制约因素较多,但中小企业在人力、物力、财力有限的情况下,这不失为一种拓宽网上销售渠道的好方法。首先是中小企业要选择具有较高知名度、点击率和流量的第三方平台;其次要聘请懂得网络营销、熟悉网络应用、了解实体店运作的网店管理人员;再次是要以长远发展的眼光看待网络渠道,增加产品的类别,充分利用实体店的资源、既有的仓储系统、供应链体系以及物流配送体系发展网店。

5)传统零售商网络销售型B2C

传统零售商自建网站销售,将丰富的零售经验与电子商务有机地结合起来,有效地整合传统零售业务的供应链及物流体系,通过业务外包解决经营电子商务网站所需的技术问题。

3. C2C

C2C是个人与个人之间的电子商务。C2C即消费者间通过电子商务网站为买卖用户双方提供一个在线交易平台,使卖方可以在上面发布待出售的物品的信息,而买方可以从中选择进行购买,同时,为便于买卖双方交易,提供交易所需的一系列配套服务。

简称"海代"的海外代购模式是继"海淘"之后第二个被消费者熟知的跨国网购概念。与海淘不同的是,海外代购通常是消费者面对消费者,属于典型的C2C模式。简单来说,就是身在海外的人/商户为有需求的中国消费者在当地采购所需商品并通过跨国物流将商品送达消费者手中的模式。

海外代购平台的运营重点在于尽可能多地吸引符合要求的第三方卖家入驻,不会深度涉入采购、销售和跨境物流环节。入驻平台的卖家一般都是有海外采购能力或者跨境贸易能力的小商家或个人,他们会定期或根据消费者订单集中采购特定商品,在收到消费者订单后再通过转运或直邮模式将商品发往中国。

其模式优势是为消费者提供了较为丰富的海外产品品类选项,用户流量较大。劣势在于消费者对于入驻商户的真实资质报以怀疑的态度,交易信用环节可能是C2C海代平台目前最需要解决的问题之一;对跨境供应链的涉入较浅,或难以建立充分的竞争优势。

知识与技能训练

一、单项选择题

1. 跨境电子商务是基于(　　　)发展起来的。
   A. 网络　　　　　　　　　　　　　　B. 全球化
   C. 科技　　　　　　　　　　　　　　D. 人们不断增长的需求

2. 在跨境电子商务活动中,进出境商品的管制政策主要体现在(　　　)。
   A. 对外贸易经营者管理制度　　　　　B. 其他进出境商品管制政策
   C. 出入境检验检疫制度　　　　　　　D. 进出口许可管理制度

3. 由于跨境电子商务的(　　　)和全球性的特性,因此很难识别电子商务用户的身份和其所处的地理位置。
   A. 无纸化　　　　B. 非中心化　　　　C. 信息化　　　　D. 跨境

4. (　　　)模式仍是国际电子商务的主要模式。
   A. B2C　　　　　B. C2B　　　　　　C. B2B　　　　　D. C2C

5. 跨境电子商务是我国目前积极支持的一项业务,主要是从(　　　)角度予以支持,跨境电子商务机构和个人通过第三方支付完成资金转移。
   A. 资金收付　　　　　　　　　　　　B. 国内需求增长
   C. 普惠制政策　　　　　　　　　　　D. 资金存储

6. 对外贸易经营者管理制度是由商务部和相关部门制定的一系列(　　　)、法律、部门规章的总和。
   A. 行政法规　　　　　　　　　　　　B. 传统文化或习俗
   C. 国际条约　　　　　　　　　　　　D. 各个国家的特殊政策

7. 跨境电子商务要求从业人员具有计算机网络应用能力、电子商务应用能力和(　　　)能力。

A. 计算机网络开发   B. 不断的学习

C. 电子商务实践操作   D. 电子商务管理

8. B2B模式下的跨境交易具有规模大、种类多、( )等特点。

A. 及时快捷   B. 不具备最终消费

C. 全球化   D. 灵活化

9. 国际贸易未来的发展趋势必然是( ),同时,可以直接和消费者联系,从而更清楚目标市场的需求,更好地指导产品的研发、设计和生产。

A. 扩大市场需求   B. 增加各国各地区的销售代理商

C. 加强和国外公司的合作   D. 销售渠道缩短

10. 随着相关IT技术的不断完善,以PayPal为代表的国际性( )支付平台在全球范围内开始广泛使用。

A. 间接   B. 第三方   C. 直接   D. 线上

二、多项选择题

1. 跨境电子商务发展的原因有( )。

A. 贸易的碎片化趋势促使传统贸易模式发生变革

B. 技术创新及配套服务的完善扩充了跨境电子商务的在线交易功能

C. 产业链利润的重新分配成为促进跨境电子商务快速发展的内生动力

D. 全球经济一体化

2. 实行"先进区、后报关"创新监管模式,给企业通关带来的改变有( )。

A. 促进对外成交量   B. 降低物流成本

C. 规范申报行为   D. 缩短通关时间

3. B2C模式下,物流方面主要采用( )方式。

A. 航空小包   B. 邮寄

C. 快递   D. 国际多式联运

4. 出入境检验检疫制度是我国贸易制度的重要组成部分,其目的包括( )。

A. 维护国家声誉和对外贸易有关当事人的合法权益

B. 保证国内生产,促进对外贸易健康发展

C. 保护我国的公共安全和人民生命财产安全

D. 增强国际影响力

5. 为了适应跨境电子商务进口商业运作需求,海关系统逐步建立了一套跨境电商进口新型监管模式试点( )。

A. 保税监管   B. 分类审核   C. 清单验放   D. 汇总核销

三、判断题

1. 进出境商品管制是指一国政府为了国家的宏观经济利益,国内外政策需求以及履行所缔结或加入国际条约的义务,确立实行各种制度、设立相应的管理机构和规范对外贸易活动的总称。 ( )

2. 对于无形商品退税,情况比较复杂,但只能通过互联网或其他通信网络完成交易。 ( )

3. 在B2B模式下,企业运用电子商务以广告和信息发布为主,成交和通关流程基本在线下完成,本质上仍属传统贸易,纳入海关一般贸易统计。 ( )

4. 电子商务与传统的交易方式相比,只有一个特点就是电子商务是一种无边界交易,丧失了传统交易所具有的地理因素。   (   )

5. 美国财政部在其财政报告中指出,对基于全球化的网络建立起来的电子商务活动进行课税已经有完善的措施。   (   )

6. 传统交易以实物交易为主,而在电子商务中,无形产品却可以替代实物成为交易的对象。   (   )

7. 电子商务交易的即时性提高了人们交往和交易的效率,免去了传统交易中的中介环节,可以说百利而无一害。   (   )

8. 电子商务主要采取无纸化操作的方式,这是以电子商务形式进行交易的主要特征。
                                                                    (   )

9. 跨国电子商务具有不同于传统贸易方式的诸多特点,而传统的税法制度却是在传统的贸易方式下产生的,必然会在电子商务贸易中漏洞百出。   (   )

10. 全球电子商务交易模式涵盖了 B2B、B2C、C2C、C2B、B2G 等电子商务的基本模式,并在不断适应国际市场的需求中出现了更新的商务模式。但不可否认,B2B 模式仍是国际电子商务的主要模式。   (   )

四、案例分析

1. 李先生的跨境公司在今年获得了不错的收益,一切手续都办妥之后,李先生想申请出口退税,但不知道自己的企业是否符合标准,请问怎样的企业才能申请出口退税呢?李先生如果要申请退税有什么注意事项吗?

2. 小米同学未来想从事跨境电商类工作,但不清楚跨境电子商务的能力要求,你能给她些好的建议吗?

第二章

跨境电子商务的运营

知识目标

1. 掌握跨境电子商务的海外市场和潜在客户分析与定位方法
2. 了解选择商品的原则和标准
3. 掌握跨境电子商务的营销渠道

技能目标

1. 能进行跨境电子商务市场分析
2. 能选择跨境电子商务的商品和营销渠道

关键概念

市场分析 营销渠道 潜在客户

职业核心能力

市场分析能力 客户分析能力 渠道分析能力

知识导图

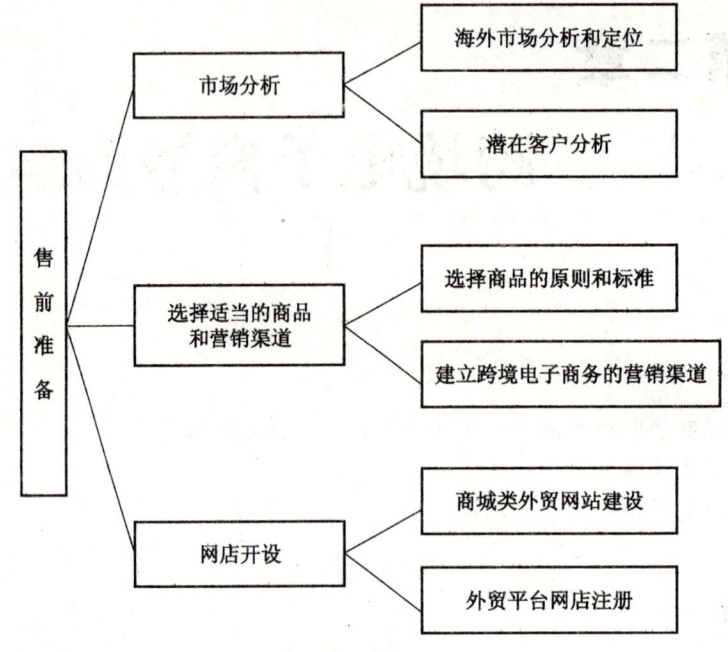

- 售前准备
  - 市场分析
    - 海外市场分析和定位
    - 潜在客户分析
  - 选择适当的商品和营销渠道
    - 选择商品的原则和标准
    - 建立跨境电子商务的营销渠道
  - 网店开设
    - 商城类外贸网站建设
    - 外贸平台网店注册

第一节　市　场　分　析

【引例】

2010年,时尚服饰美特斯邦威旗下的邦购网上线,集合了网络购物、时尚资讯和互动社区等多个板块。当时美特斯邦威信心十足,非常乐观地宣称,"时尚、快乐购物就从邦购开始!""无论您在何地,轻点鼠标,丰富多元、快速变化的时尚品款将会让您第一时间体验到惊喜和购物愉悦。"

技能点: 市场定位分析与潜在客户分析

美特斯邦威希望正式从传统渠道,走向传统渠道与电子商务渠道结合并行的双渠道模式,为此美特斯邦威还同时推出全新的线上品牌——AMPM。据悉,2011年1月3号,邦购网的日销售突破了30万元,日交易量超过1 000单,每单平均价值超过300元。

但谁也没有想到,在之后短短1年不到的时间,美特斯邦威发布公告称,因盈利难以保障,公司决定停止运营电子商务业务,网购平台交由控股股东打理。无论是资源配置、物流配送,还是营销运营都无法适应邦购网的发展需求,特别是面对专业B2C的打压,只有招架之功,根本没有还手之力。无可奈何,邦购网只能在6 000多万元白白打了水漂之后于2011年10月黯然收场。

思考问题:

你认为美特斯邦威失败的主要原因是什么?

分析提示:

美特斯邦威电子商务失败的最大原因,是对电商困难估计不足,以及电子商务人才的缺乏。美特斯邦威在其传统门店的发展过程中,建立了强大的物流配套设施,但是线下物流与电子商务所要求的并非完全匹配,而且美特斯邦威自始至终都没有有效地解决资源配置等方面的问题。此外,在电子商务筹备以及运营中,美特斯邦威三度更换域名,网站的技术也没有很好地支撑大规模用户的涌入,极大地影响了用户体验,才导致了最后的惨败。

一、海外市场分析

根据中国国际电子商务中心检测数据显示,2016 年跨境出口电子商务增速达到 22.5%,继续保持高速增长,逐渐成为拉动我国进出口贸易的主要力量。在海外市场,B2B 在线采购占据半壁江山。

> **重点与难点:**潜在客户分析

二、潜在客户分析

(1)最直接有效的方法就是与供应商沟通,询问现在他所卖产品中哪几款在国外很热销。因为供货的商家有很多自己也做出口的,所以他们对国外市场比较熟悉,他们每款产品的出单情况便是产品热销与否的直接反应,你只需问他们现在哪款产品出口国外较多,这样你上产品时心里就会有个底,这些热销产品要主推,要花更多的精力和时间去整理。

(2)使用关键词在 Google 和 eBay 及其他专业的网站(如 terapeak. com)搜索,并相互确认,确认是否为国外卖点。

(3)在国内相关的网站(阿里巴巴,淘宝)查找货源或者直接跑市场,确认是否有价位差。

(4)有合理价位差的货源,请立刻发布产品;有合理价位差,但无货源时,恭喜你,你找到了发大财的契机,请考虑自己办厂加工生产。

(5)关键词:多角度去搜,如万圣节到来,可以搜的关键词有(cosplay, custom, Halloween, pirate, queen, Michael Jackson, monkey)。

(6)要经常与客户沟通,看他们有什么需求,这很重要,因为这是最直接获取信息的渠道,会很有效果。

(7)了解国外买家对关键词的使用习惯,同样一个产品,不同国家使用的名字不一样。

(8)利用 Google 关键词工具。例如,在 Google adwords 中,搜"wholesale wigs",下面会出现很多相关的关键词及其对应的搜索量,比如出现"lace wigs",其搜索量很大,则说明其需求很大。

(9)多关注速卖通,及其他电子商务平台(eBay,亚马逊)上面的广告,热卖品推荐,及促销产品,这些就是热卖产品的风向标。速卖通上的促销一般在卖家频道可以提前看到。

(10)多参加电子商务会议,在里面不仅能多认识人,而且能得到不少热卖产品信息。

第二节　选择适当的商品和营销渠道

一、选择商品的原则和标准

1. 选择商品的原则和标准

要有适宜通过网络销售并且适合通过航空快递运输的商品。
这些商品基本符合下面的条件：

（1）体积较小。这主要是方便以快递方式运输，降低国际物流成本。

（2）附加值较高。价值低过运费的单件商品不适合单件销售，可以打包出售，从而降低物流成本占比。

（3）具备独特性。在线交易业绩佳的商品需要独具特色，才能不断刺激买家购买。

（4）价格较合理。在线交易价格若高于产品在当地的市场价，就无法吸引买家在线下买单。

2. 选择商品的注意事项

很多销售的商品，在跨境电子商务交易中会被禁止销售，如减肥药。所以卖家朋友在开店前需要对商品有充分了解。

（1）禁售的商品。比如，毒品及相关用品，医药相关商品，枪支、军火及爆炸物，管制武器，警察用品，间谍产品，医疗器械，美容仪器及保健用品，酒类及烟草产品等。

（2）限售的商品。限售商品是指发布商品前需取得商品销售的前置审批、凭证经营或授权经营等许可证明；否则，不允许发布的商品。

（3）侵权的商品。

> 技能点：如何选择适当的跨境电子商务产品

> 重点与难点：跨境电子商务的产品选择

二、建立跨境电子商务的营销渠道

跨境电子商务的营销渠道主要有以下几种：

第一种是信息服务平台。经纪人通过阿里巴巴、环球资源、中国制造等网站发布商品信息，寻找商机，开展网站大额国际贸易批发业务。

第二种是在线交易平台，如敦煌网、速卖通等。经纪人通过敦煌网等网站发布商品信息，寻找商机，涉及下单、在线支付、物流和评价等。

第三种是在第三方跨境电子商务平台上开设店铺，通过这些平台以在线零售的方式销售商品到国外的企业和全球终端消费者。

第四种是企业建立一个独立的跨境网站，如易宝科技、炽昂科技、兰亭集势、大龙网、走秀网等，以在线零售的方式将商品直接销售到全球终端消费者。

第三节 网店开设

商城类外贸网站建设

重点与难点:网站建设

1. 海外域名注册

域名是连接企业和互联网网址的纽带,它像品牌、商标一样具有重要的识别作用,是访问者通向企业网站的钥匙,是企业在网络世界存在的一个标志。域名对于开展 SEO 和 SEM 具有重大的作用,它被誉为网络时代的"环球商标",好的域名就像古董一样,越久越值钱,一个好的域名会大大提高企业在互联网上的知名度。因此,企业如何选取好的域名就显得十分重要。

议一议:网店开设的渠道

由于国内 IDC 对域名的限制条件太多,一般有远见的外贸站长都把域名锁定在国外,注册海外域名。注册海外域名有如下好处:使用海外域名不受国内域名及网站管理监控;操作规范,一次收费,所有服务,均无须额外费用;受国外法律保护,尊重域名注册人所有权;国外提供 DNS 解析,海外访问速度快,受海外法律保护个人权益;方便修改个人注册资料及联系方式。

域名应简短好记,有一定的内涵。一个好的域名应该短而顺口,便于记忆,最好让人看一眼就能记住,而且读起来发音清晰,不会导致拼写错误。国外有一个趋势就是使用英文词组来注册域名,对于以英语为母语的人来说,虽然词组的单词比较长,但是容易记忆,而且对于英文搜索引擎友好度非常好。

本土化的域名可信度更高。什么是本土化域名? 本土化域名就是以当地国家或地区英文缩写命名的域名。像 .cn 中国域名、.us 美国域名……这些都是本土化域名。中国人喜欢就近原则,国外也一样。如果您的网站、您的域名在他们国家,他们就觉得安心和放心。

网络时代外贸网络营销专家告诉笔者,域名的归属地问题对于做外贸网络营销的意义非常重要。例如,对一个外贸网站来说,如果所面对的客户在美国地区的话,那么选择 .us 的域名显然比 .cn 的域名更具优势,因为在美国地区的网友看来可信度更高,比较有亲切感。

2. 网站设计风格符合国外审美观

外贸网站是做给老外看的,建网站的目的就是为了访问,所以网站设计要站在外国人的审美角度和访问习惯来建设。

欧美的网站基本上以简洁稳重为主,比较多的网站色调以白蓝色为基调,白色为底色,配以不同深度的蓝色来构成网页的不同区域的划分。韩国风格就是比较华丽,日本的网站讲究信息量很大,这个总体而言,需要根据主要的客户群体分布来确定,不能简单地生搬硬套。

除此之外,网站设计也要根据产品的不同而不同。举例来说,如果是做机械产品的网站,我们就要去分析客户心理,一般采购机械的人群都是相对比较严谨的,他们对机械参数等非常细心,那么在网站风格上,就应当力求严谨,在细微的地方都要严格注意。比如,德国的很多网站都是黄色和蓝色,大多数的机械网站都是这样的。如果是做服饰之类的网站,比如母婴用品服饰,那么我们可以用温馨的粉红色,这样子很容易抓住消费者的心理。

网站设计风格只有符合你的消费者的审美习惯和访问习惯后,才会给客户留下深刻印象,对外贸网站电子商务成功起到很重要的作用。

3. 语言翻译一定要专业

外贸网站是要给外国客户看的,他们的语言习惯和我们使用外文的习惯是不一样的。外贸网站使用不专业的翻译和随便应付的英文网站,你的客户去浏览的时候也会觉得很生硬,就更加谈不上信任你的网站,既然信不过你的网站,那么和你达成交易的可能性会微乎其微。

选择语言时有两点建议:一是要有针对性,当前我国绝大部分公司网站的外文版都是英语,缺乏针对性。但是如果您的产品仅出口日本,那您选英语就不妥了,您为何不直接选择建一个日文网站呢,日本懂英语的毕竟是少数。同样,您的产品如果出口日本、韩国、俄罗斯等几个国家,那就最好选择建设日语版、韩语版、俄语版的网站,这样您的网站在这些国家推广起来比较容易,客户看了也亲切。当然了,英语作为世界通用语言,如果您经济条件允许,多选择一种效果会更好。二是如果把握不好,最好找一家专业公司咨询一下。要聘请专业的翻译进行不同的语种翻译。这是获取国外客户信任的首要条件,也是最重要的条件。

4. 提高网站转化率

外贸网站所做的一切工作最终的目的都是为了提高客户转化率及发送询盘达成销售。因此,一个具有销售功能的网站,才是外贸企业的真正需求。

外贸网站一定要实用,方便客户询盘,提高客户转化率达成销售。以下介绍五个提高外贸网站客户转化率的小诀窍:

第一,清晰的导航结构、网站地图和站内搜索功能非常重要。

如果网站内容过多,那么就需要清晰的导航结构和网站地图来给客户引路,方便客户找到他所需要的内容,如果导航和网站地图不起作用的时候,那么站内搜索的重要性就提现出来了。说到底,就是让你的客户少点几下鼠标,少拉动屏幕飞快地找到他想要的产品或者资讯,这样,你就离订单不远了。

第二,以问答形式发布产品信息。

网上的用户大多是在寻找信息,而不是在找商品。有调查显示,搜索引擎中 80% 的关键词是信息类,10% 是导航类,只有 10% 是购买交易类。这就说明,相对于单纯发布产品信息而言,以一问一答的形式捕捉到用户的潜在需求,能够吸引用户对网站产品进一步的了解,从而形成购买欲望。

第三,使用吸引人的标题和促销信息。

用户在网上通常处于浏览状态,而非仔细阅读状态。对于外贸网站站长而言,要想吸引用户仔细了解产品说明,就得使用吸引消费者注意力的标题,并在必要时合理使用促销手段。

第四,多方位增强产品的信任度。

用户购买产品大多数是基于对产品的充分了解,以及对网站的整体信任。举个例子,用户在网上购买一款智能手机时,有可能先从几个著名的电子商务网站开始,确定有哪些品牌可供选择。再到搜索引擎搜索该手机的相关信息,研究产品的可靠性。在确定几个可选方案后,再参考博客,论坛等社会化网站,以及外贸网站本身的产品评论,依靠他人的评价及推荐,作出最终选择。因此,站长不仅仅需要在自己的网站上下功夫,更要在 SEO、社会化营销上作文章,增强自身产品的曝光度和可信度,最大程度地提高产品的可信率。

第五,强化产品的卖点和综合服务水平。

用户在完成商品购买前,往往"货比三家",包括品牌、价格、运费、退货条款、支付方式等进行对比再做最终的决定。因此,外贸网站站长不仅要有一个强而有力的卖点来说服潜在消费者,而且要有优秀的综合服务实力,通过提高整体的用户体验,来证明你的产品及服务独此一家。

思考题

1. 选择商品的原则和标准是什么?

2. 什么是市场定位?

3. 传统外贸的模式有什么弊端?

4. 从海外市场消费习惯分析,客户爱好风格有什么不同?

5. 选择商品的注意事项有哪些?

知识与技能训练

一、单项选择题

1. 产品定位策略不包括(　　)。

   A. 加强与提高策略　　　　　　　　　B. 填补市场空位策略

   C. 重新定位策略　　　　　　　　　　D. 低级俱乐部策略

2. 产品定位的方法不包括(　　)。

   A. 根据产品属性和利益定位　　　　　B. 根据产品价格和质量定位

   C. 根据营销渠道定位　　　　　　　　D. 根据产品档次定位

3. 市场定位的原则不包括(　　)。

   A. 有足够的需求量　　　　　　　　　B. 有足够的铁路运输条件

   C. 有足够强的竞争优势　　　　　　　D. 拥有较理想的投资报酬率

4. 潜在客户分析最有效的方法是(　　)。

   A. 使用关键词在 Google 和 eBay 及其他专业的网站(terapeak.com)搜索

   B. 在国内相关的网站(阿里巴巴,淘宝)查找货源或者直接跑市场

   C. 关注速卖通

   D. 与供应商进行沟通

5. 下列商品中,不适合在速卖通销售的是(　　)。

   A. 服装服饰　　　　　　　　　　　　B. 美容健康

   C. 农药　　　　　　　　　　　　　　D. 珠宝手表、灯具

6. 下列商品中,属于速卖通禁售商品的是(　　)。

   A. 间谍用品　　　B. 宠物用品　　　C. 名牌商品　　　D. 专利商品

7. 到目前为止,电子支付仍旧存在的问题是(　　)。

   A. 速度　　　　　　B. 安全　　　　　　C. 方便　　　　　　D. 额度

8. 横向比较法是( )。
   A. 对不同时期现象的异同点进行比较和分析
   B. 根据同一标准对同一时间的不同认识对象进行比较
   C. 把握事物的质,识别事物的量,探求事物量变与质变及其相互关系
   D. 从具体独特的现象中抽取一些主要性质,舍弃其他性质建立的典型或标本

9. 下列各项中,不属于网络广告特点的是( )。
   A. 交互性强   B. 传播范围有限
   C. 灵活性和低成本   D. 受众数量可准确统计

10. 电子商务企业的结构越来越趋向于( )。
    A. 网状化   B. 垂直化   C. 矩形化   D. 扁平化

二、多项选择题

1. 网上商城的类型有( )。
   A. 商家对商家   B. 商家对顾客直接销售
   C. 客户对客户   D. 客户对商家

2. 海外域名的好处有( )。
   A. 使用海外域名不受国内域名及网站管理监控
   B. 操作规范,一次收费,所有服务,均无须额外费用
   C. 受国外法律保护,尊重域名注册人所有权
   D. 方便修改个人注册资料及联系方式

3. 跨境电子商务营销渠道主要有( )。
   A. 通过阿里巴巴、环球资源、中国制造等网站开展网站大额国际贸易批发业务
   B. 通过敦煌网等网站开展小额在线支付国际贸易批发业务
   C. 在第三方跨境电子商务平台上开设店铺,开展在线零售业务
   D. 企业建立一个独立的跨境网站

4. 在全球速卖通平台,严禁用户未经授权发布、销售涉及第三方知识产权的商品,包括但不局限于( )。
   A. 商标侵权商品   B. 著作权侵权商品
   C. 专利侵权商品   D. 编织品

5. 选择适合跨境电子商务的商品,应该符合( )。
   A. 体积较小   B. 附加值较高   C. 具备独特性   D. 价格较合理

三、判断题

1. 所谓市场定位,即产品定位,就是根据市场的竞争情况和本企业的条件,确定本企业产品在目标市场上的有利竞争地位,并相应制定一套详细的市场营销策略。 ( )

2. B2C就是个人对个人,个人在一些大的购物网站上开自己的店面,消费者就去那些个人店面上购买东西。 ( )

3. C2C是企业对终端消费者,B是企业,拥有自己的电子商务商城,一般都是专注于网购的,典型的有京东商城、卓越亚马逊、淘宝网等。 ( )

4. B网上商城系统是基于PHP+MYSQL开发的,集B2B2C管理体系于一身,B2B电子商务平台具有完善的企业、信息、产品、文章发布和管理功能。 ( )

5. 网站所做的一切工作最终目的都是为了提高客户转化率及发送询盘达成销售。（　　）

6. 速卖通（AliExpress）正式上线于 2011 年 4 月，是阿里巴巴旗下唯一面向全球市场打造的在线交易平台，被广大卖家称为"国际版淘宝"。（　　）

7. 域名是连接企业和互联网网址的纽带，它像品牌、商标一样具有重要的识别作用，是访问者通向企业网站的钥匙，是一个企业在网络世界存在的一个标志。（　　）

8. 化域名就是以当地国家英文缩写命名的域名。（　　）

9. 电商的限售商品。（　　）

10. 市场最好使用相同关键词进行搜索。（　　）

四、案例分析

亚马逊公司（Amazon，简称亚马逊；NASDAQ：AMZN），是美国最大的一家网络电子商务公司，位于华盛顿州的西雅图，是网络上最早开始经营电子商务的公司之一。亚马逊成立于 1995 年，一开始只经营网络的书籍销售业务，现在则扩及了范围相当广的其他产品，已成为全球商品品种最多的网上零售商和全球第二大互联网企业，在公司名下，也包括了 AlexaInternet. a9. lab126. 和互联网电影数据库（Internet Movie Database，简称 IMDB）等子公司。

亚马逊及其他销售商为客户提供数百万种独特的全新、翻新及二手商品，如图书、影视、音乐和游戏、数码下载、电子和电脑、家居园艺用品、玩具、婴幼儿用品、食品、服饰、鞋类和珠宝、健康和个人护理用品、体育及户外用品、玩具、汽车及工业产品等。

2004 年 8 月，亚马逊全资收购卓越网，使亚马逊全球领先的网上零售专长与卓越网深厚的中国市场经验相结合，进一步提升客户体验，并促进中国电子商务的成长。

请问：网上商城一般有哪几种？亚马逊属于哪种网上商城类型？

第三章

店 铺 装 修

知识目标

1. 掌握店铺装修的基本流程
2. 了解店铺装修的基础模块
3. 掌握产品图片的拍摄及处理要点

技能目标

1. 能够按照产品特点装修店铺
2. 能够拍摄产品图片并对其进行处理

关键概念

店铺装修　基础模块　产品图片拍摄及处理

职业核心能力

自我学习能力　信息处理能力　审美素养　解决问题能力

知识导图

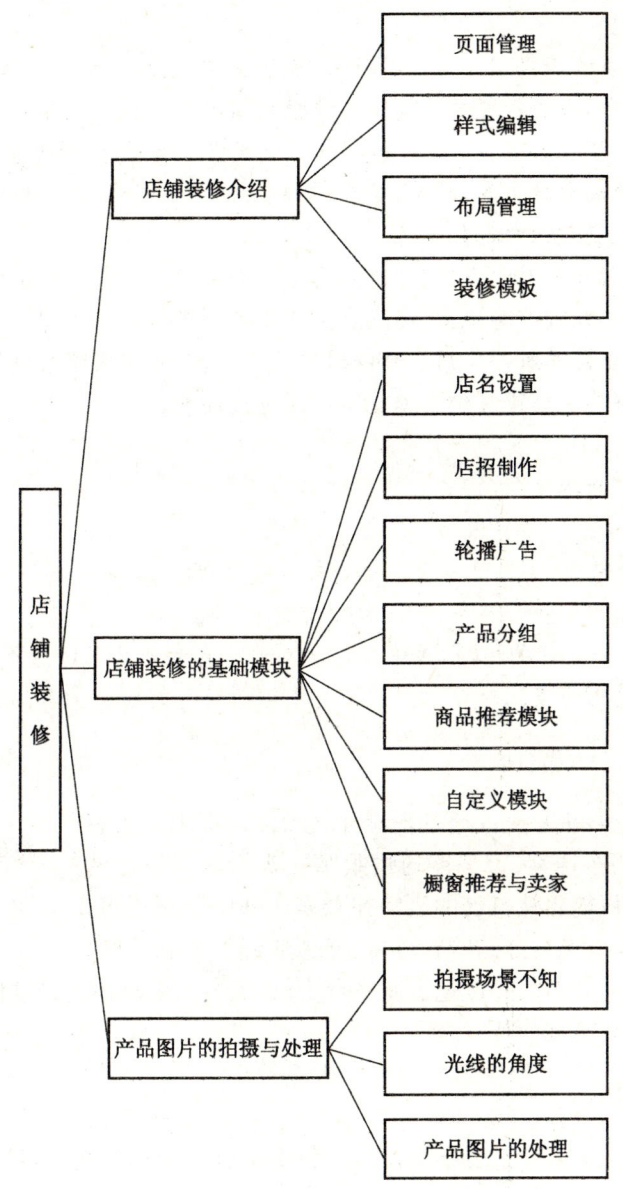

第一节　店铺装修介绍

【引例】

议一议:店铺装修有什么意义

案例资料:

2016 年 1 月 14 日下午,一款智能店铺装修平台"跨境宝"在义乌正式发布。"跨境宝"

是由浙江省金华市创品集地有限公司（以下简称"创品集地"）自主研发的跨境电商第三方服务平台。这个号称"操作五分钟，节省两小时"的智能装修美工平台，致力于解决电商美工入门难、费时间的问题。

"跨境宝"研发负责人君君介绍，"跨境宝"提供了首页模板、详情页模板和手机店铺等多种智能在线装修服务，也为跨境电商提供了海报编辑器与智能抠图等软件的专利支持服务。同时，"跨境宝"提供了包含英语、日语和西班牙语等多国语言在内的智能模板翻译运用系统，旨在从跨境电商的角度出发，独特、全面、智能地提供多层次、全方位的服务，让原本枯燥乏味的设计，变成充满趣味的创作体验。

这一平台可以让用户对于海报、详情内页进行替换文档、图片等自主编辑，同时提供了多种图案以供选择。此外，"跨境宝"团队自主研发了海报编辑器与智能抠图软件，为用户提供最为简便、快捷、全能的服务。用户可以通过软件运用，真正实现店铺的一键装修，从而告别繁琐的代码，使得跨境电商店铺美工效率得到极大提升。

思考问题：

为什么会出现"跨境宝"这样的智能店铺装修平台？

分析提示：

1. 要做好跨境电商，美工是一个绕不过的关键环节。

2. 跨境电商美工具有入门难、费时间的问题。

3. "跨境宝"这一产品的出现，无论是对于创业者在专业技术能力不强的情况下提供雄厚的支持帮助，还是对于美工这一行业的固有形态所进行的前所未有的创新挑战，都具有极其重要的作用。

在实体店买东西，买家可以通过观看、品尝、触摸等方法去感知商品，但在网上买东西，买家只能通过眼睛去观看店家设计的图片或者文字。所以能否让自己的店铺在众多店铺中脱颖而出、吸引住买家的眼球、营造良好的购物环境、塑造店铺形象和品牌，

技能点：店铺装修技能

就显得尤为重要了。本章节将以速卖通平台为例，系统地讲解在装修过程中，必须要熟悉的店铺装修流程以及要掌握的技术。

一、页面管理

页面管理是旺铺装修中最复杂也是最考验卖家装修能力的地方，可以通过页面管理来增加、删除页面上的模块，修改模块的内容和顺序等。具体步骤如下：

（1）登录到"我的速卖通"—"店铺中心"（阿里巴巴国际站会员请点击"网站设计"），点击"马上装修"，如图3-1所示。

（2）进入"页面编辑"的界面，在这个界面下，在左侧可以选择需要编辑的页面（包括基础页面和商铺首页），然后在右侧对这个页面中的内容进行编辑，如图3-2所示。右侧所有灰色的区域都是不可以编辑的，其余的区域可以通过点击"添加模块"来添加想要使用的模块。

（3）点击"添加模块"后，将弹出新的窗口，如图3-3所示。

可以选择需要的模块进行添加，具体各个模块的使用方法，将会在接下来的几节内容中详细说明。

图 3-1　登录店铺中心

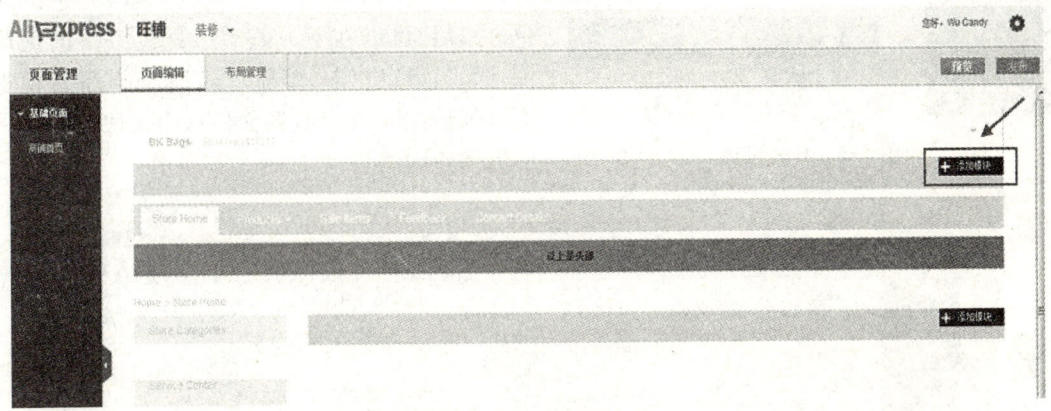

图 3-2　页面编辑

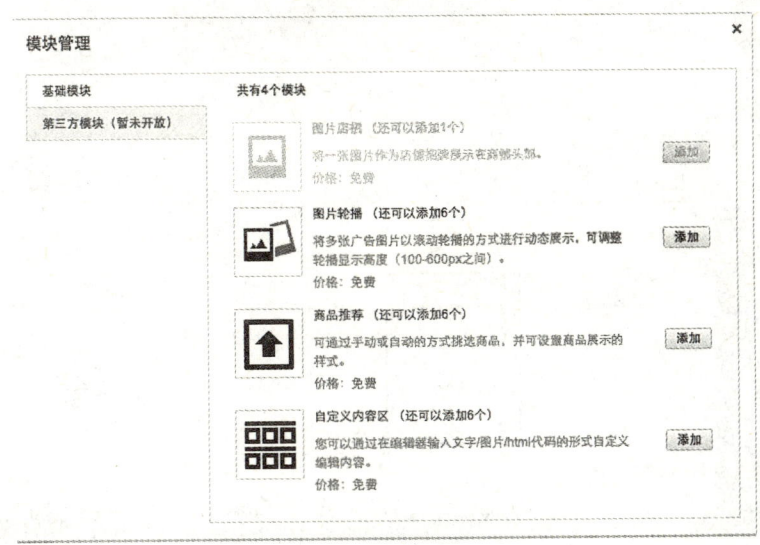

图 3-3　模块管理

（4）添加模块后，鼠标移动到模块上时该模块的颜色会发生变化，同时在模块上方会出现一些模块的操作按钮。可以点击"编辑"来打开模块的内容编辑页面，点击上下移动的箭头来调整模块之间的顺序（可以通过直接拖动来调整模块的顺序）。也可以点击"删除"来删除该模块，如图 3-4 所示。

图 3-4　删除模块

二、样式编辑

样式编辑是修改商铺样式的主要区域，目前平台仅开放了几套皮肤供卖家进行选择。

技能点：店铺装修技能 2

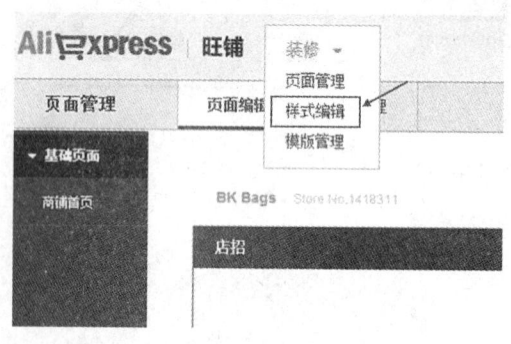

图 3-5　样式编辑

（1）首先进入到商铺管理—旺铺装修，在装修的菜单下打开"样式编辑"的页面，如图 3-5 所示。

（2）打开后，可以在页面上选择速卖通平台提供的皮肤配色，在选择时，同时可以选择"展示背景颜色"和"不展示背景颜色"。选择对应的配色方案后，可以在下方查看该配色方案的预览图，同时，可以点击"模板下载"来下载平台视觉设计师设计好的 PSD 源文件从而来快速生成一些商铺使用的图片，如图 3-6 所示。

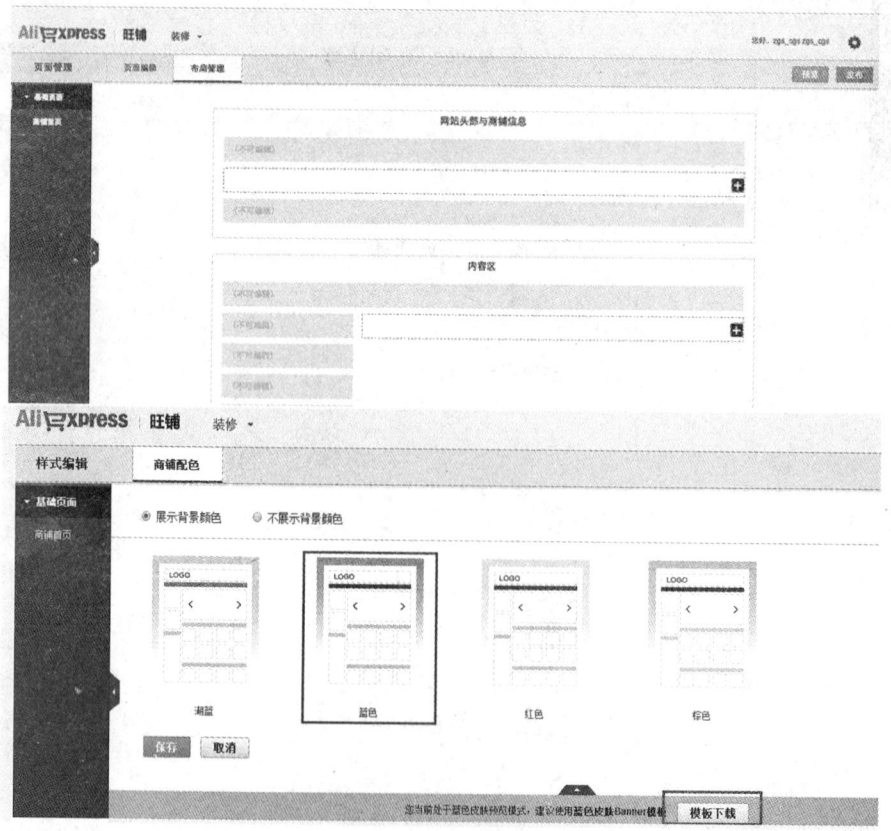

图 3-6　商铺配色

三、布局管理

1. 布局管理使用方法

点击下方的布局管理后,可以打开"布局管理"的界面,在布局管理界面下可以从整体上调整商铺页面的布局,在这个页面也可以增加、删除,并且调整模块的顺序,但是不能编辑模块的内容,如图3-7所示。

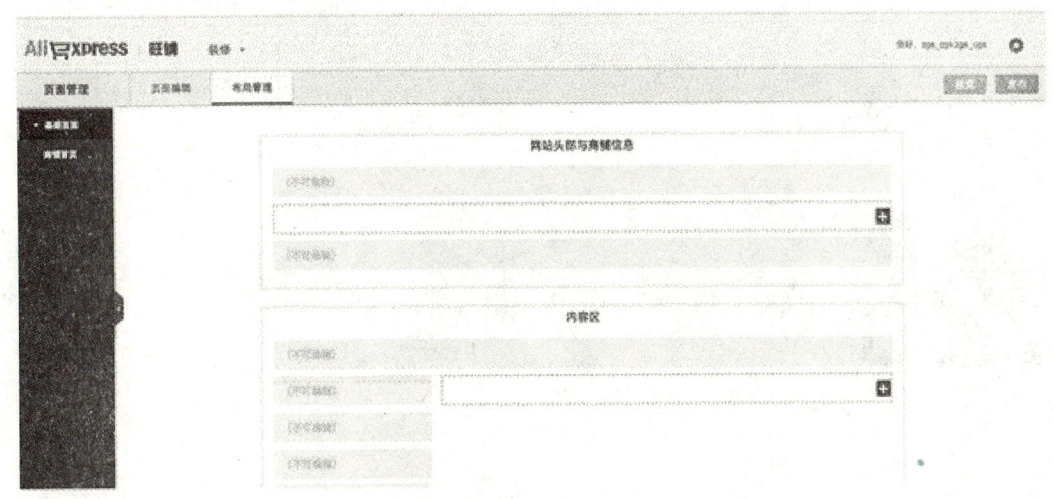

图3-7 旺铺的布局管理

2. 店铺布局原则

一个店铺布局成功与否,直接决定了买家能否在第一时间产生浏览或购买的欲望。目前,经常会在跨境平台上看到一些模板盲目堆砌功能模块,主次罗列混乱,这样的模板不但会导致加载速度很慢,不利于顾客体验,同时也无法突出地展示买家中意的产品。因此卖家要根据自己店铺的风格、产品、促销活动分门别类地来清晰地布局店铺。在有限的页面中,以图片和文字的形式将信息传达给卖家,把握住店铺的每一次流量,才能提升整体客单量。

在进行店铺布局规划时,需要用最简单的表现手法达到最好的宣传效果,做好用户体验最为重要,符合买家需求的页面布局才有价值。在这里需要掌握以下三个原则。

1)合理布局,分清主次

平台数据显示,一个新买家进入到一家店铺以后,前三个模块的点击率最高,而产品展示越靠后的模块点击率越低,所以要将店铺的热销产品和潜力款放置在最佳的位置,并且要根据店铺的销售数据和转换数据及时进行更新。避免将过时或者没有销路的商品盲目地展现给买家。另外,要将整体模块从主到次依次陈列,如图3-8和图3-9所示。

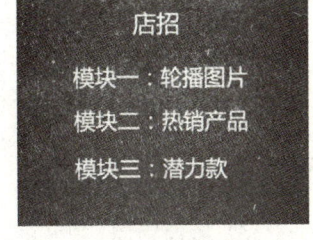

图3-8 店招模块

前三个模块的布局较为讲究,模块一轮播图片作为店铺的广告区,用来展示店铺主推的活动和产品信息;模块二和模块三分别放置热卖款和潜力款商品。这里不仅要用大模块来展示从而放大商品的卖点,还要让商品有主次之分。在模块中主推店铺最热销的产品,然后根据热销顺序依次排列。

模块一

模块二

模块三

图 3-9　整体模块从主到次的陈列次序

2）区域划分，条理清晰

区域划分需要将同一主题分类商品在首页进行陈列，总体依循主营商品类目按照一定排列顺序的原则，有条理地引导顾客对各个模块进行浏览。根据不同店铺的类目，可以按照品牌、属性、功能、价格或者人群进行区域划分，使得客户能准确定位到适合自己的消费目标，从而引导买家进入商品详情页，如图 3-10 所示。

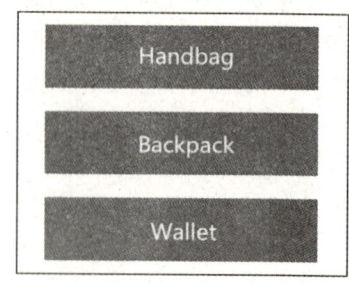

图 3-10　区域划分

3）结合轮播，突出重点

在将商品进行区域划分后，可以在每个区域上方添加图片轮播模块，如图 3-11 所示。这样，一来可以使得整个页面更具视觉节奏感，二来可以将产品以最简单直观的形象传达给买家。轮播图片要突出重点，可以是该区域的主推商品，也可以是该区域的活动信息等，切记将不对应的轮播图片随意穿插在陈列中。

图 3-11　添加图片轮播模块

四、装修模板

装修模板是由速卖通设计师团队设计的,打破现有店铺格局的模板。无需自己编写 html 代码,直接进行购买并应用即可使用,充分利用装修模板,可以使卖家的店铺设计更专业化、更个性化,吸引更多买家的目光。

模板购买步骤如下:

(1) 首先进入到商铺管理—旺铺装修,在装修的菜单下打开"模板管理"的页面,如图 3-12所示。

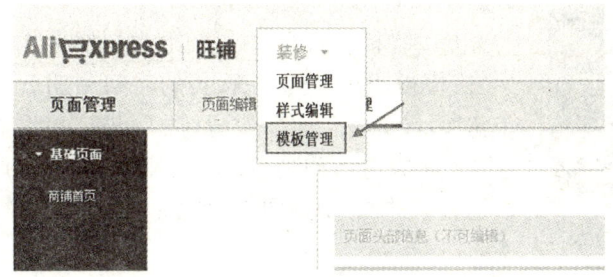

图 3-12　模板管理

(2) 进入"模板管理"界面后,点击右下角"装修市场",如图 3-13 所示。

(3) 进入装修市场页面,可根据店铺主营类目选择适合的店铺类型,如图 3-14 所示。

图 3-13 装修市场

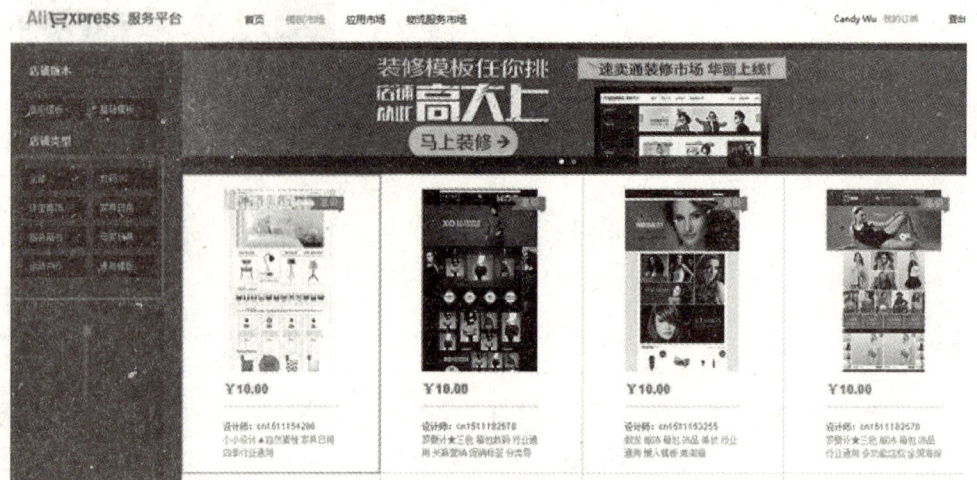

图 3-14 选择店铺类型

图 3-15 选择装修版本

（4）选中适用的模板类型,右侧就会有"√"标志,如图 3-15 所示,然后在右边装修模板当中挑选您中意的装修版本,点击进入就会出现图 3-15 页面。

（5）在模板市场订购页面,"周期"为 1 个月/3 个月/6 个月（装修模板按月付费,在购买的时间到期后,无法使用）,选好后单击"我要购买"按钮,完成订购步骤,如图 3-16 所示。

（6）在进行购买前建议买家先试用,试用是免费的,确认无误后再点击"确认购买",款项将直接支付给设计师,如图 3-17 所示。

（7）复制设计师支付宝账号,并前往支付宝付款。注意:目前暂时不支持线上自动支付,只能通过线下打款给设计师,然后线下联系设计师,与设计师核对付款信息并开通模板,如图 3-18 所示。

（8）登录支付宝,点击"转账"按钮,如图 3-19 所示。

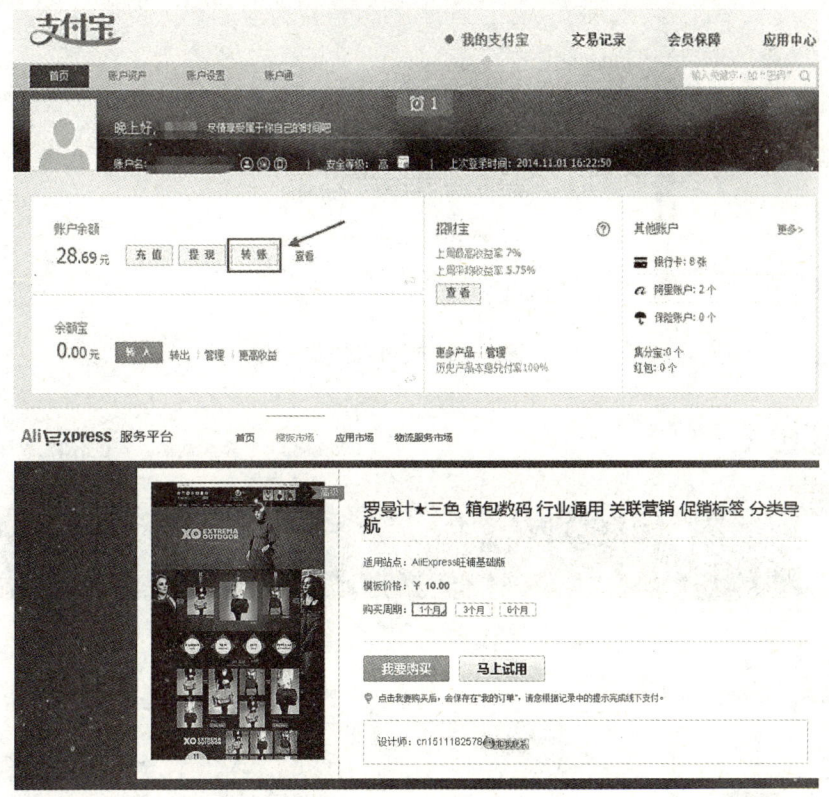

图 3-16　模板订购

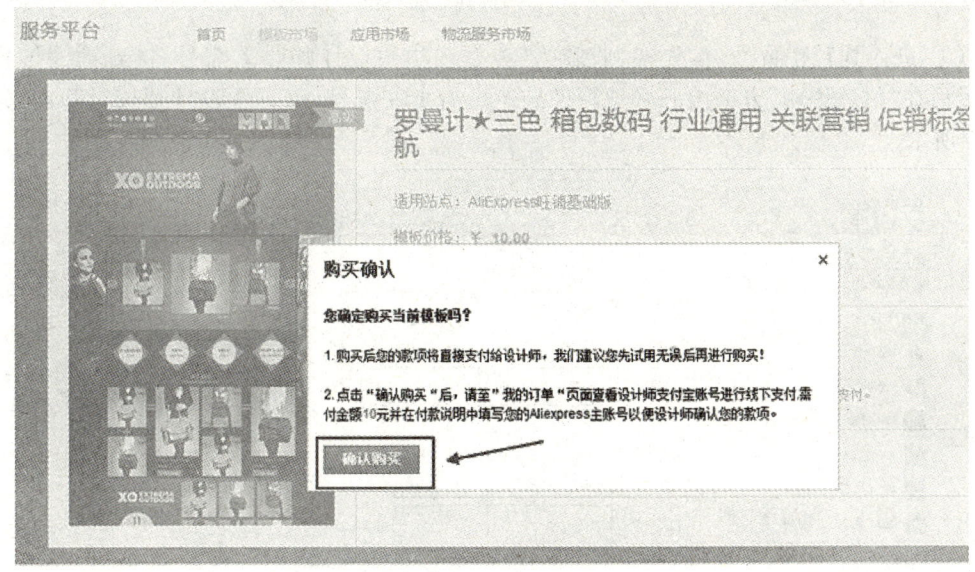

图 3-17　确认购买模板

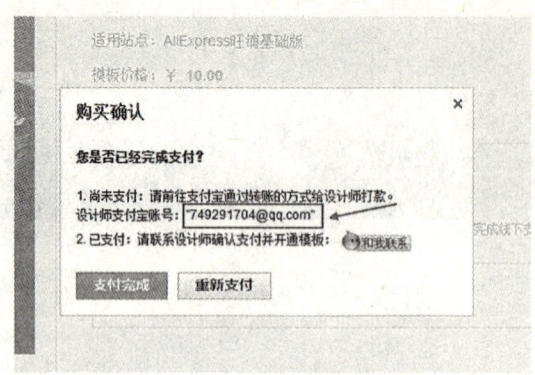

图 3-18　支付宝付款

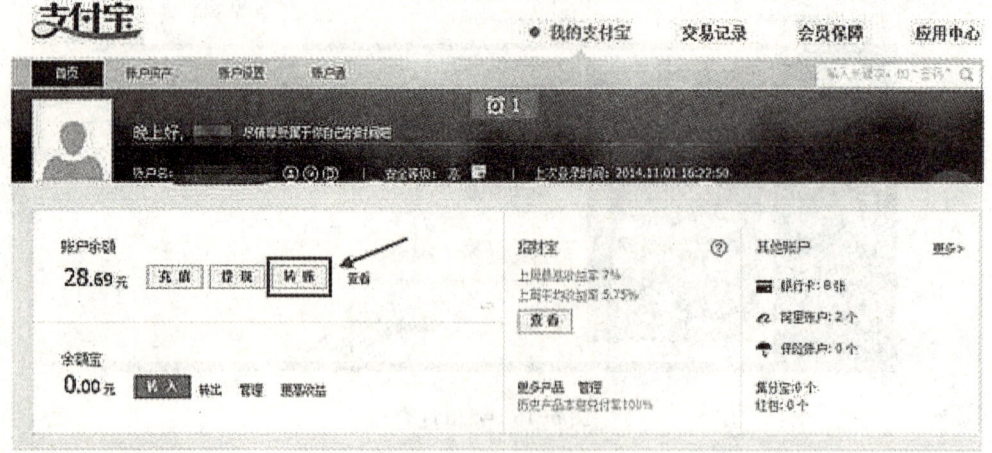

图 3-19　支付宝转账付款

（9）进入到转账页面，首先在"收款人"方框内填写设计师收款账号，接着输入付款金额，最后在"付款说明"方框内务必填写您的速卖通卖家账号，以方便设计师核对开通，如图 3-20 所示。

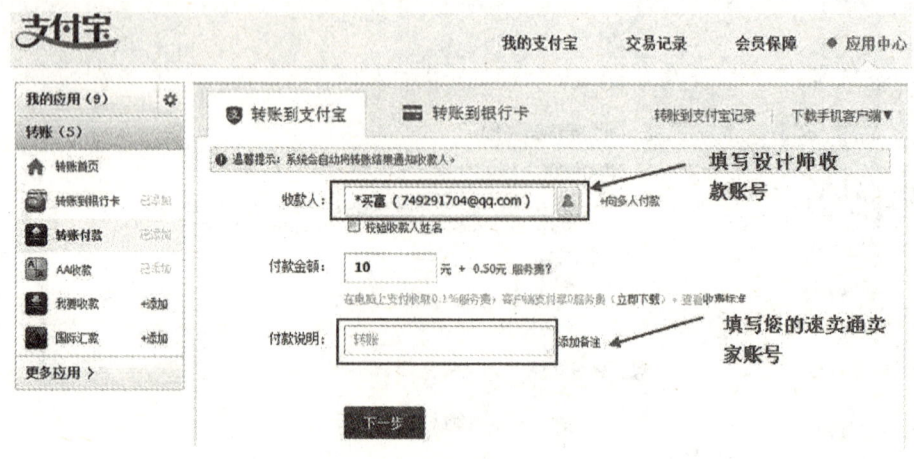

图 3-20　填写收款人信息

注意:返回到速卖通操作平台页面,点击"账号设置"即可查询速卖通卖家账号,如图 3-21 所示。

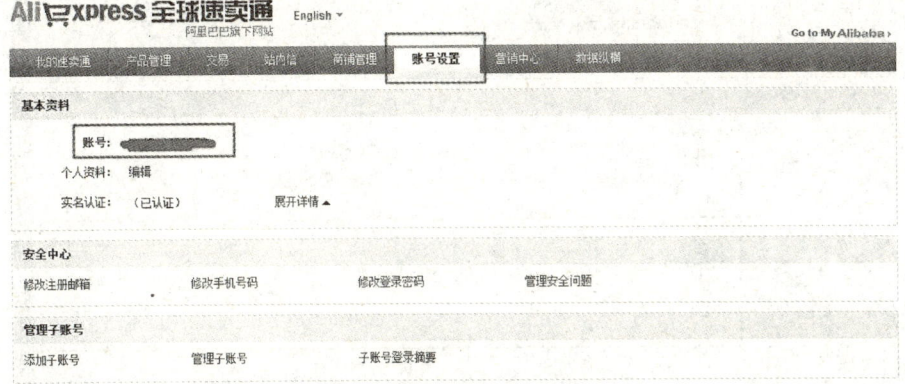

图 3-21 查询卖家的速卖通账号

(10) 转账成功后,联系设计师进行开通,如图 3-22 所示。

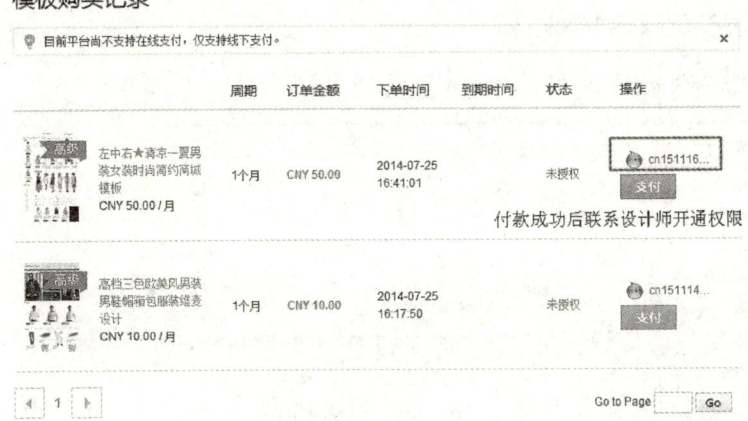

图 3-22 联系设计师

(11) 点击聊天工具,告知设计师速卖通账号,如图 3-23 所示。

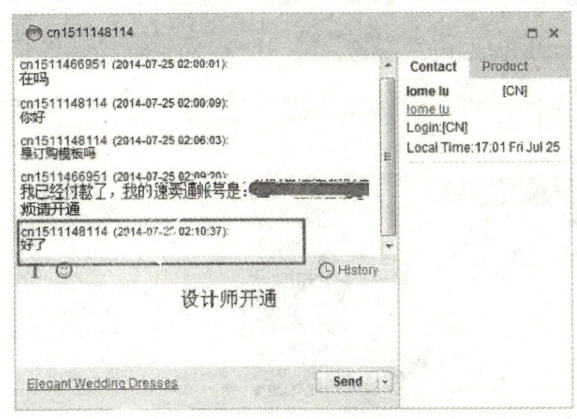

图 3-23 告知速卖通账号

（12）状态更新为"已授权"表示该模板开通成功，如图 3-24 所示。

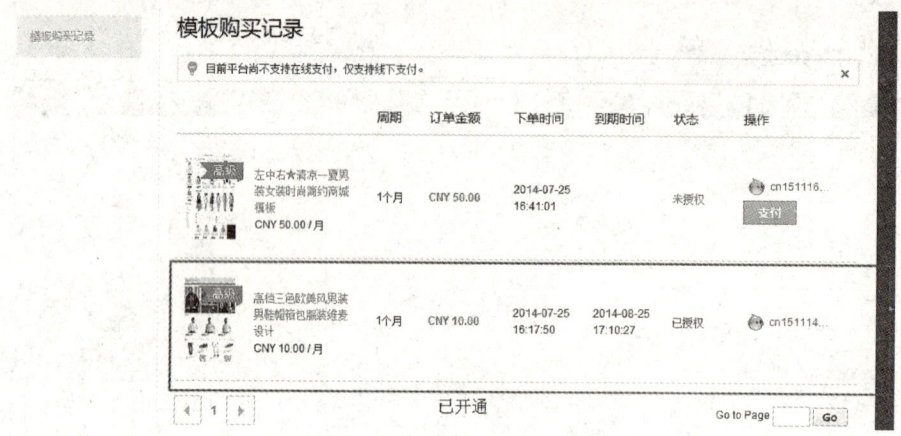

图 3-24　查看订单状态

装修模板购买成功后可以根据以下方法使用：

（1）进入卖家后台点击"店铺中心"，如图 3-25 所示。

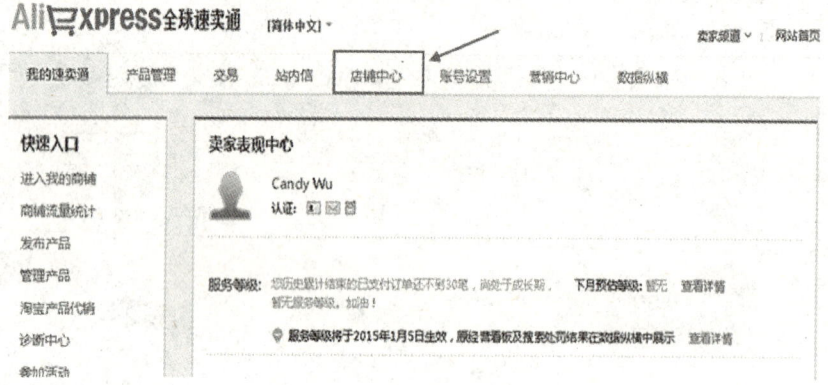

图 3-25　店铺中心

（2）进入"店铺中心"页面，点击"马上装修"按钮，如图 3-26 所示。

图 3-26　装修店铺

（3）在载入的页面将鼠标移动到"装修"，接着点击"模板管理"，如图 3-27 所示。

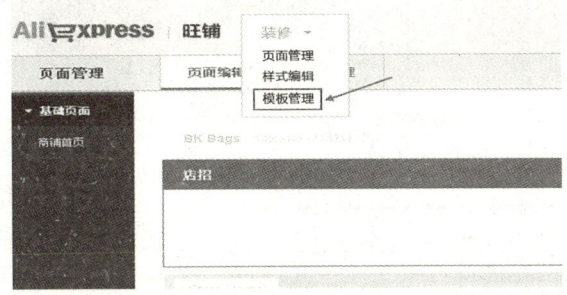

图 3-27　模板管理

（4）进入到"模板管理"页面，单击左侧"我购买的模板"，如图 3-28 所示。

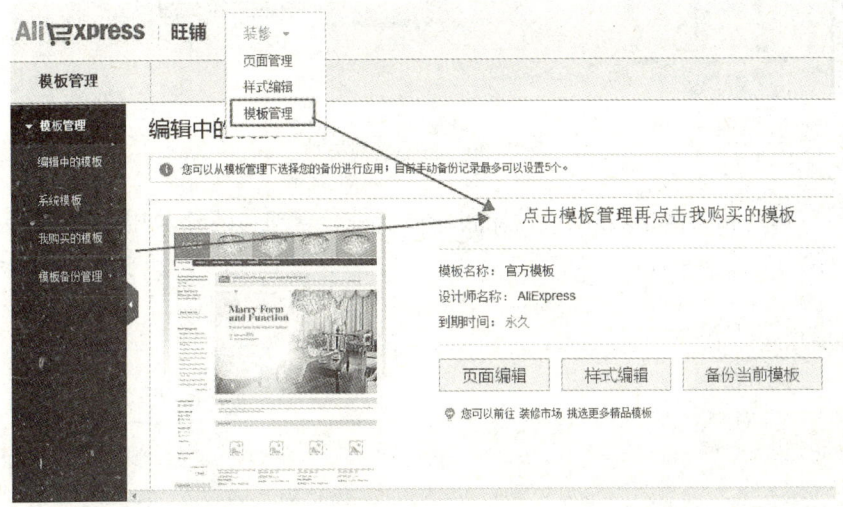

图 3-28　购买模板

（5）点击"应用模板"后，进入"页面管理"进行编辑，如图 3-29 所示。

图 3-29　编辑模板

（6）点击"备份当前模板"即可将编辑中的模板进行备份。这样将来使用时可在模板备份管理中找到，目前手动备份记录最多可以设置 5 个，如图 3-30 所示。

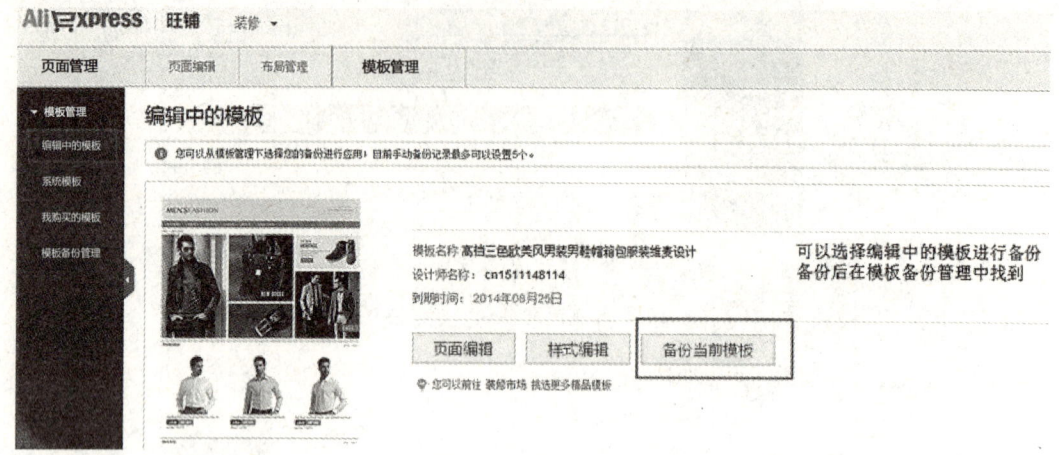

图 3-30　备份当前模板

（7）可以输入相关信息，方便以后对备份模板进行管理与区分，如图 3-31 所示。

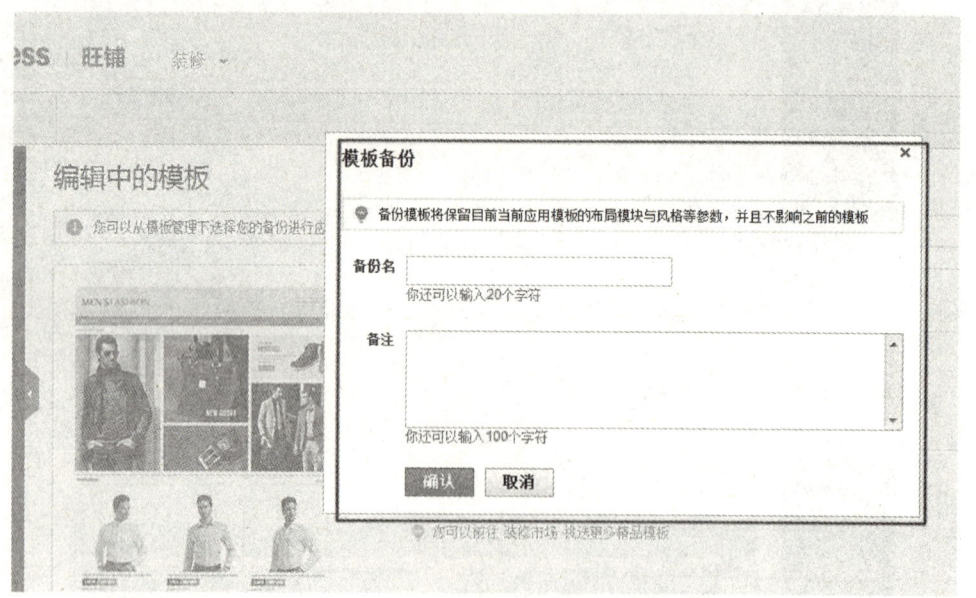

图 3-31　管理备份模板

（8）如果模板到期了，会自动恢复到系统模板（由速卖通平台为卖家免费提供），如图 3-32所示。

（9）如果要继续使用装修模板，可以单击"我购买的模板"，进入操作页面进行续费，然后再点击"模板备份管理"恢复数据即可，如图 3-33 所示。

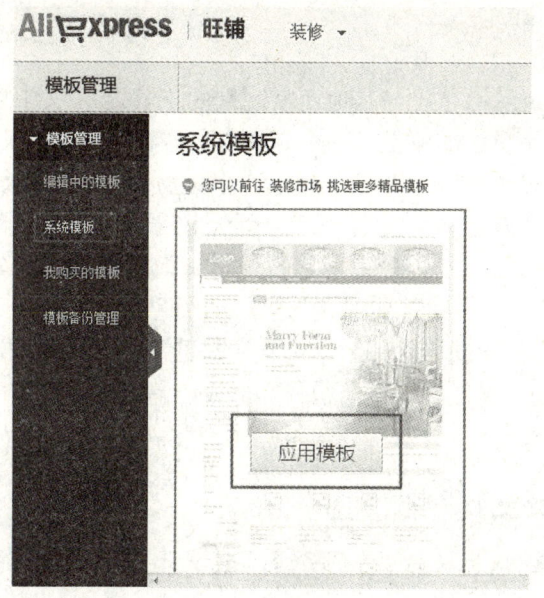

图 3-32　系统模板

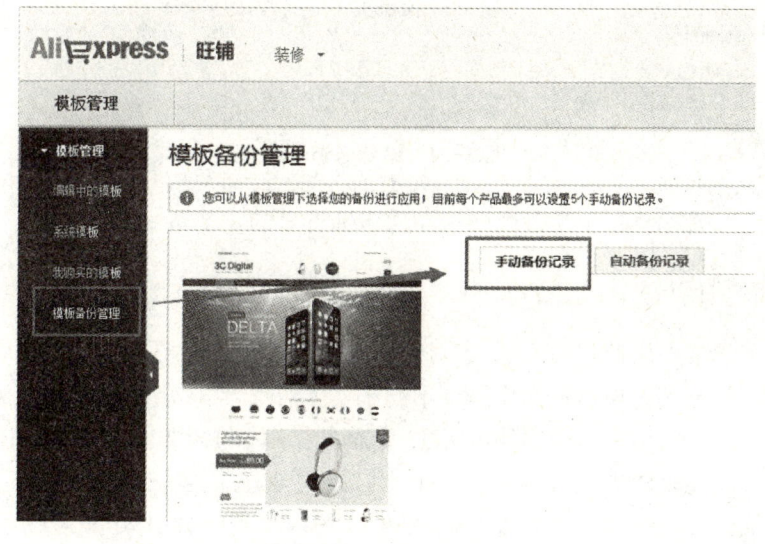

图 3-33　手动备份记录

第二节　店铺装修的基础模块

速卖通的装修主要集中在首页的装修,包含速卖通店名设置、店招制作、图片轮播的装修设计以及产品分组等。速卖通为卖家提供了简单易操作的后台功能,使得新老卖家能自由简便地管理、设计、编辑店铺及其相关产品等。

重点与难点:店铺装修的基本模块

一、店名设置

店名是一个店铺的招牌,也是与其他卖家区别的工具之一。好的店名不仅可以节约沟通成本,还能为店铺带来更多的流量。一个好的店名需要具备以下几个条件:

(1)店名最好与经营的商品相吻合,让买家能够通过店名了解到店铺的主营项目,方便买家搜索。例如,店铺主营项目为箱包,那么店名建议带有表示箱包的英文单词。

(2)网店店名应简单响亮,避免采用生涩的词汇,简单明了的店名有助于买家记忆。

进入店铺中心,点击左下方"店铺管理"进入店名设置页面。在页面中间的方框内输入商铺名称点击确认即可。商铺名称每半年仅有一次更改机会,所以最好一开始就选好店名,不可随便更改。况且随意更换店名还会给顾客造成店铺经营不稳定的不良印象,如图 3-34 所示。

图 3-34 设定店铺名称

设置好的店名将会在 24 小时内展示在您店铺首页的左上角。

二、店招制作

店招,顾名思义即店铺招牌,是买家对于店铺第一印象的主要来源。网店店铺招牌如同实体店铺的招牌,但其表现形式和作用又不同于实体店铺,实体店的招牌主要用来宣传自己的门店和吸引消费者,门面招牌往往由标志、象征物、字体和装饰图案组成。但对于网店来说,店招的主要功能是体现在留住客户方面,因为它不是直面客户,而是需要通过搜索页面进入到店铺,店招才能展现在顾客眼前,如果店招的内容足够吸引人,就容易引导客户对店内的产品产生购买欲望,从而促成交易,鲜明有特色的店招对于卖家店铺形成品牌和产品定位具有不可替代的作用。

店招一般位于店铺首页正上方的位置,如图 3-35 所示。

1. 店招设计原则

店招的设计要遵循两个原则:①在店招中注入自己的品牌形象,即店铺名称或者标示展示;②结合产品进行定位,即不要让买家猜测您的店铺出售的是什么商品。下面来看两款店招的对比图,如图 3-36 所示。

单从店招上根本无法看出店铺 1 出售的是什么商品,其实店铺 1 与店铺 2 出售的都是箱包类,而店铺 2 的店招不仅在店招中渗入了产品形象(产品的图片),而且还加入了店铺的品牌形象(Star Bag Store),让买家一目了然。

图 3-35　店招实例

图 3-36　店招设计原则

2. 店招的设计要求

速卖通的店招主要由文字和图片两大部分组成,选择合适的字体再搭配上适当的背景和商品图片可以较好地展示店铺的特色,可以抓住买家的眼球,激发消费者的购买兴趣。

一个好的店招设计应该有明确的产品定位,再配上恰当的文字说明,如图 3-37 所示。

图 3-37　店招的设计要求

首先,可以看到店铺的文字说明都选用黑体字,因为黑体字容易产生安全、厚重和可靠的感觉。其次,店招上的文字颜色跟背景对比较为鲜明,顾客对店铺经营的产品及其特点一目了然。再次,店招的风格一定要跟店铺整体的风格相统一。

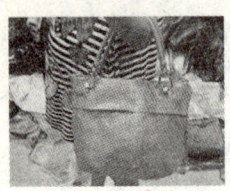

图 3-38　店招的背景对比

3. 店招设计的注意事项

（1）应选择背景干净的图片放入店招中，因为凌乱的背景不仅影响美观，还会给客户留下不好的印象。如果拍摄之后图片背景比较复杂的，建议可以先抠图，然后再放入店招中，如图 3-38 所示。

（2）在店招中摆放图片时，选择能够代表店铺的主打产品，不可摆放过多产品显得杂乱无章。

下面这两个店招请进行对比，如图 3-39 和图 3-40 所示。

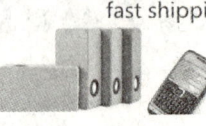

图 3-39　店招选择产品的对比 1　　　　图 3-40　店招选择产品的对比 2

对比后不难发现，图 3-39 的店招展示了店铺过多的商品，使得画面过于杂乱无重点，而图 3-40 只选取了店铺最具有代表性的产品，店招整体显得美观、清晰。

4. 店招上传

进入卖家频道，在顶部导航栏中，可以找到"店铺中心"这个菜单，随后点击"马上装修"就可以进入到店铺装修页面，如图 3-41 所示。

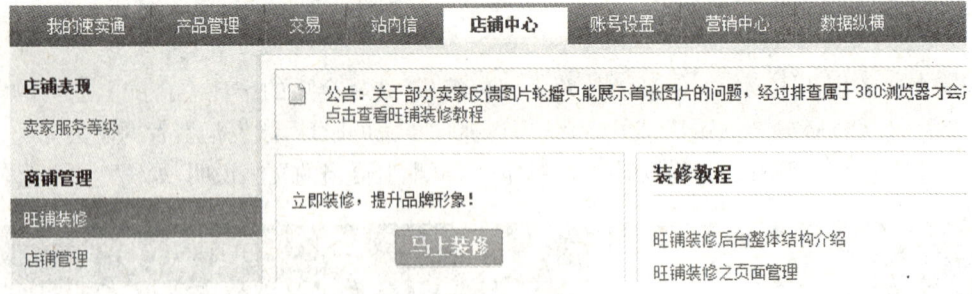

图 3-41　店铺装修页面

温馨提示：建议采用 IE9、火狐狸或者谷歌浏览器来访问装修平台，这样您可以获得较快的操作体验并且可以减少操作错误的发生。

需要先将店招模块添加到布局管理，再到基础页面操作，具体操作步骤如下：

步骤 1，打开"我的速卖通—商铺管理（国际站会员请点击'网站设计'）旺铺装修—布局管理"，在该页面点击增加模块的"＋"按钮，如图 3-42 所示。

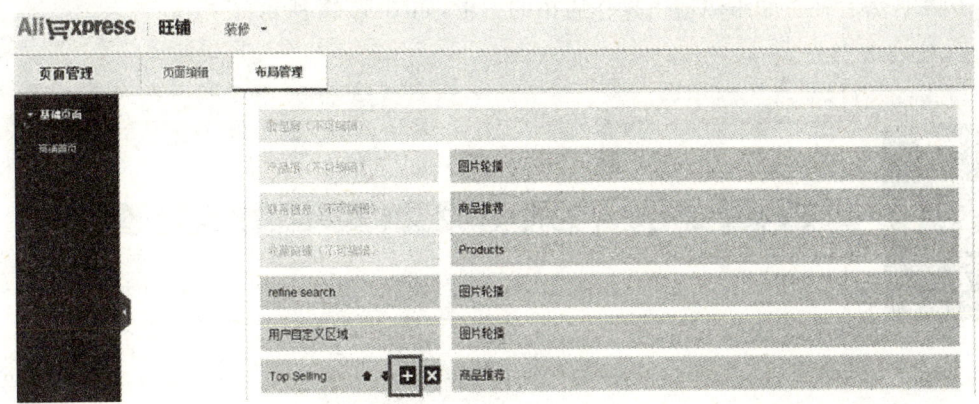

图 3-42　增加模块

步骤 2,在弹出的页面点击添加"图片店招"模块(注:只可以添加一个图片招牌),如图 3-43所示。

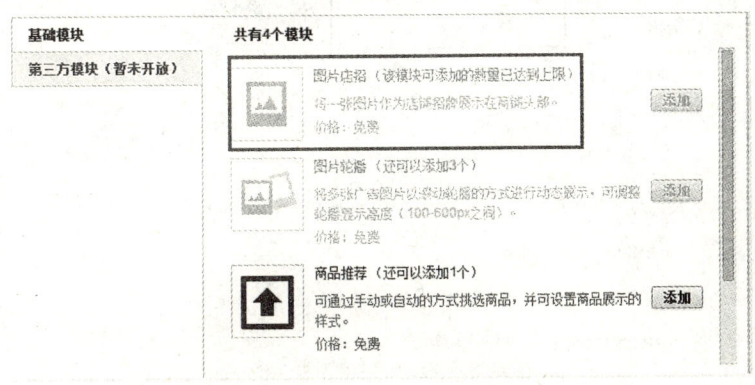

图 3-43　图片店招模块

步骤 3,添加好后,在布局管理会出现店招的模块,如图 3-44 所示。

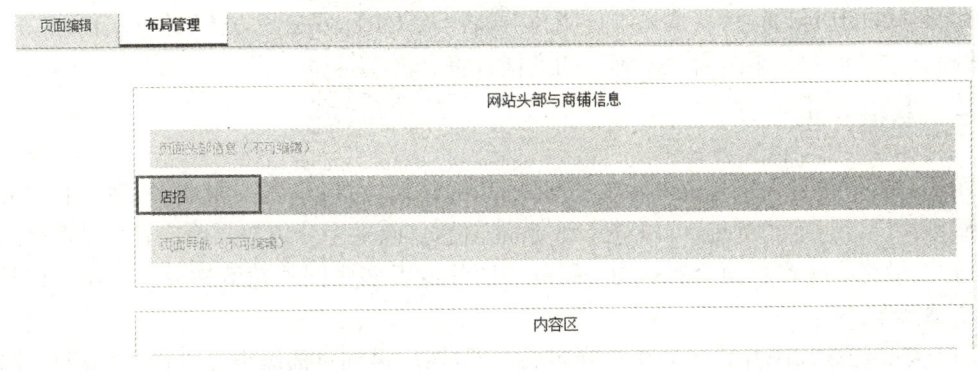

图 3-44　布局管理

步骤4,然后在页面编辑即可操作店招的编辑,如图 3-45 所示。

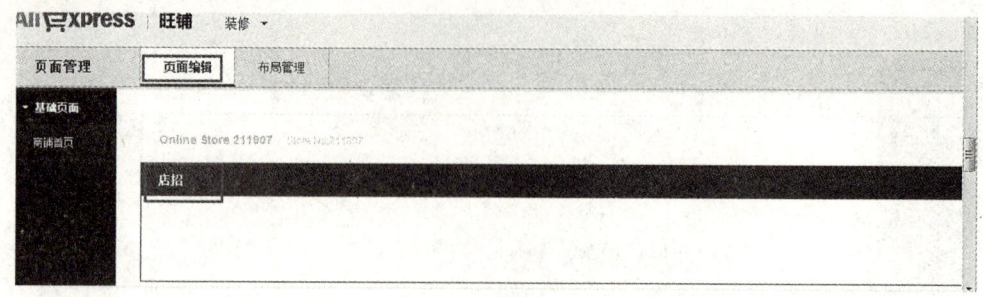

图 3-45　页面编辑

注意:只能设置一张图片,且设置模块高度范围需在 100～150 px(像素)之间,宽度 1 200 px,如图 3-46 所示。

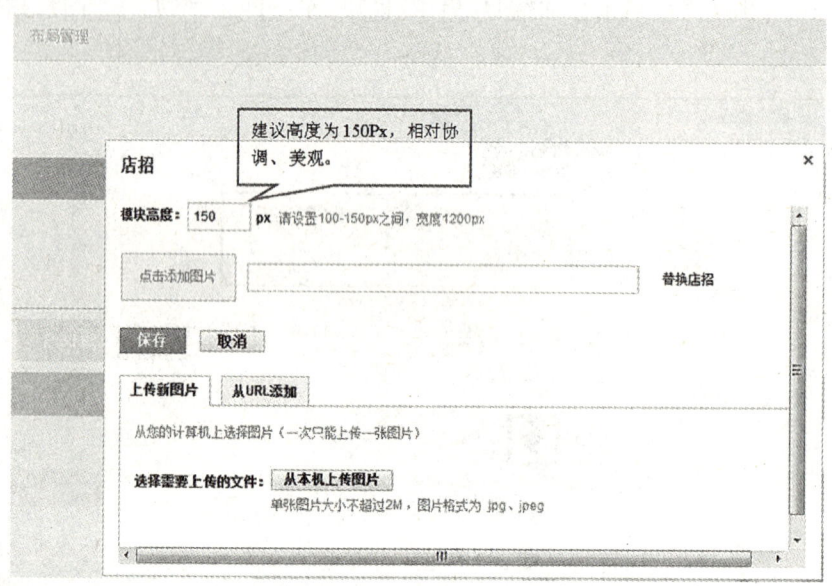

图 3-46　设定模块高度

将设计好的店招通过"从本机上传图片"或者"从 URL 添加的方式"即可上传,点击"保存"按钮,店招将在 24 小时内展示到您的商铺首页。

三、轮播广告

图片轮播模块是一个自由展示 1～5 张图片的模块,可以设置一张或者多张图片,并且为这些图片设置指定的链接(可以链接到商品详情页面、某个分组的页面或者活动产品列表页面等)。最终在买家页面会展示为一张静态图片或者多张图片轮流播放。具体可以按照以下步骤操作:

(1) 需要先添加图片轮播的模块到布局管理,然后再到页面编辑方可以操作图片轮播。具体操作为:打开"我的速卖通—商铺管理(国际站会员请点击'网站设计')旺铺装修—布局管理",在该页面添加图片轮播的模块,如图 3-47 所示。

图 3-47　图片轮播模块

（2）添加好图片轮播模块后，点击布局模块旁边的页面编辑，在这个页面找到图片轮播的模块，可以点击"点击添加图片"来上传图片，或者点击"添加新图片"来增加图片的数量，如图 3-48 所示。

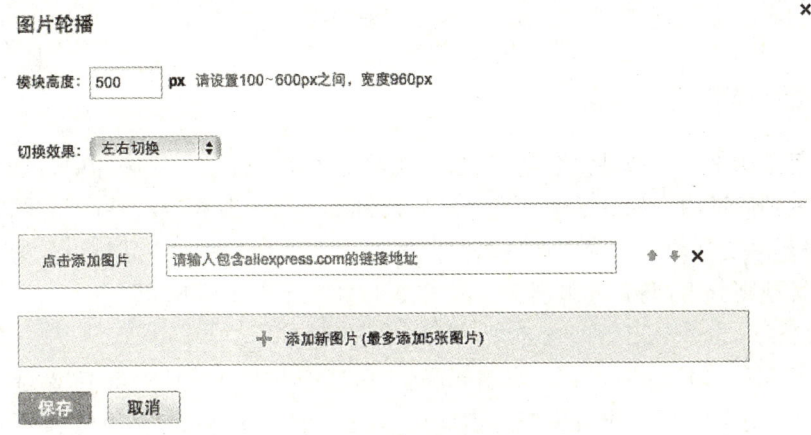

图 3-48　设定图片轮播

（3）点击"点击添加图片"后，下方会出现上传图片的区域，可以选择上传本机图片或者从 URL 直接导入方式进行，如图 3-49 所示。

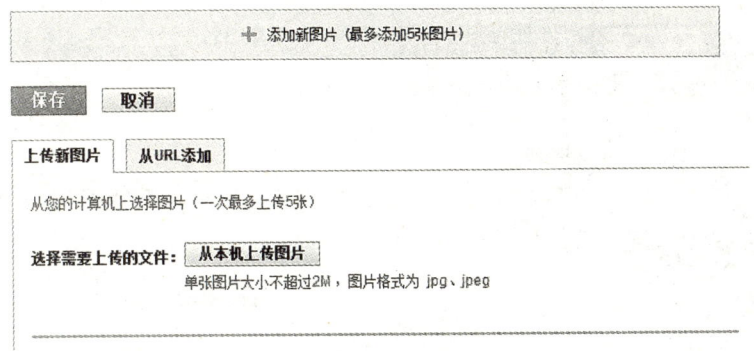

图 3-49　选择图片

（4）图片上传成功后，可以点击"使用这张图片"，即可在当前位置使用刚刚上传的图片，如图 3-50 所示。

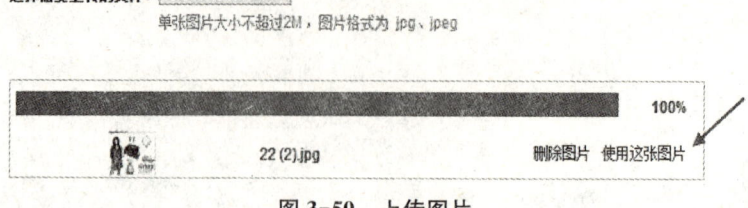

图 3-50 上传图片

（5）可以给每张图片分别设置一个 URL 超链接（必须是 www. aliexpress. com 域名下的网址），也可以通过点击右侧的箭头来调整图片的上下顺序，当然，如果不需要某张图片或者想要替换掉，则可以直接点击右侧的删除标志来删除这张图片，如图 3-51 所示。

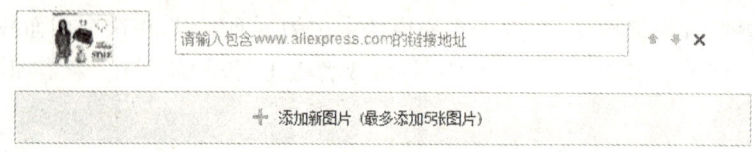

图 3-51 设置超链接

四、产品分组

产品分组是指将同类产品集合到一起，并能够将产品整合展示在店铺中，目的是让买家更容易地搜索到店铺内产品的功能。适当地对店铺产品进行分组及调整产品在店铺首页的展示，能够将产品更好地展示给客户从而促使客户快速达成交易。产品分组分为两种：手动分组和自定义规则分组，两者分组步骤及设置分组的数目都有所不同。

1. 手动分组

进入卖家 My AliExpress 后台，点击产品管理，选中"产品分组"。点击"新建分组"即可对商铺里的产品进行分组。设置完毕点击保存，首字母注意要大写。这种分组称之为"手动分组"，使用该分组方法可以设置 10 个产品组，同时该手动分组下还可以设置 10 个子分组，点击"创建子分组"即可。手动分组一共最多可设置 100 个产品分组，如图 3-52 所示。

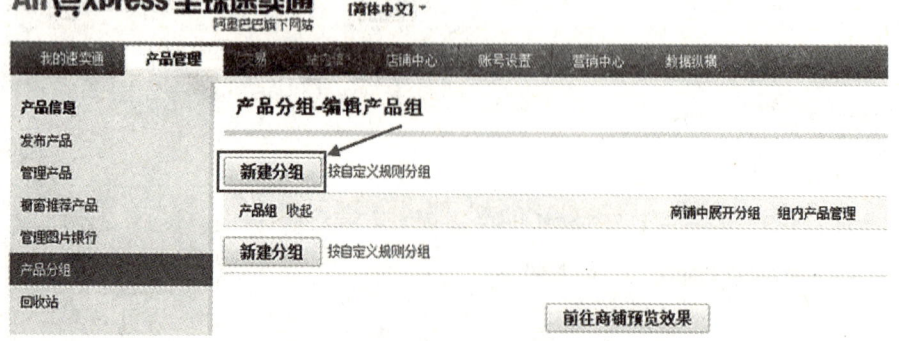

图 3-52 新建分组

产品分组如图 3-52 所示,点击红色方框的新建分组,如图 3-53 所示。

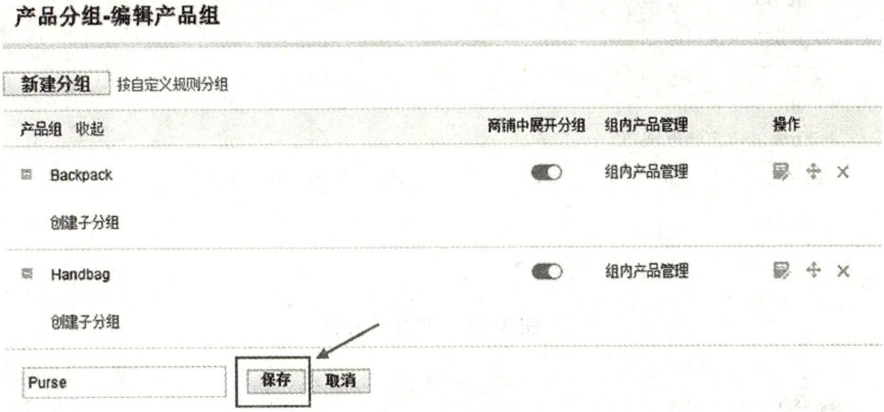

产品分组-编辑产品组

新建分组 按自定义规则分组				
产品组 收起		商铺中展开分组	组内产品管理	操作
Backpack		⬤	组内产品管理	📝 ✛ ✕
创建子分组				
Handbag		⬤	组内产品管理	📝 ✛ ✕
创建子分组				
Purse	保存 取消			

图 3-53　编辑产品组

输入新建分组名称后,点击保存,一级分组就创建完成了,如图 3-54 所示。

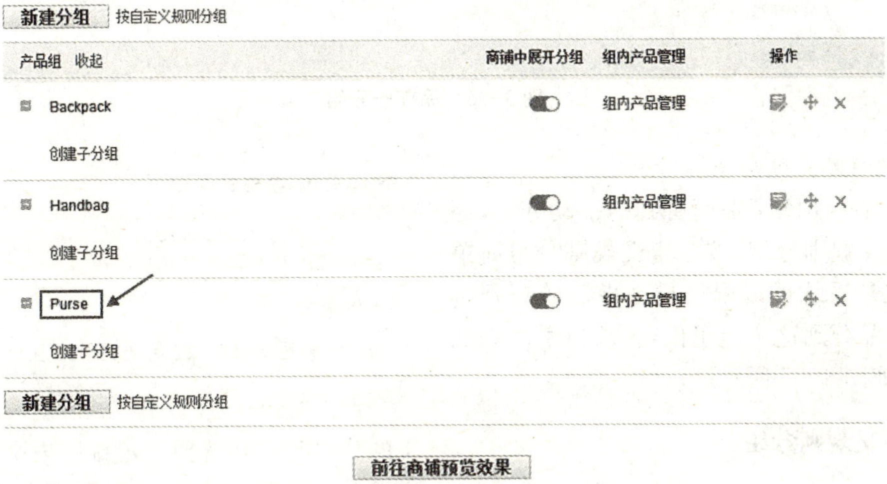

新建分组 按自定义规则分组				
产品组 收起		商铺中展开分组	组内产品管理	操作
Backpack		⬤	组内产品管理	📝 ✛ ✕
创建子分组				
Handbag		⬤	组内产品管理	📝 ✛ ✕
创建子分组				
Purse		⬤	组内产品管理	📝 ✛ ✕
创建子分组				
新建分组 按自定义规则分组				

前往商铺预览效果

图 3-54　一级分组

应该注意的是,若新增的产品组未在商铺首页展示,一般来说有以下几种情况:

(1)产品组是否是刚设置的,由于新建的产品组不会立刻在商铺首页展示,建议等待 24 小时同步后再去商铺首页查看。

(2)产品组是否添加过产品,若产品组未添加过任何产品,那么该产品组不会在商铺首页展示。

(3)若产品组里的产品均被下架,即产品组里产品数是 0,那么该产品组也不会在商铺首页展示。同时,在重新上架产品后,建议等待 24 小时同步后再去商铺首页查看即可。

2. 创建子分组

在一级分组下面新增了"创建子分组"的链接,点击这个链接即可创建子分组,如图 3-55所示。

输入子分组名称后,点击保存,子分组就创建成功了,如图 3-56 所示。

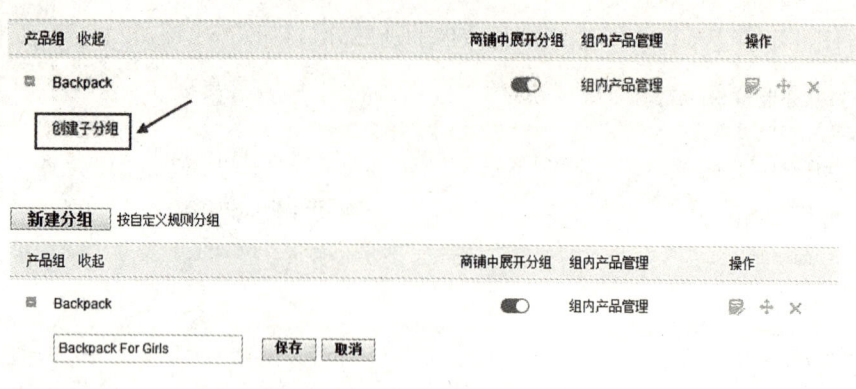

图 3-55　创建子分组

图 3-56　保存子分组

3. 自定义规则分组

产品分组除了上面讲到的手动分组,还有自定义规则分组,按自定义规则分组简单来说就是系统可以根据自己指定的规则自动把产品分到这个组里面,无须再手动添加商品,如图 3-57 所示。

按自定义规则分组

　　*分组名称：　Best Selling

　　*指定排序规则：　热销商品在先　▼

　　☐ 指定发布类目：　**选择类目**

　　☑ 指定发布时间：　最近　10　天发布的商品

　　☐ 指定价格范围：　　　-　　　

什么是自动分组?
您可以通过设置一组条件,系统会根据您的条件自动将符合条件的商品加入该分组中,无需再手动设置

确定　　**取消**

图 3-58　设置自定义规则

产品分组-编辑产品组

新建分组　按自定义规则分组

产品组　收起

图 3-57　自定义规则分组

　　点击"按自定义规则分组"后,输入自定义的分组名称并选择指定排序规则,但是指定发布类目、指定发布时间和指定价格范围三个项目中您至少需要勾选一项再点击"确定"才能够提交成功,如图 3-58 所示。

　　应该注意的是,与手动分组相比,该种分组方法限制较多:①可设置的产品分组数量较少,最多只可设置 5 个;②自定义规则分组下无法创建子分组。

4. 调整产品组排序

　　如果想调整某个产品组的排序,可以按住十字区域的红色箭头,鼠标按住拖动至想要展示的位置即可完成产品组的排序。优化后的产品组展示将在 24 小时内展示到商铺首页,如图 3-59 所示。

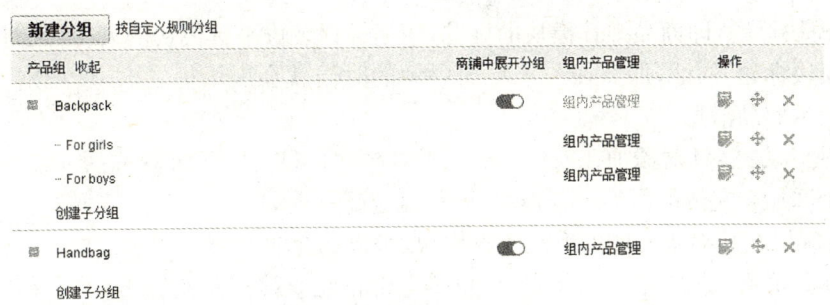

图 3-59　调整产品组排序

五、商品推荐模块

商品推荐模块是商铺中最重要的模块,它承担了在商铺页面中向买家展示商品信息的任务,灵活运用好商品推荐模块可以有效减低商铺商品管理的成本,并且可以提升商铺的转化率。接下来展示商品推荐模块基本的使用方法和技巧,如图 3-60 所示。

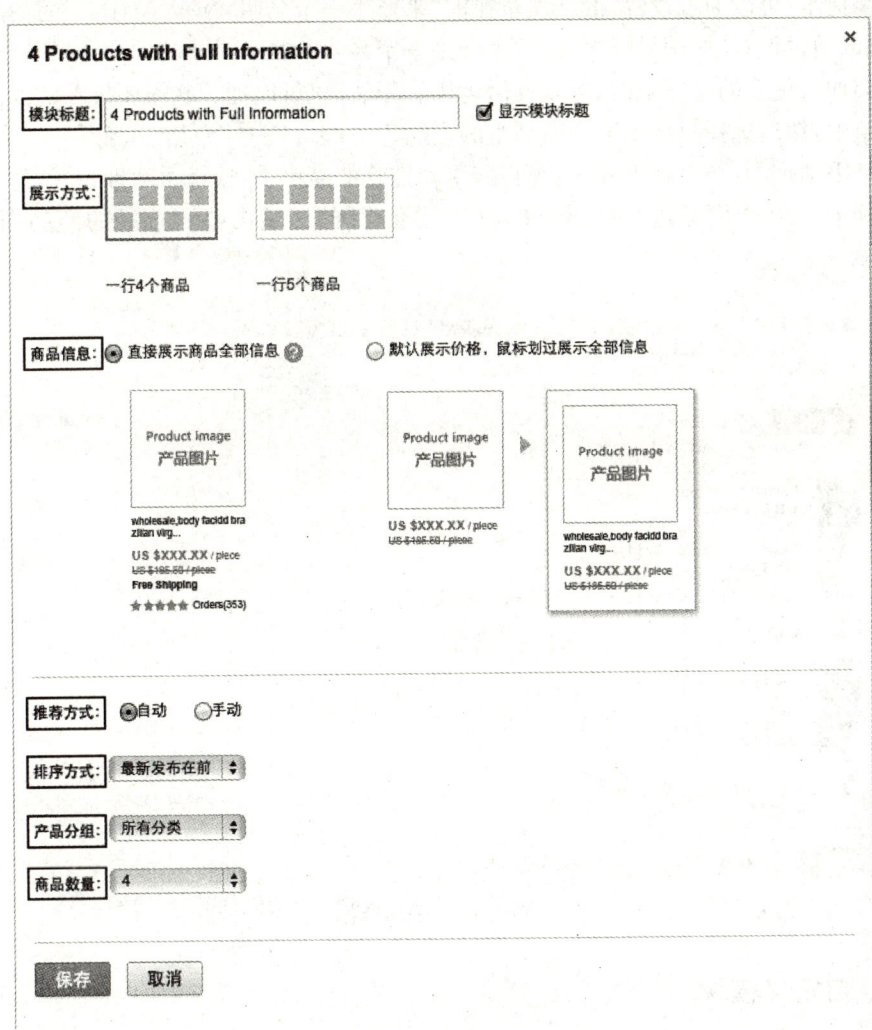

图 3-60　商品推荐模块

（1）模块标题：即商品推荐模块的标题，用于标识装修平台模块的名称，同时，如果勾选了"显示模块标题"的话，那么在买家页面展示的时候就会展示标题栏，反之则不展示标题栏，直接展示商品信息。

（2）展示方式：针对添加在右侧的商品推荐模块，可以任意选择一行展示 4 个或者 5 个商品，对于添加在左侧的商品推荐模块，则只能选择一列展示 4～20 个商品。

（3）商品信息：对于右侧的商品推荐模块，可以选择两种商品展示方式。一种是直接将商品的标题、价格、是否免运费、销量、评价等全部信息直接展示给顾客；另一种是默认只展示价格，鼠标移动到该产品上时才展示详细的信息。前者会让买家十分全面地了解到商品的信息，但是文字内容较多，读取信息时间较长，有一定干扰，后者文字较少，可以直接通过设计精良的图片吸引住买家的眼球，这在服装和箱包等行业较为常用。

（4）推荐方式：可以使用以下两种方式来设置商品推荐模块推荐的逻辑。

一是自动推荐：选择自动推荐后，可以设置模块内商品的排序，指定只展示某个分组的商品和商品的数量。

温馨提示：可以通过设置"最新发布在前"来产生一个名叫"New Arrival"的商品推荐模块，也可以通过设置"按销量降序排列"来产生一个名叫"Top Selling"的商品推荐模块，今后平台还会加入更多的排序规则，可以灵活运用。当然，也可以把一些需要推荐的商品放到某个产品组中，然后选择只展示某个产品组的产品。

二是手动推荐：与自动推荐比较而言，手动推荐就简单了，选择手动推荐后，您可以从商品中选择 4～20 个商品进行展示，可以在"已推荐"的区域内找到选择的商品列表，如图3-61所示。

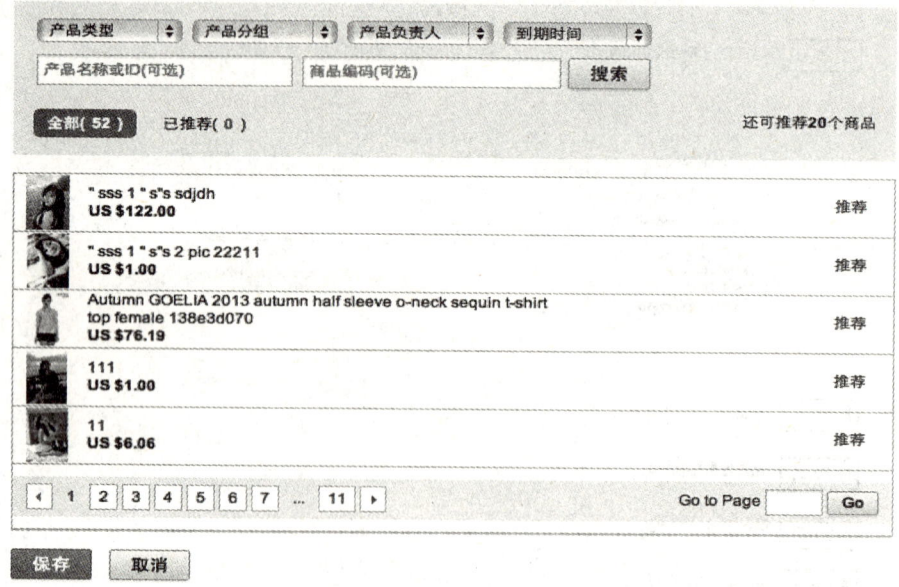

图 3-61　手动推荐

六、自定义模块

自定义模块是一个完全由店家自由设置内容的区域，可以使用编辑器或者 HTML 源码编辑来录入需要展示给买家的内容。巧妙恰当地使用该模块,将会给商铺增添许多色彩。操作页面,如图 3-62 所示。

图 3-62　自定义模块

可以按以下步骤操作:

(1) 在详细描述编辑器中点击"插入产品信息模块"(需要在新版编辑器里操作),如图 3-63所示。

图 3-63　插入产品信息模块

(2) 选择需要插入的模块,如图 3-64 所示。

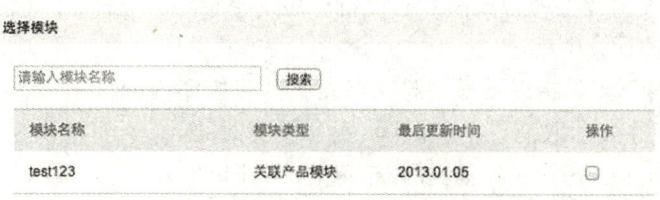

图 3-64　选择需要插入的模块

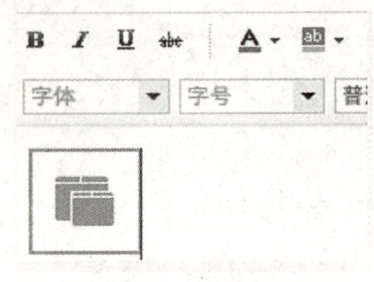

图 3-65 拖动模块

(3) 插入成功后,可以随意拖动模块放到您想要的任何位置,如图 3-65 所示。

产品信息模块最大的优点在于,如果需要修改模块内容,则只需要在产品信息模块管理页面中去修改一次即可,所有的产品都会同步更新。

需要注意的是,自定义模块的内容是需要通过审核的,只有审核通过的自定义模块才能够被使用。

七、橱窗推荐与卖家服务等级

1. 橱窗推荐概念

当买家通过搜索某个关键词或通过类目来到搜索结果页面时,会看到自然的排序结果;而橱窗推荐位就是在自然排序的结果下,通过速卖通给产品增加排序权限,从而提高产品在速卖通排序中的排名(橱窗产品的曝光量比普通产品曝光量要大 8～10 倍)。速卖通 80% 的订单是买家通过搜索后,在搜索结果页面中产生的。目前,获得橱窗推荐的方法主要通过提升卖家服务等级获得。

那么,如何设定橱窗产品呢,具体步骤如下:

(1) 进入"我的速卖通"后台,进入"管理在线批发产品"页面。卖家分级体系增加了橱窗产品推荐和橱窗产品管理两个新功能。只要通过勾选需要推荐的橱窗产品,通过批量橱窗推荐功能就可以将这些产品进行推荐(排序加权),如图 3-66 所示。

(2) 如果推荐的橱窗产品已经超过了可以使用的橱窗产品数,平台将会提醒减少橱窗产品推荐数量,如图 3-67 所示。

(3) 如果需要取消已经推荐的橱窗产品,点击进入橱窗推荐的区块,勾选需要取消的橱窗推荐产品,单击批量取消橱窗推荐即可完成。如图 3-68 所示。

2. 卖家服务等级

卖家服务等级每月月末评定一次,下月 3 号前在后台更新,考核过去 90 天卖家的经营能力,包括买家不良体验订单率、卖家责任裁决率、好评率等,重点考核体现卖家交易及服务能力的一项新指标——买家不良体验订单率(order defect rate,简称 ODR),即买家不良体验订单占所有考核订单的比例,如图 3-69 所示。

其计算公式为:

$$买家不良体验订单率(ODR) = 买家不良体验订单数 \div 所有考核订单$$

知识补充如下:

(1) 如果一个订单同时满足 2 个及以上的不良体验描述,只记一次,不会重复计算。

(2) 如果一个订单在考核期内只有评价产生了不良体验,且属于评价不计分的订单,则不会计入 ODR 的计算中。

在这里,考核订单是指以下任一时间点发生在考核期内的订单:卖家发货超时时间、买家选择卖家原因并成功取消订单的时间、卖家发货时间、买家确认收货或确认收货超时时间、买家提起/修改纠纷时间、仲裁提起/结束时间、评价生效/超时时间。例如,10 月展示的服务等级,考核期为 7 月 3 日至 9 月 30 日。如果您账户里有 2 笔评价生效的订单,评价生

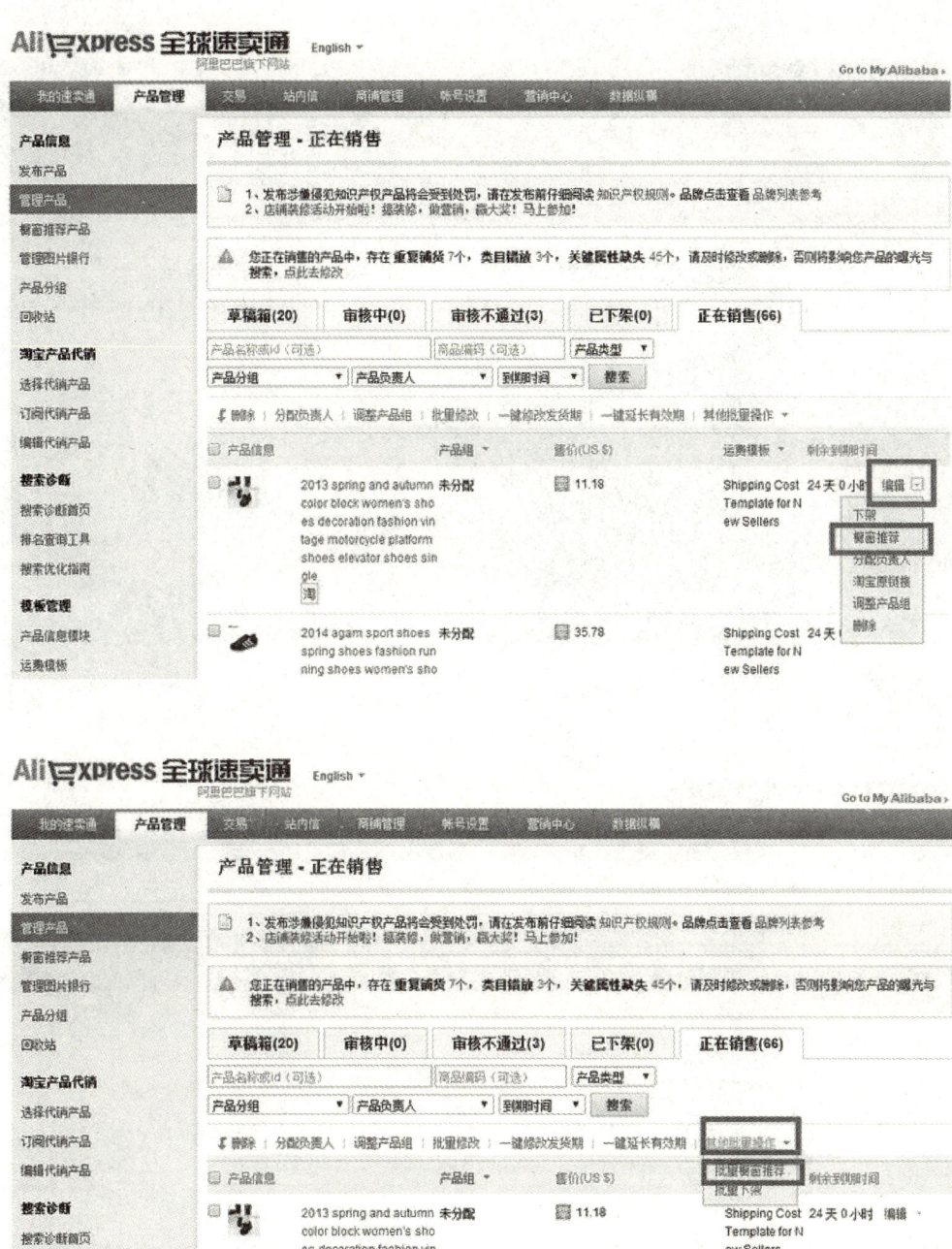

图 3-66　设定橱窗产品

效时间分别是 7 月 1 日和 8 月 5 日,那么 7 月 1 日生效的订单不会计入考核订单,8 月 5 日生效的订单由于在考核期 7 月 3 日至 9 月 30 日之内,所以会计入考核订单。

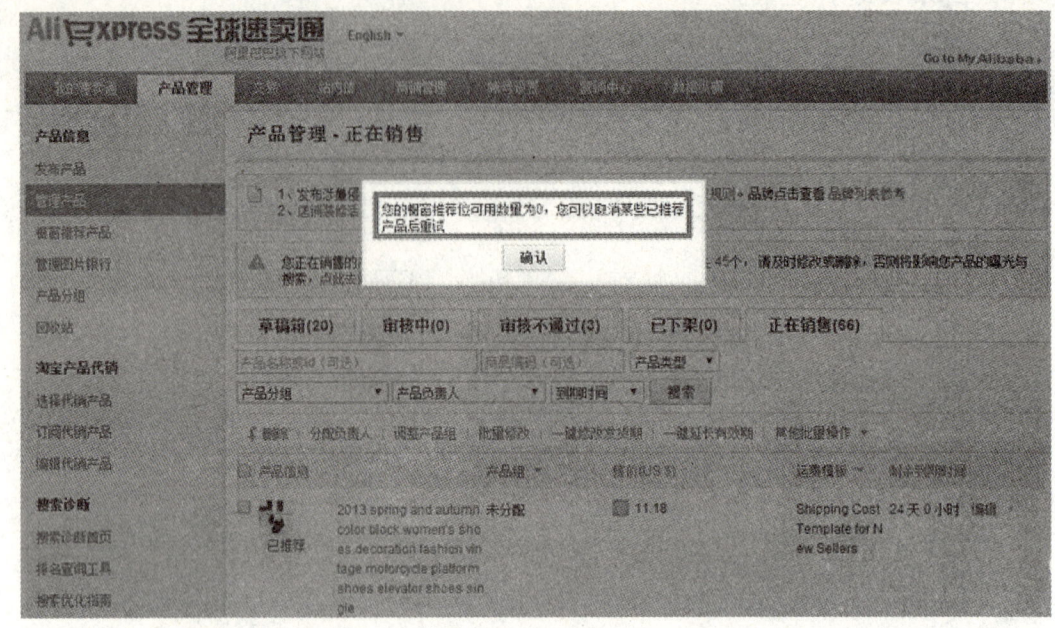

图 3-67　设置橱窗产品数

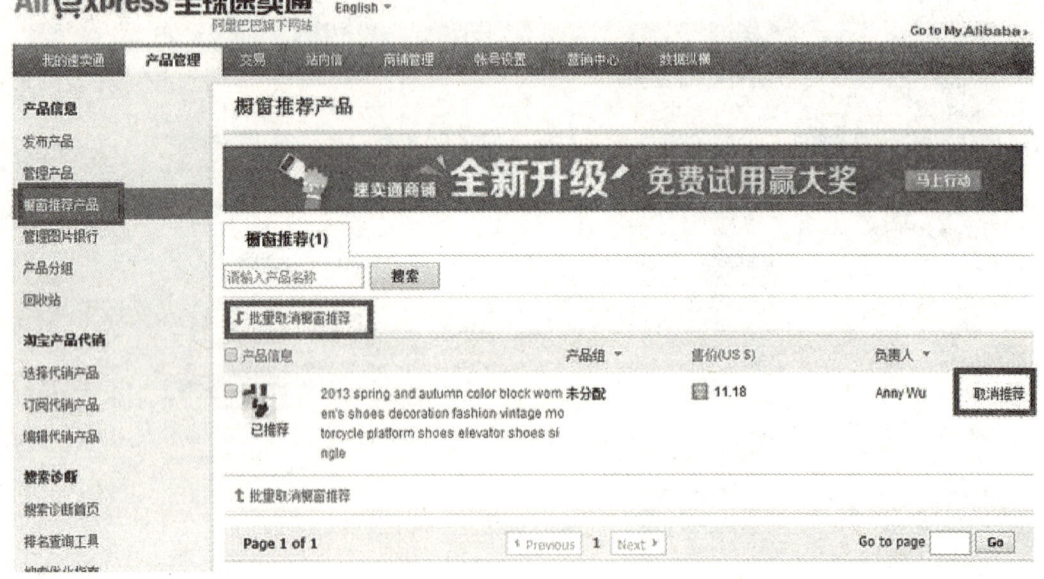

图 3-68　选择橱窗推荐产品

　　根据考核结果将卖家划分为优秀、良好、及格和不及格卖家。不同等级的卖家将获得不同的平台资源,等级越高的卖家享受的橱窗推荐数越多,"优秀"卖家最多可以获得 10 个橱窗推荐,如图 3-70 所示。

买家不良体验订单

买家不良体验订单指考核期内满足以下任一条件的订单——买家给予中差评、DSR中低分（商品描述＜=3星或卖家沟通＜=3星或物流服务=1星）、成交不卖、仲裁提起订单、卖家5天不回应纠纷导致纠纷结束的订单。

考核期为90天，每月最后一天考核过去90天的订单情况。

买家不良体验	指标详解
成交不卖	买家对订单付款后，卖家逾期未发货或由于卖家原因导致付款订单未发货的行为
仲裁提起	买卖双方对于买家提起的纠纷处理无法达成一致，最终提交至速卖通进行裁决的行为
5天不回应纠纷	买家提起或修改纠纷后，卖家在5天之内未对纠纷订单作出回应导致纠纷结束的行为
中差评	在订单交易结束后，买家对卖家该笔订单总评给予的 3 星及以下的评价
DSR商品描述中低分	在订单交易结束后，买家匿名给予分项评价——商品描述的准确性(item as described) 3 星及以下的评价
DSR卖家沟通中低分	在订单交易结束后，买家匿名给予分项评价——沟通质量及回应速度 (communication) 3 星及以下的评价
DSR物流服务1分	在订单交易结束后，买家匿名给予分项评价——物品运送时间合理性(shipping speed) 1 星评价

图 3-69　买家不良体验订单详解

奖励资源	优秀	良好	及格	不及格	成长期
橱窗推荐数	10个	5个	2个	无	2个
搜索排序曝光	曝光优先＋特殊标识	曝光优先	正常	曝光靠后	正常
提前放款特权	有机会享受最高放款比例	无法享受最高放款比例	无法享受最高放款比例	无法享受最高放款比例	无法享受最高放款比例
平台活动	优先参加	允许参加	允许参加	不允许参加	允许参加
店铺活动	正常	正常	正常	活动时间和数量大幅减少	正常
营销邮件数	500	200	100	无	100

图 3-70　考核分类

3. 服务等级标准

历史累计结束的已支付订单数≥30 笔的卖家，将根据卖家在考核期内的表现分为优秀、良好、及格和不及格四个等级，各等级要求，如图 3-71 所示。

评级	优秀	良好	及格	不及格
评定标准	符合以下**所有**条件： 1. 考核期内结束的已支付订单数 ≥ **90 笔** 2. ODR＜2.5% 3. 卖家责任裁决率＜0.8% 4. 90 天好评率 ≥97%	符合以下所有条件： 1、ODR＜4% 2、卖家责任裁决率＜0.8%	符合以下所有条件： 1、4% ≤ODR＜8% 2、卖家责任裁决率＜0.8%	符合以下任一条件： 1、ODR＞8% 2、卖家责任裁决率 ≥0.8%

历史累计结束的已支付订单数＜30 笔的卖家，属于**成长期卖家**，不参与卖家服务等级的考核，但还是要努力提升各项服务指标哦！

图 3-71　服务等级标准

特别说明如下：

(1) 结束的已支付订单指买家支付成功且处于"已完成"和"已关闭"状态（除资金审核未通过、未成团外）的所有订单。

(2) 90 天好评率＝过去 90 天内产生的好评数÷（过去 90 天内的好评数和差评数总和）。

(3) 卖家责任裁决率是指过去 90 天内提交至平台进行裁决且最终被判为卖家责任的订单数与发货订单数之比。其计算方法为：卖家责任裁决率＝过去 90 天提交至平台进行裁决且最终被裁定为卖家责任的纠纷订单数÷｛过去 90 天[买家确认收货/确认收货超时、买家提起退款（dispute）并解决、提交到速卖通进行裁决（claim）并裁决结束]的订单数总和｝。

(4) 若考核期内，买家不良体验的订单来自 2 个及以下买家时，将不考核 ODR。

(5) 若考核期内，卖家责任裁决订单数仅为 1，将不考核其卖家责任裁决率。

职业判断

服务等级判断

案例 1

卖家冰冰在速卖通开店 3 个月，共有 40 笔买家成功支付的订单，在 12 月 31 日时已有 25 笔订单处于"已完成"状态，且订单表现很好未产生买家不良体验，还有 15 笔仍在进行中。

请问卖家冰冰 1 月份的服务等级是什么？

专家解答：由于在考核期内，虽然冰冰的支付成功订单已经超过 30 笔，但实际完成的订单只有 25 笔，所以不会参与到 1 月份的服务等级评定中，冰冰仍然属于成长期卖家。若在 1 月 31 日前，冰冰新增已完成订单 10 笔，则历史累计订单 35＞30 笔，则冰冰将会在 2 月获得第一次服务等级的评级。

案例 2

卖家胡丹在 12 月 31 日历史累计结束的已支付订单超过了 30 笔，可参加服务等级的考核，在本次考核期内共有 10 笔符合考核要求的订单，其中 1 笔是裁决提起订单，且最终判定为胡丹的责任。

请问胡丹在 1 月的服务等级是什么？

专家解答：按照 ODR 的计算标准，胡丹的 ODR＝1/10＝10%，已经超过 8%，按照常理应该被评为"不及格"卖家，但是由于整个考核期内，胡丹的卖家不良体验订单仅来自于 1 个买家，所以不考核其 ODR；又由于胡丹的卖家责任仲裁订单数仅为 1，也不考核其卖家责任仲裁率；胡丹 1 月的服务等级应该是良好或者优秀，但是由于胡丹在考核期内结束的已支付订单小于 90 笔，不符合优秀卖家的标准，所以胡丹在 1 月的服务等级是良好。

第三节　产品图片的拍摄与处理

网上店铺与传统店铺最大的区别在于：网上店铺并没有实物可供买家实际感受与挑选，买家仅仅通过对商品图片的细节观察从而作出是否进行交易的决定。因此，要赢得买家的青睐，拍摄出成功的商品照片，就一定要在保证真实性的前提下别出心裁地进行设计，使之能够吸引买家的目光，促使他们产生了解所展示产品的兴趣和购买的欲望。

一、产品图片的拍摄

一张商品图片拍摄是否成功主要由三个因素来决定：拍摄场景布置、光线的角度和拍摄构图。

1. 拍摄场景布置

网店因其具有虚拟的特性，买家无法触摸得到，全依凭视觉观察，所以，为了防止买家将过多的注意力放在无关紧要的商品背景之中，场景布置的第一原则就是简单明了，自然能够将买家的视线聚焦在拍摄的焦点上来；而杂乱的场景布置只会喧宾夺主，分散买家的注意力，从而严重影响买家的购买欲望，如图3-72和图3-73所示。

图3-72　拍摄场景布置1

图3-73　拍摄场景布置2

图3-72和图3-73的拍摄图片都是女士皮包，然而这两张图片哪张更让买家有购买女包的欲望却是显而易见的。观察第一张图片的时候很难说出卖家到底想出售哪个商品，是家具？是台灯？还是女包？因为场景布置得过于复杂，分散了买家的注意力，而且产品主体在场景中比例过小，没能将女包的特点及形态清晰地呈现出来。而图3-73的女包主图就显得鲜活明亮，背景进行了适当的虚化，旨在利用主体商品的位置和环境的指引突出女包这个主体，再加上气质高雅容貌姣好模特的展示，能让买家真切地感受到商品的高档典雅的特点。

2. 光线的角度

在专业摄影领域，光源的位置选择很有讲究，如侧光、侧逆光等；而在实际拍摄中，只需要把光分为主光、背景光、辅助光等几种即可。因为刚开店不宜投入过多的资金，可以利用白布和台灯等制作迷你摄影棚，摄影棚的原型可参考图3-74。

在布置光线角度的时候,应将主光的位置重点调整好,可以置于最前方,也可以在顶部,然后再利用辅助光来调整画面上由于主光的作用而形成的反差,从而突出整体画面的层次感。下面介绍三种不同商品的光线角度选择。

1)无暗角拍摄法

从正面的两侧布置灯光,投射出来的光线全面而且均匀,可以散布到商品的表面,使商品没有暗角,展现得非常清晰。拍摄布局图如图 3-75 所示。

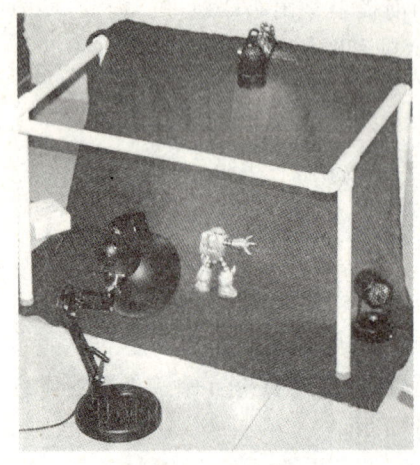

图 3-74　摄影棚原型　　　　　　图 3-75　无暗角拍摄法

2)立体感拍摄法

从商品的前、后交叉布置灯光,会使得商品轮廓明显,立体感增强,在背景上产生小投影的效果。拍摄布局图如图 3-76 所示。

3)抠图拍摄法

从商品的前方打主光保全商品细节,左、右两侧打辅助光可使商品轮廓明显,也可以根据背景增加背景灯,此方法拍摄出的商品图片适合后期抠图使用。拍摄布局图如图 3-77 所示。

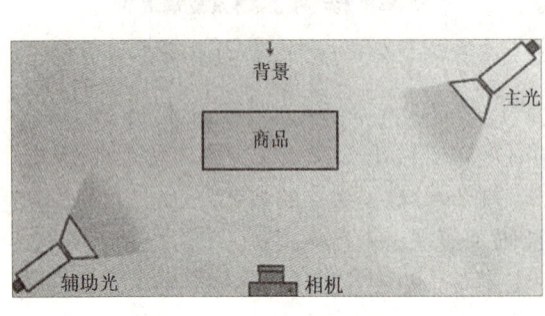

图 3-76　立体感拍摄法　　　　　　图 3-77　抠图拍摄法

3. 拍摄构图

拍摄构图就是把镜头中的景与物进行合理组合,让拍摄的图片更加符合视觉的需要,也使其显得更美观。构图的结构中心应该在视觉中心,而不在画面几何中心,视觉中心和几何中心的对比图如图 3-78 所示。

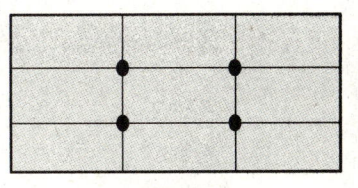

视觉中心   几何中心

图3-78 拍摄构图

这里所指的视觉中心也称为"九宫图"构图法,就是将被拍摄主体或者重要景物放在"九宫格"交叉点的位置上。"井"字的4个交叉点就是主体的最佳位置。这种构图格式较为符合人们的视觉习惯,使主体自然成为视觉中心,起到突出主体并使画面趋向均衡的特点。

二、产品图片的处理

光影魔术手是对数码照片的画质进行改善及效果处理的软件。该软件使用简单,新手卖家较易上手。使用它不仅可以对曝光不足的照片进行调整,还可以制作出精美边框。

> 技能点:产品图片处理

1. 调整曝光不足的照片

曝光不足是拍摄照片时经常会遇到的问题,曝光不足的照片通常会显得比较暗淡,解决该问题最快速最有效的方法就是使用图像处理软件进行数码补光,下面以光影魔术手为例介绍具体的操作步骤。

第一,执行"打开"命令。

启动光影魔术手,单击"文件"菜单,在弹出的菜单中执行"打开"命令,如图3-79所示。

第二,选择需要调整的照片。

弹出"打开"对话框,双击打开曝光不足的照片,如图3-80所示。

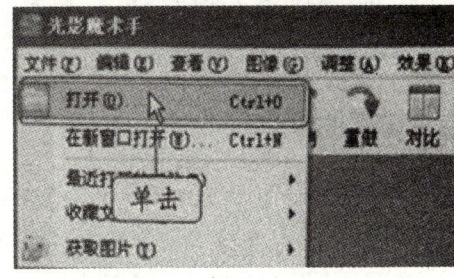

图3-79 启动光影魔术手

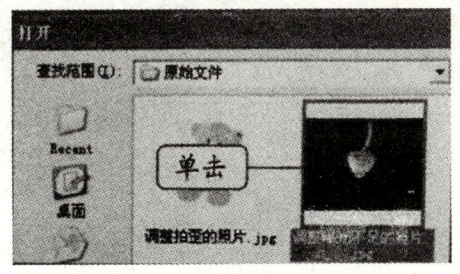

图3-80 选择需要调整的照片

第三,执行"数码补光"命令。

依次执行"效果"和"数码补光"命令,如图3-81所示。

第四,设置数码补光属性。

设置"范围选择""补光亮度"和强力追补属性,然后单击"确定"按钮,如图3-82所示。

第五,查看调整后的显示效果。

返回主界面,可看到补光后的效果,如果不满意可继续补光。若满意,单击"文件"按钮,在弹出的菜单中执行"另存"命令。根据提示保存图片即可。

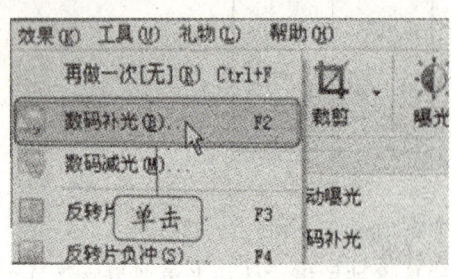

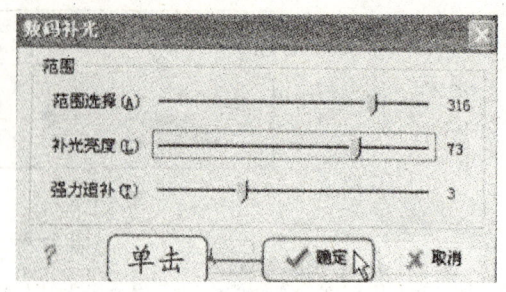

图 3-81　数码补光　　　　　　　　　　　图 3-82　设置数码补光属性

2. 为图片添加精美边框

光影魔术手为用户提供了多种边框效果：轻松边框、花样边框、撕边边框、多图边框等。一键便可立刻为图片添加精美的边框。

操作步骤如下：

第一，执行"花样边框"命令。

打开照片，单击"边框"右侧的三角按钮，单击"花样边框"选项，如图 3-83 所示。

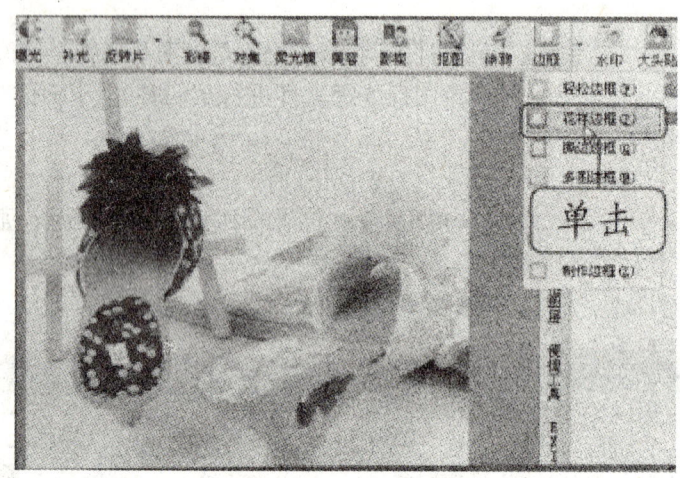

图 3-83　花样边框

第二，选择边框样式。

弹出"花样边框"对话框，单击选择合适的边框样式，如图 3-84 所示。

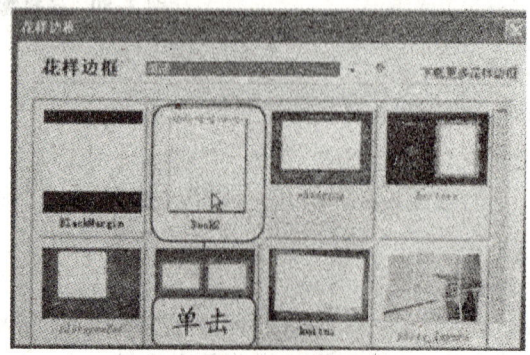

图 3-84　选择边框样式

第三,设置边框后的效果。

在光影魔术手主界面中可以看到设置边框后的效果,若合适,在"花样边框"对话框中单击"确定"按钮。返回主界面中保存图片即可,如图 3-85 所示。

图 3-85　设置边框后的效果

知识与技能训练

一、单项选择题

1. 手机安卓系统是由(　　)主推的手机操作系统。

    A. 微软　　　　　　B. BAIDU　　　　　　C. GOOGLE　　　　　　D. 雅虎

2. 手机安卓系统的软件应用开发主要是使用(　　)开发语言。

    A. PHP　　　　　　B. JAVA　　　　　　C. C++　　　　　　D. ASP

3. 移动互联网接入中的 3G 业务下载速度可达到(　　)。

    A. 100 KB/S　　　　B. 500 KB/S　　　　C. 2 Mbit/S　　　　D. 100 MB/S

4. 以下终端中,不属于移动互联网终端的是(　　)。

    A. 手机　　　　　　B. 笔记本电脑　　　　C. 平板电脑　　　　D. 车载 GPS

5. 微信朋友圈不可以上传的文件类型是(　　)。

    A. 视频　　　　　　B. 图片　　　　　　C. 文字　　　　　　D. FLASH

6. 单个微信红包可支付的最大面额是(　　)元。

    A. 100　　　　　　B. 300　　　　　　C. 500　　　　　　D. 200

7. 微信公众订阅号每天可以群发(　　)条消息。

    A. 1　　　　　　　B. 2　　　　　　　C. 3　　　　　　　D. 4

8. 支付宝钱包采用的支付方式是(　　)。

    A. 直接支付　　　　B. 第三方支付　　　　C. 储蓄　　　　　　D. 第四方支付

9. 二维码可以采用( )应用读取。

    A. 微信   B. 博客   C. 射频读卡器   D. IE 浏览器

10. 下列各项中,属于移动宽带接入的是( )。

    A. 宽带专线   B. 2G 网络   C. 3G 网络   D. ADSL

二、多项选择题

1. 下列各项中,属于移动第三方支付的有( )。

    A. 支付宝钱包   B. 微信支付   C. 手机银行   D. 微博支付

2. 相对于传统电子商务,移动电子商务具备的特征有( )。

    A. 实时   B. 私人   C. 个性   D. 安全

3. 微信公众号与个人号的区别有( )。

    A. 社交网络一对多和多对多   B. 公众号更适合客户管理

    C. 个人号没有开发接口   D. 公众号可以定制群发个人号不行

4. 下列各项中,属于手机操作系统的有( )。

    A. 安卓   B. win7   C. IOS   D. 黑莓系统

5. 二维码相对条码的优势有( )。

    A. 记录信息更多   B. 安全性更好

    C. 扫描更方便   D. 译码可靠性高

三、判断题

1. 微博是一种只能在手机上使用的移动互联网应用。 ( )

2. 微信与 QQ 的主要区别是用户群体使用感知的区别。 ( )

3. 移动电子商务就是把电子商务搬到了移动终端上,其运营特征与传统电子商务基本一致。 ( )

4. 移动互联网终端指的是所有可移动的互联网接入终端设备。 ( )

5. 移动电子商务客户的使用习惯与传统电子商务客户基本一致。 ( )

6. 小额支付适合移动支付的便利性和安全性。 ( )

7. 移动电子商务中最重要的营销渠道是移动社交网络营销。 ( )

8. 二维码读取是一种射频识别方式。 ( )

9. 移动电子商务就是指在手机上进行电子商务运营。 ( )

10. 移动支付最大的优势就是安全性。 ( )

四、案例分析

1. 某手机销售商准备围绕自身微信公众号策划一次吸粉商业活动,经过初步讨论决定开展一次由广大手机网民参与投票的手机自拍大赛活动。请就该活动的宣传、竞赛流程、竞赛移动商务平台设计等核心内容进行具体策划。

2. 某教育类网站包括了网上远程教育、在线职业培训、考证服务等主要电子商务服务内容。在经营多年传统电子商务运营后,发现最近几年电子商务市场在快速向移动商务转移,于是决定要针对移动电子商务的特征进行网站移动端拓展。请围绕网站的移动电子商务转型拓展进行策划设计网站的移动平台功能和业务流程。

第四章

业务订单处理

知识目标

1. 掌握一般订单处理流程
2. 了解特殊订单处理

技能目标

1. 能够处理订单,进行线上发货
2. 能够处理有纠纷的订单

关键概念

订单处理　线上发货　备货

职业核心能力

自我学习能力　信息处理能力　订单处理能力　纠纷处理能力　解决问题能力

知识导图

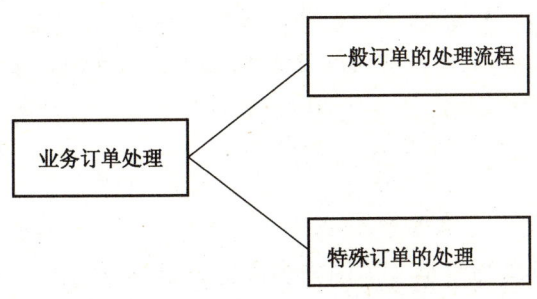

第一节 一般订单的处理流程

【引例】

案例资料：

随着小订单体量在传统外贸中占比不断上升，传统外贸电商化的趋势将会加快。

传统外贸公司对这种1万美元以下的订单感觉像鸡肋，管理这些订单的结汇、退税、物流人工成本高，复杂麻烦，因而小订单成为传统外贸服务中的盲区而易被忽视。这个问题通过跨境电商的手段却能轻易解决。电商手段将是传统企业应对小订单出口的利器，甚至会成为小订单交易的主阵地。

信息流方面，传统外贸商一般通过参加国外展会或者出国直接和客户面谈的方式来进行市场营销，这两种方式都会产生高额成本，小额订单的增多会大大拉低市场费用的性价比。因此，如果能采取线上跨境市场推广以及线下境外本地化产品展示，可以在获取同样订单的前提下节省市场推广成本。

因此，传统大宗外贸有自成体系的报关、退税和结汇流程，这些流程却都不适用于零散化、碎片化的小额订单，对于小宗外贸来说，需要更便捷、便宜和高效的外贸服务平台，而跨境平台商可以提供这样专业化的服务。因此，外贸订单的零散化趋势必然带动互联网时代外贸的发展。

思考问题：

试分析传统外贸电商化这一趋势。

分析提示：

由于现阶段全球经济形势的不明朗和人民币汇率的不确定性，大型采购商主体数量不断减少，大订单、长订单锐减，加上海外微商群体开始诞生，中短单占的比重越来越大，就连大额的长期采购项目，也被分割为中小额的短期采购。因此，传统外贸正日渐从"集装箱"式的大额交易转为"小订单"出口。广交会最新一期的海外买家询单，小订单的询单量已经占据40%～50%，特征在200～50 000美元之间。

订单处理就是对订单所进行的核实、整理、分类、备货、发货、收款等各项工作的总称。订单处理是物流配送的重要流程，可以改善订单处理过程，缩短订单处理周期，提高订单满足率与供货正确率，提高客服水平的同时降低物流总成本，确保企业竞争优势。

一、线上发货

1. 线上发货的定义

线上发货其实是菜鸟物流整合了国内多家优秀第三方物流于一体的物流体系，各个第三方的物流系统正在与速卖通系统做更进一步的对接，使其达到像亚马逊的FBA一样强大的物流仓储体系。虽然现在速卖通的物流体系跟国际电商巨头亚马逊的物流体系有一定差距,但是随着速卖通订单销售额的暴涨,与纷纷加入的第三方国际物流平台,相信过不了多久,速卖通的整个国际物流体系将越来越成熟。

2. 线上发货的操作流程

以速卖通为例,线上发货操作流程如下:

(1)选择"线上发货",创建一个物流订单。以 64197345503855 为例,点击下图中的"线上发货",进入"订单管理—订单详情",如图 4-1 所示。

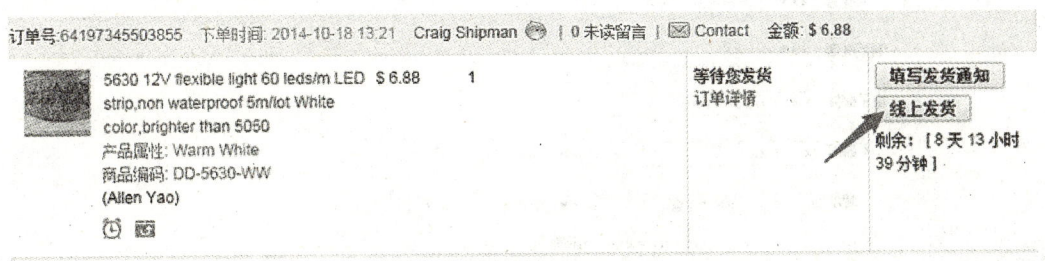

图 4-1　线上发货

(2)可见该订单为 United States 美国地区的订单,点击"订单管理—订单详情"页面的"线上发货"功能按钮,进入"选择物流方案"页面,如图 4-2 所示。

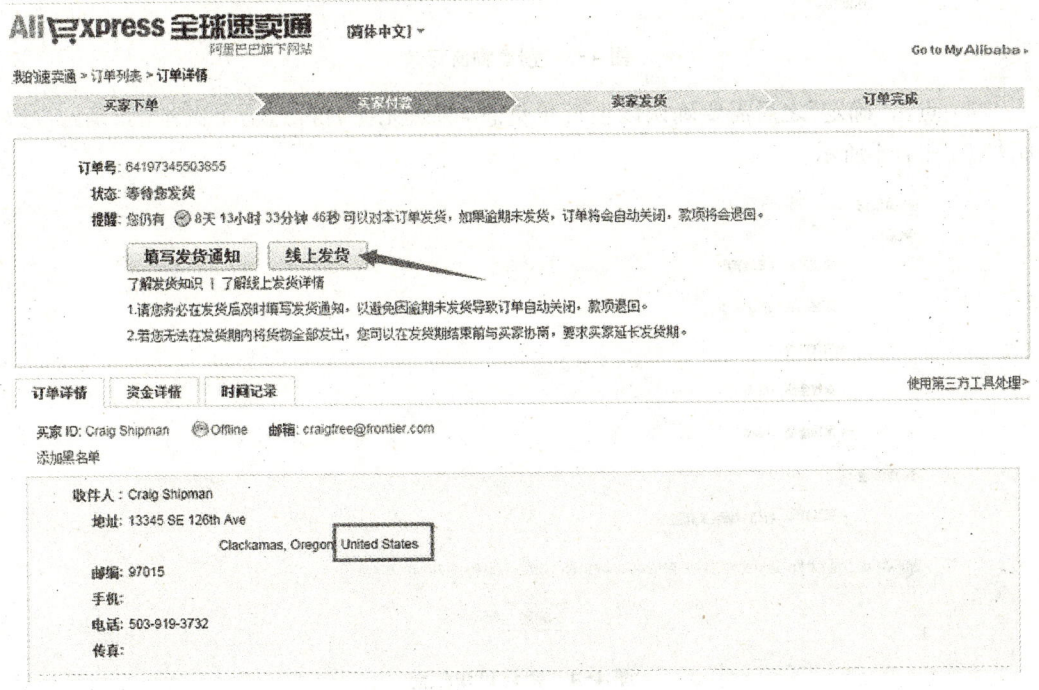

图 4-2　选择物流方案

(3)开始创建物流订单,填写商品信息里面的申报金额和商品重量,然后勾选"我同意"后,点击"确定"按钮,如图 4-3 所示。

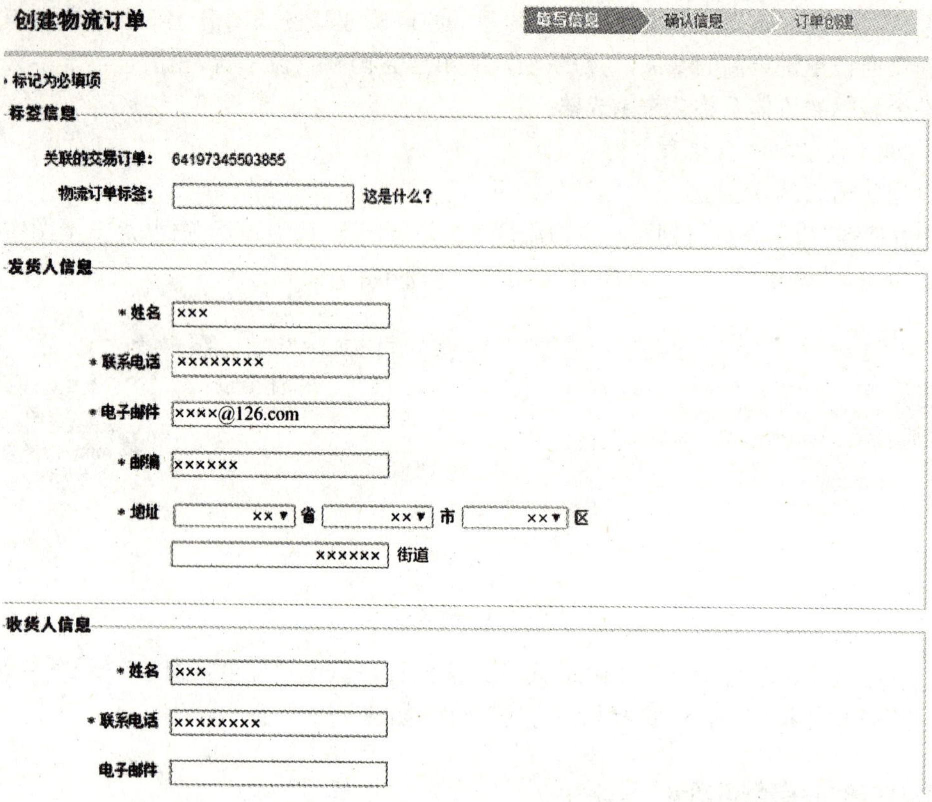

创建物流订单　　　　　　　　　　填写信息　　确认信息　　订单创建

› 标记为必填项

标签信息

关联的交易订单：　64197345503855

物流订单标签：　[　　　　　　　　　]　这是什么？

发货人信息

＊姓名　[×××]

＊联系电话　[×××××××]

电子邮件　[××××@126.com]

＊邮编　[××××××]

＊地址　[××▼]省　[××▼]市　[××▼]区

[　　　　　　　××××××]街道

收货人信息

＊姓名　[×××]

＊联系电话　[×××××××]

电子邮件　[　　　　　　]

图 4-3　创建物流订单

（4）点击"确定"之后需要确认以上订单信息，确认无误后再点击下图中的"确定"按钮确认，如图 4-4 所示。

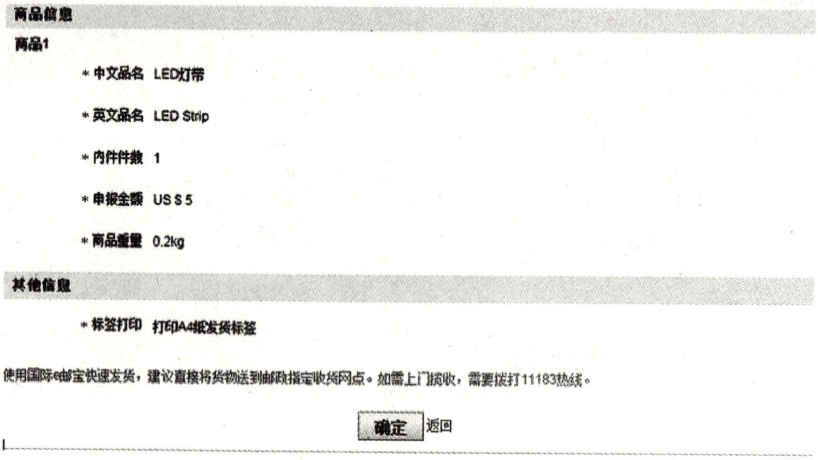

商品信息

商品1

＊中文品名　LED灯带

＊英文品名　LED Strip

＊内件件数　1

＊申报金额　US $ 5

＊商品重量　0.2kg

其他信息

＊标签打印　打印A4纸发货标签

使用国际e邮宝快速发货，建议直接将货物送到邮政指定收货网点。如需上门揽收，需要拨打11183热线。

[确定] 返回

图 4-4　确认订单信息

（5）再次点击确定，至此该订单的线上发货订单已经创建完毕，点击图 4-5 中的"查看物流订单详情"。

（6）打开"查看物流订单详情"，效果如图 4-6 所示。接下来点击图 4-6 中的"打印 A4 纸发货标签"即可。

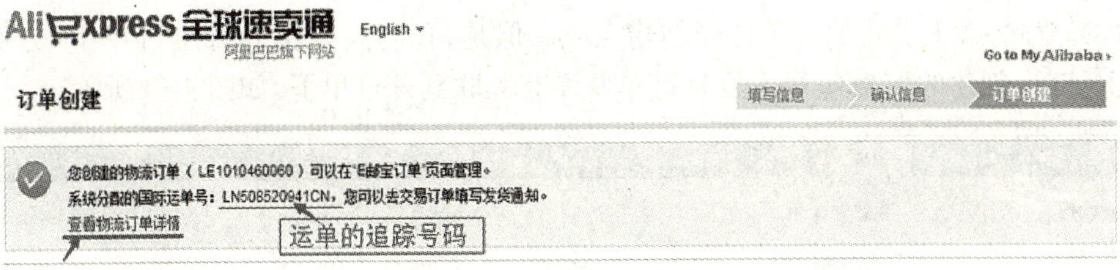

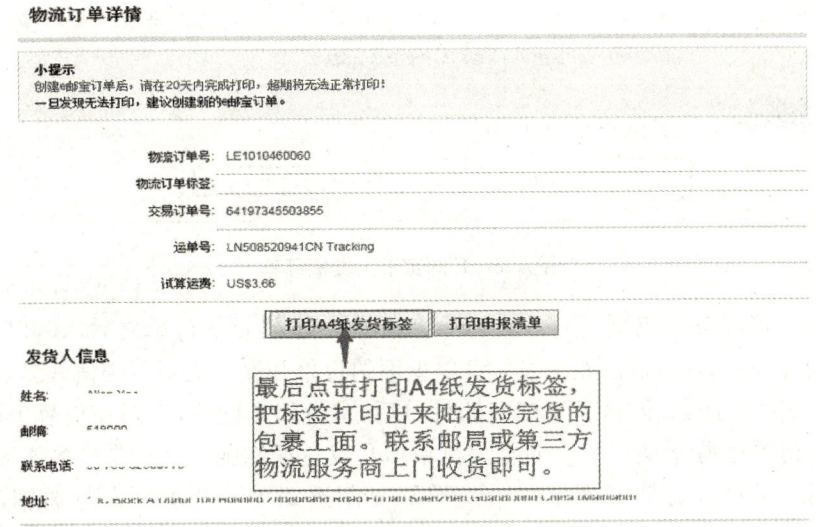

图 4-5　查看物流订单详情

图 4-6　打印 A4 纸发货标签

（7）点击打印标签一般弹出一个下载窗口，内容为一个 LN 开头的 PDF 文件，用 PDF 阅读软件打开选择链接打印机打印即可，PDF 文件内容如图 4-7 所示。

图 4-7　生成 PDF 文件

（8）至此，线上发货的订单已经创建完成。但是，我们只能在 E 邮宝订单下，方可看见该线上订单，创建的 E 邮宝线上发货订单并没有关联到该订单下，如图 4-8 所示。

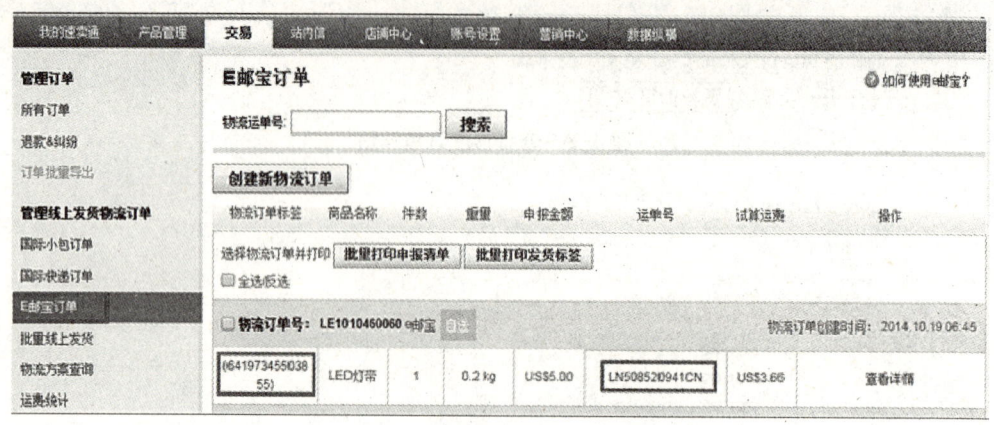

图 4-8　E 邮宝线上发货订单

从图 4-8 可以看到，创建了一个 United States 线上发货的订单之后，该订单只出现在了 E 邮宝订单里面，而实际上跟未发货订单里面的订单并没有关系。相信许多卖家操作到这里都会引出一个问题，创建了 E 邮宝的订单后，也打印了标签，也贴在包裹上面了，但要如何把这个运单号码告诉买家，并且把该订单填写发货通知呢？这也是许多卖家头疼的问题，一两个订单还好，要是 10 个，100 个，单靠复制追踪单号到填写发货通知那里，耗时太多。

3. 批量线上发货的操作流程

以贸易宝为例，介绍批量线上发货的操作流程如下：

（1）无需再同步订单了，每次打开都将实时展示速卖通未发货订单数据，打开即可自动获取完可用的线上或线下的发货渠道。目前支持线上的渠道，E 邮宝，线下渠道有深圳互联易国际物流等其他第三方物流服务商，如图 4-9 所示。

> **重点**：批量线上发货的操作流程

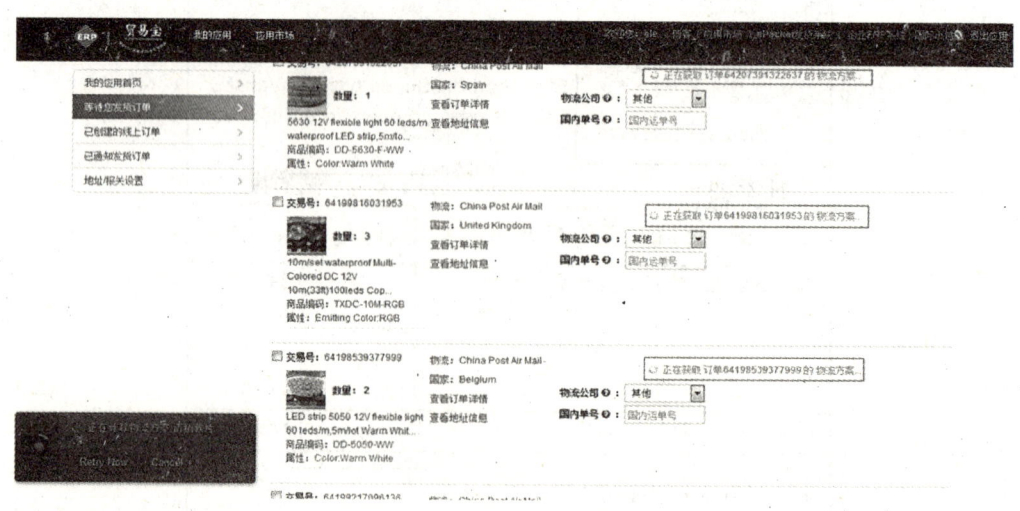

图 4-9　创建贸易宝订单

（2）自动识别国家等条件，分配最优渠道，如图 4-10 所示的为 Russian Federation 的订单，贸易宝建议使用中俄航空专线。

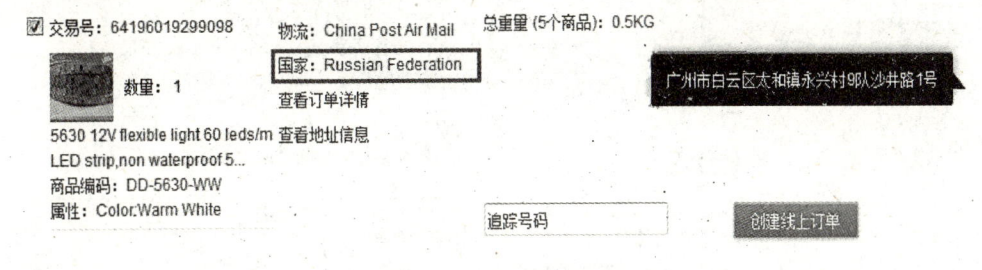

图 4-10　分配最优渠道 1

（3）如图 4-11 所示，系统识别到 United States 的订单，贸易宝将推荐使用国际 E 邮宝渠道。

图 4-11　分配最优渠道 2

（4）一键即可全部创建发货订单，创建完一键打印标签，打印完标签一键将所有已创建的线上发货订单全部自动将单号上传至速卖通，并自动完成填写通知发货单，如图 4-12 所示。

以上就是关于速卖通线上如何发货的流程和贸易宝如何在速卖通上批量进行导入管理订单的介绍。

二、备货

备货是进出口公司根据合同和信用证规定，向生产加工及仓储部门下达联系单（有些公司称其为加工通知单或信用证分析单等）要求有关部门按联系单的要求，对应交的货物进行清点、加工整理、刷制运输标志，以及办理申报检验和领证等工作。备货是配送的基础环节，又是决定配送成败与否、规模大小的最基础环节。同时，它也是决定配送效益高低的关键环节。如果备货不及时或不合理，成本较高，会大大降低配送的整体效益。在出口贸易中，备货就是根据出口合同的规定，按时、按质、按量准备好应交货物，以保证按时出运，备货工作是履行出口合同的基础。

1. 备货的具体活动内容

严格来说，备货应当包括两项具体活动：筹集货物和存储货物。

1）筹集货物

在不同的经济体制下，筹集货物（或者说组织货源）是由不同的行为主体来完成的。若生产企业直接进行配送，则筹集货物的工作由生产企业自己去完成。但是在专业化流通体

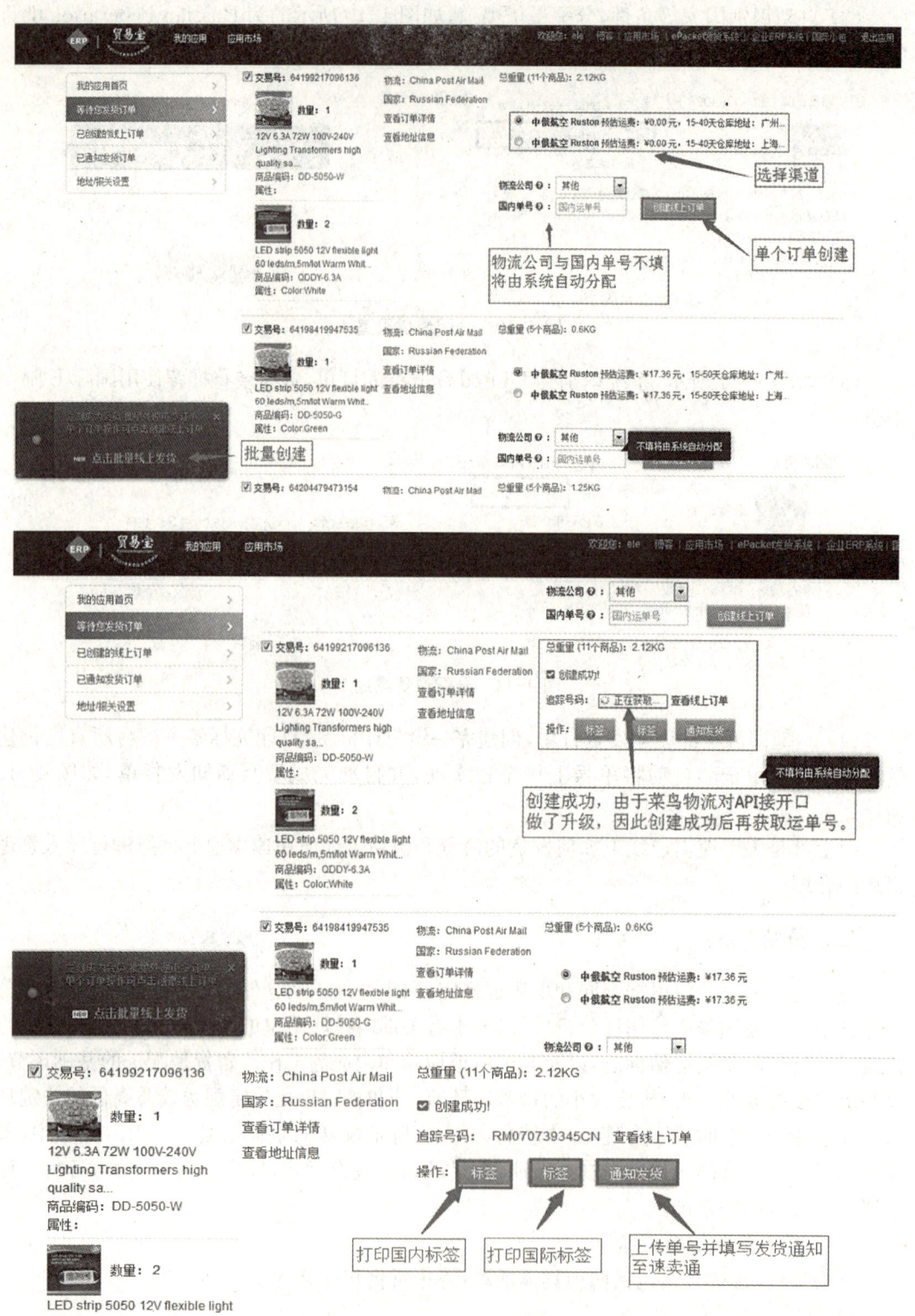

图 4-12　创建发货订单

制下,组织货源和筹集货物的工作会出现两种情况:其一,由提供配送服务的配送企业直接承担。一般是通过向生产企业订货或购货完成此项工作。其二,选择商流、物流分开的模式进行。配送、订货、购货等筹集货物的工作由生产企业自己去做,配送企业只负责进货和集货等工作,货物所有权属于生产企业。然而,无论具体做法有什么不同,总的来说,筹集货物由订货、进货、集货和相关的验货、结算等一系列活动组成。

2) 存储货物

存储货物是购货、进货活动的延续。在配送活动中,货物存储有两种表现形态:一种是暂存形态;另一种是储备形态,包括保险储备和周转储备。

第一,暂存形态的存储。

暂存形态的存储是指按照分拣、配货工序的要求,在理货场地储存少量货物。

这种形态的货物存储是为了适应"日配"和"即时配送"需要而设置的。其数量多少对下一个环节的工作方便与否会产生很大影响。但一般来说,不会影响储存活动的总体效益。

第二,储备形态的存储。

储备形态的存储是按照一定时期配送活动要求和根据货源的到货情况,比如到货周期,有计划地确定的。它是使配送持续运作的资源保证。

用于支持配送的货物储备有两种具体形态:周转储备和保险储备。无论是哪种形态的储备,相对来说,数量都比较多。因此,货物储备合理与否,会直接影响配送的整体效益。

出口贸易备货工作的主要内容是:在签订合同或收到信用证后向生产部门、供货部门或仓储部门安排或催交货物,核实应交货物的品质、规格、数量,进行必要的加工整理、包装、刷唛头以及申请报验和领证工作。凡列入《商检机构实施检验的进出口商品种类表》(以下简称《种类表》)的出口商品和买卖合同中规定由商检机构出证的商品,均应在货物备齐后向商品检验局申报检验。只有取得商检局发给的检验合格证书,海关才予放行。凡未列入《种类表》的出口商品,而且买卖合同中亦未规定由商检机构出证的出口商品,也应向商检局申报,经商检局在报关单上加盖放行印章后,海关才凭以放行。

> 议一议:备货中卖方应注意的问题

2. 备货中卖方应注意的问题

在备货工作中,以下各点应引起卖方的注意:

(1) 所备货物的品质、规格、花色品种应符合合同的规定,即不要偏高,也不要偏低。偏高对我方不利,而且影响以后业务的进行;偏低则易遭到对方拒收或索赔。

(2) 备货数量要多于合同规定的数量,以防不测;实际交货数量应符合合同或信用证规定。凡按重量计量的货物而在买卖合同或信用证中均未规定按何种方法计量者,按惯例应以净重计量。

(3) 货物的包装必须符合合同规定和运输要求,唛头应按合同规定的式样刷制,要注意清楚醒目,颜色不易脱落。

(4) 备货时间按距离启运港远近,提前进行。注意备货完成时间一定要早于信用证规定的船期,严防脱节。

(5) 针对不同商品情况,对出口货物进行检验是不可缺少的重要环节。

(6) 货物必须是第三方不能提出任何权利或请求的。卖方应保证对所售货物享有合法的、完全的所有权,应有权出售该项货物,并保证买方能安稳地占有和支配该项货物而不受任何第三方的侵扰。

三、收款

1. 设置收款账户

以速卖通为例,在全球速卖通平台,需要设置两个收款账户:一个是人民币收款账户,另一个是美元收款账户。平台根据买家不同的支付方式,由不同的收款账户接收交易款项:

(1) 买家通过信用卡(人民币通道)进行支付时,国际支付宝(Escrow)会按照买家支付当天的汇率将美金转换成人民币支付到您的国内支付宝或银行账户中。

(2) 买家通过 paypal、信用卡(美元通道)、西联、MoneyBookers、Bank Transfer(T/T 银行转账)等方式进行支付时,国际支付宝将支付美元到您的美金收款账户。即买家采用不同的支付方式,其货款将打入卖家不同的收款账户,因此,卖家需要设置人民币和美元两个收款账户。

2. 如何设置收款账户

人民币收款账户的创建和修改如下：

（1）如果以前没有设置支付宝收款账户，可以通过创建或登录支付宝的方式进行绑定。具体操作流程如下：

议一议：如何设置收款账户

一是登陆全球速卖通，点击"交易"进入"收款账户管理"界面，选择"人民币收款账户"。如果卖家还没有支付宝账户，可以点击"创建支付宝账户"；也可以使用已经有的支付宝，点击"登录支付宝账户"进行设置，如图 4-13 所示。

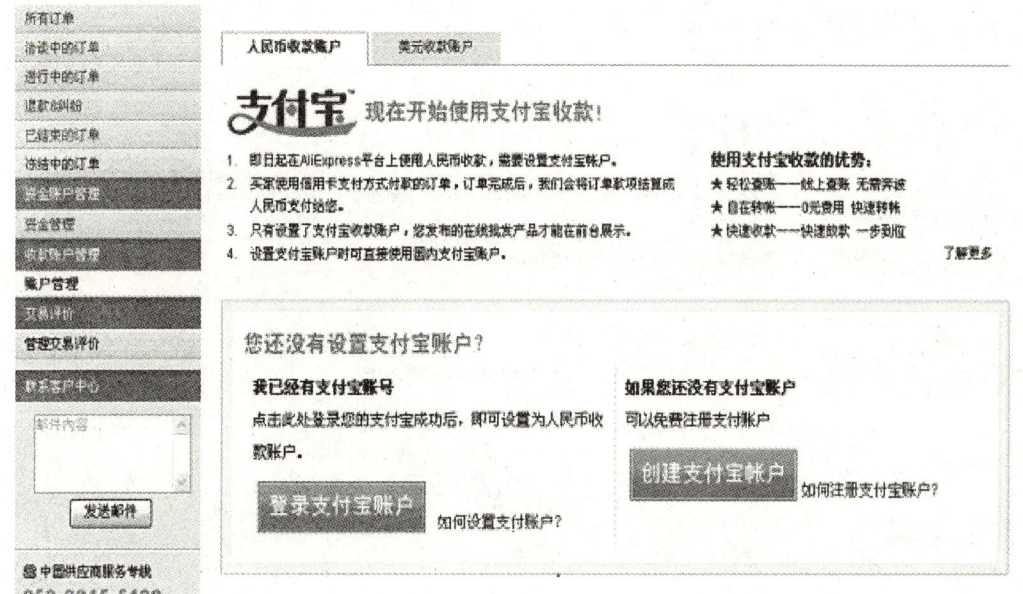

图 4-13　收款账户管理

二是通过登录支付宝账户，如图 4-14 所示。

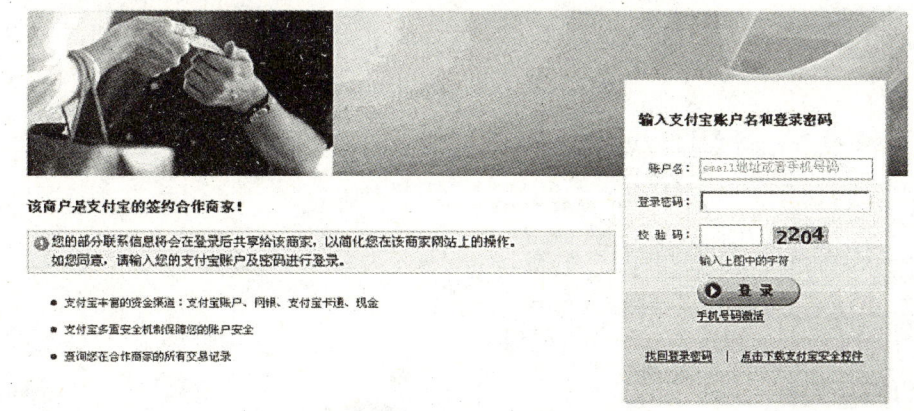

图 4-14　登录支付宝账户

依次填写"支付宝账户姓名""登录密码""校验码"等必填项，填写完毕后点击"登录"。登录成功后，即完成收款账户的绑定，也可以对收款账户进行编辑。

三是如果卖家还没有支付宝账户,可以点击"创建支付宝账户",填写相应信息,完成支付宝注册。输入注册信息时,请按照页面中的要求如实填写,否则会导致您的支付宝账户无法正常使用。点击"填写全部"可以补全信息。

(2) 如果以前已经设置过支付宝收款账户,具体操作流程如下:

一是登陆全球速卖通,点击"交易"进入"收款账户管理"界面,选择"人民币收款账户"。

二是因为已经设置过支付宝收款账户,请直接点击"确认为收款账户",将支付宝账户作为收款账户,如图 4-15 所示。

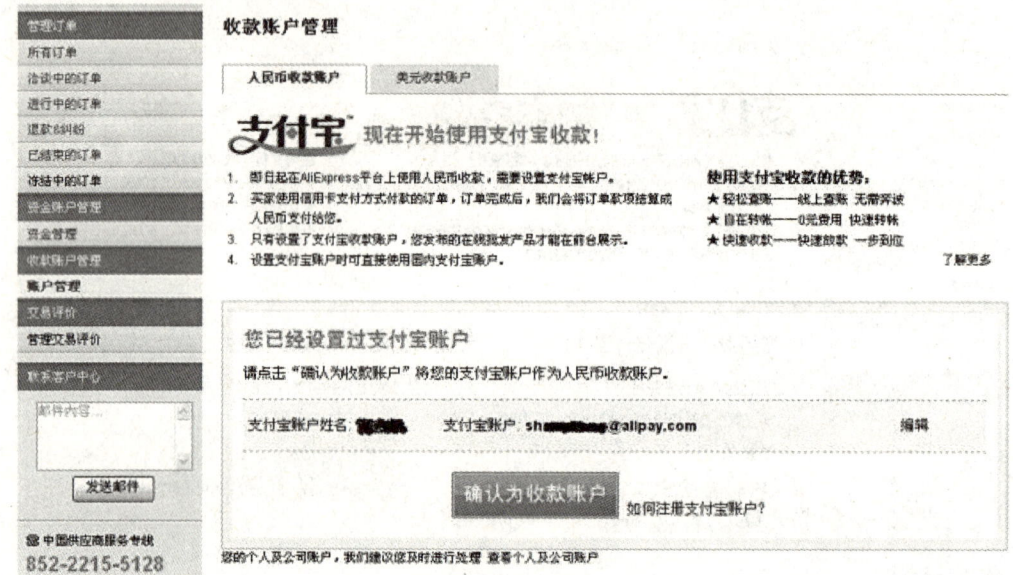

图 4-15 确认收款账户

三是点击"确认为收款账户"后,您的支付宝即作为收款账户,如图 4-16 所示。

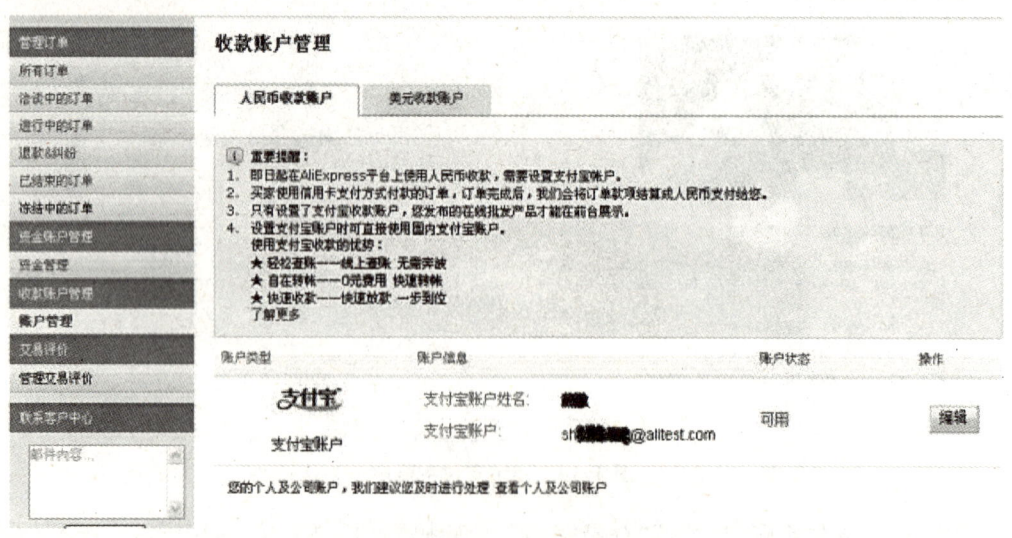

图 4-16 收款账户管理

以后的新订单款项都会进入到支付宝账户中。卖家以前的个人及公司账户将不再使用，建议及时进行处理。

（3）如果卖家需要修改已绑定的支付宝收款账户，具体操作流程如下：

一是在"收款账户管理"页面，点击"编辑"按钮，即提示您登录支付宝账户输入您新的支付宝账户号码。

二是点击登录支付宝，显示登录支付宝界面，依次填写"支付宝账户姓名""登录密码""校验码"等必填项，填写完毕后点击"登录"。登录成功后，显示界面如图4-17所示。

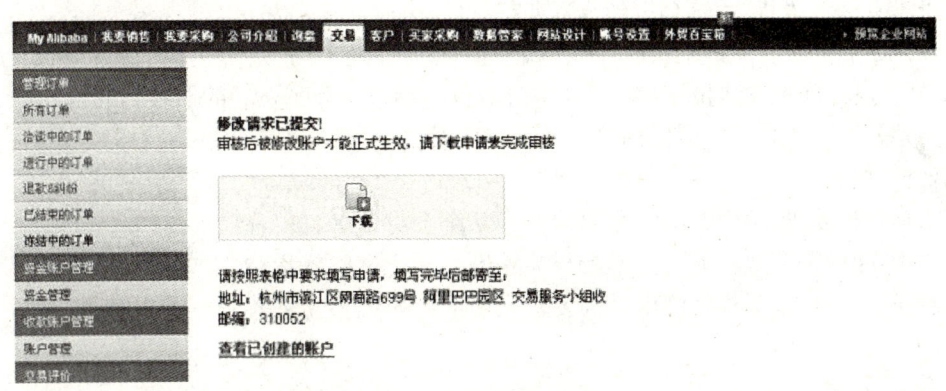

图4-17 修改支付宝账户

三是同时需填写账户修改申请表，公司法人签字盖章邮寄至阿里巴巴。阿里巴巴工作人员会在收到邮寄资料之后的2个工作日之内完成审核。

3. 卖家收款

不论卖家使用哪一种交易平台，只有同时满足买家确认收货并同意放款和平台查到货物妥投信息两个条件，平台才会放款给卖家。

如图4-18所示，买家确认放款之后，系统会自动查询订单中货运跟踪号的状态，如状态正常，订单款项将会自动支付给卖家，订单结束。

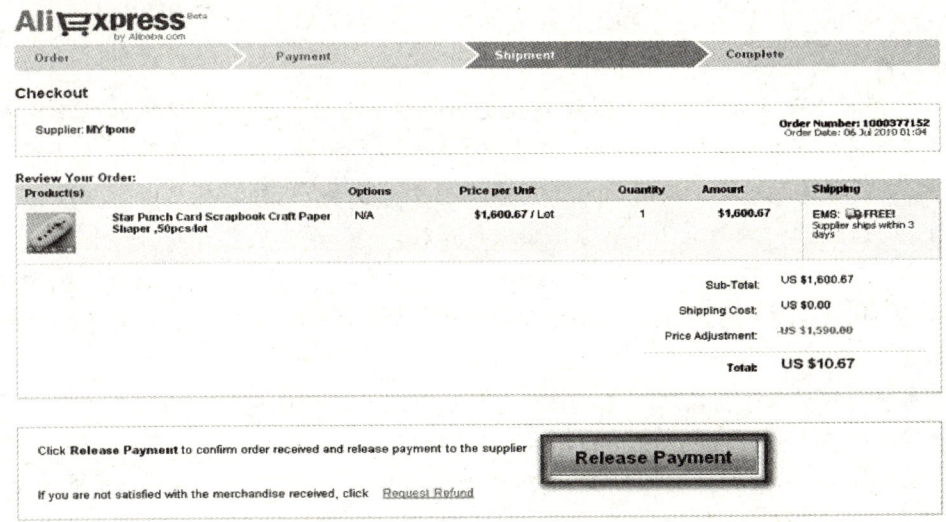

图4-18 卖家收款

(1) 对于卖家使用 TNT, UPS, FEDEX, DHL, EMS 等五种物流方式发货的,系统会自动核实物流情况:

一是在买家收货期内,系统核实物流妥投且妥投信息与买家收货地址信息一致时,会自动提醒买家在 7 天内确认收货。如果买家超时未确认,系统将默认买家确认收货,将订单结束并放款给卖家。

二是买家收货期内,如果系统核实显示货物有投递到买家国家的物流信息,只是未显示正常妥投,只要买家确认收货且卖家能提供物流出具的妥投证明,系统也会放款给卖家。如果买家没有确认收货,系统会等到收货期超时后,再放款给卖家。

(2) 对于卖家使用其他物流方式(航空包裹、SF)发货的,系统设定的收货超时时间为 30 天(除卖家延长收货期的订单外,此类订单发货期以实际延长后的期限为准):

一是若买家未在规定时间内确认收货,系统将自动确认买家收货,并核对物流状态。若物流妥投,放款。

二是若未妥投(不包含货物退回情况),系统会将该笔订单冻结 180 天,在此期间客服人员会不断与买家进行联系询问收货情况,若期间卖家可以提供物流出具的妥投证明或者逾期买家未答复的,平台会放款给卖家。

职业判断:分析提示

职业判断:

跨境电子商务零售进口税收政策,你知道吗?

为营造公平竞争的市场环境,促进跨境电子商务零售进口健康发展,经国务院批准,现将跨境电子商务零售(企业对消费者,即 B2C)进口税收政策有关事项通知如下:

1. 跨境电子商务零售进口商品按照货物征收关税和进口环节增值税、消费税,购买跨境电子商务零售进口商品的个人作为纳税义务人,实际交易价格(包括货物零售价格、运费和保险费)作为完税价格,电子商务企业、电子商务交易平台企业或物流企业可作为代收代交义务人。

2. 跨境电子商务零售进口税收政策适用于从其他国家或地区进口的、《跨境电子商务零售进口商品清单》范围内的以下商品:

(1) 所有通过与海关联网的电子商务交易平台交易,能够实现交易、支付、物流电子信息"三单"比对的跨境电子商务零售进口商品。

(2) 未通过与海关联网的电子商务交易平台交易,但快递、邮政企业能够统一提供交易、支付、物流等电子信息,并承诺承担相应法律责任进境的跨境电子商务零售进口商品。

不属于跨境电子商务零售进口的个人物品以及无法提供交易、支付、物流等电子信息的跨境电子商务零售进口商品,按现行规定执行。

3. 跨境电子商务零售进口商品的单次交易限值为人民币 2 000 元,个人年度交易

第二节　特殊订单的处理

一、等待买家付款订单处理

> 技能点:特殊订单处理

等待买家付款的订单是指买家已经拍下商品,但尚未付款的订单。

买家下单未付款原因:拍下后,无法及时联系卖家对细节进行确认;拍下后,发现运费过高;对同类商品需要再进行比较;付款过程出现问题;对卖家信誉产生疑虑。

对于未付款订单,建议卖家可以采取以下处理建议:

第一,当订单生成后立即给买家发站内信,或者利用 Trade Manager 及时和买家进行沟通,了解他对这些"未付款订单"的意见。

第二,根据买家意见,对价格、运费进行调整,给予折扣,让商品更具竞争力;进一步展示商品,提供图片、细节描述,让买家对商品质量有更深认识;如果买家支付上遇到困难,可以主动帮助买家解决该支付问题。

第三,如果买家 24 小时内仍未付款也未给予任何回复,可以考虑主动调整价格,系统会自动发送调价后的邮件,通知买家重新关注下单商品。

第四,有条件可以跟买家进行电话沟通。

回复模版如下:

Dear X,

We appreciated your purchase from us. However, we noticed that you haven't made the payment yet. This is a friendly reminder to you to complete the payment transaction as soon as possible. Instant payments are very important; the earlier you pay, the sooner you will get the item.

If you have any problems making the payment, or if you don't want to go through with the order, please let us know. We can help you to resolve the payment problems or cancel the order.

Thanks again! Looking forward to hearing from you soon.

Best Regards,

(Your name)

Dear X,

We appreciate your order from us. You have chosen one of the best selling products in our store. It's very popular for its good quality and competitive price. Right now, we only have X lots of the X colors left. We would like to inform you that this product has a high risk of selling out soon.

We noticed that you hadn't finished the payment process for the order. We'd like to offer you a 10% discount on your order, if you purchase now, to ensure that the product doesn't sell out. We will ship your order within 24 hours once your payment is confirmed. If you need any help or have any questions, please let us know.

Best Regards,

(your name)

PS: We are one of the biggest suppliers on AliExpress. With more than 3 years' experience in world trade, we are able to provide the best prices, the highest quality and the superior service. We inspect our products before shipping them out and provide a 1 year warranty for all products. We promise to give you a full refund if the products are not as described.

If you have any questions, please contact us; we are happy to help you.

(也可以通过提醒折扣到期，或者库存不多来刺激买家尽快下单。)

Please note that there are only 3 days left to get 10% off by making payments.

Right now, we only have X lots of the X color left. Since they are very popular, the product has a high risk of selling out soon.

二、有纠纷的订单处理

1. 纠纷

以速卖通为例，卖家发货并填写发货通知后，买家如果没有收到货物或者对收到的货物不满意，可以在卖家全部发货5天后申请退款（若卖家设置的限时达时间小于5天则买家可以在卖家全部发货后立即申请退款），买家提交退款申请时纠纷即生成。

当买家提交或修改纠纷后，卖家必须在5天内"接受"或"拒绝"买家的退款申请，否则订单将根据买家提出的退款金额执行。

如果买、卖双方协商达成一致，则按照双方达成的退款协议进行操作；如果无法达成一致，则提交至速卖通进行裁决。

（1）买家可以在卖家拒绝退款申请后提交至速卖通进行裁决。

（2）若买家第一次提起退款申请后15天内未能与卖家协商一致达成退款协议，买家也未取消纠纷，第16天系统会自动提交速卖通进行纠纷裁决。

（3）若买家提起的退款申请原因是"货物在途"，则系统会根据限时达时间自动提交速卖通进行裁决。

对于纠纷，为提高买家体验和对全球速卖通平台及平台卖家的信心，全球速卖通鼓励卖家积极与买家协商，尽早达成协议，尽量减少全球速卖通的介入；如果纠纷提交至速卖通，速卖通会根据双方提供的证据进行一次性裁决，卖家同意接受速卖通的裁决；并且，如果速卖通发现卖家有违规行为，会同时对卖家给予处罚。

议一议：如何处理纠纷订单

纠纷提交速卖通进行纠纷裁决后的2个工作日内，速卖通会介入处理。

如买卖双方达成退款协议且买家同意退货的，买家应在达成退款协议后10天内完成退货发货并填写发货通知，全球速卖通将按以下情形处理：

（1）买家未在10天内填写发货通知，则结束退款流程并交易完成。

（2）买家在10天内填写发货通知且卖家30天内确认收货，速卖通根据退款协议执行。

（3）买家在10天内填写发货通知，30天内卖家未确认收货且卖家未提出纠纷的，速卖通根据退款协议执行。

（4）在买家退货并填写退货信息后的30天内，若卖家未收到退货或收到的货物货不对版，卖家也可以提交到速卖通进行纠纷裁决。

2. 纠纷订单处理流程

纠纷订单处理有其独特的流程，具体可参见本书第六章第四节纠纷处理的相关内容。

三、其他特殊订单处理

电子商务特殊订单除了包含等待买家付款的订单和有纠纷的订单之外，还存在另外一种情况，就是买家未收到货的订单。此类订单是指买家经过长时间等待却依然无法收到包裹。在买卖双方就此问题无法协商一致的情况下，买家以没能收到商品为由提起的纠纷案件。

如果买家在收货时间内不能按时收到货物，卖家可适当延长买家确认收货的时间周期，使买家在未收到货物时不至于随意提起退款，保障双方的安全及信誉。卖家发货后可以告诉买家已经发货，请买家注意查收。在买家收到货物之后，卖家应及时与买家沟通验货，进行服务指导，及时跟进买家确认收货和放款。如果买家逾期未确认收货，则订单将自动结束，订单款项将会自动支付给卖家。

卖家发货成功并填写发货及物流信息后，订单进入"等待买家收货"阶段。您可以在"交易"—"管理订单"—"进行中的订单"页面中选择"等待买家收货"查询订单信息，如图4-19所示。

买家收货时间为27天，从卖家发货（即卖家在平台上填写发货信息）开始计算。如遇特殊情况，卖家可在后台进行延长收货时间操作，延迟收货次数不限，但是累计延长的时间上限为90天，如图4-20所示。

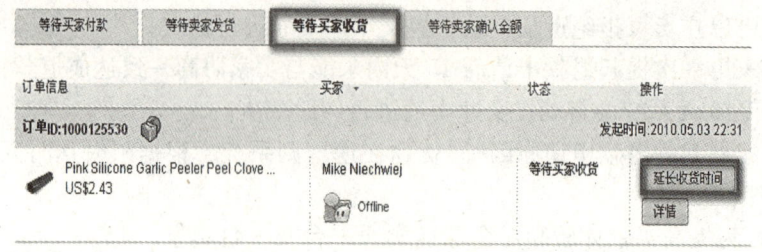

图 4-19　延长收货时间

| 1.创建订单 | 2.付款 | 3.发货 | 4.订单结束 |

订单状态： 您已全部发货，等待买家确认收货 2010.05.07 05:23

买家还有 **22天 23小时 19分钟 48秒** 来确认收货。

> 提醒：
> 1、若逾期买家没有给予任何响应，本订单将自动结束，阿里巴巴会将订单款项支付给您。
> 2、为防止货物在运输途中的突发因素，导致买家不能及时收到货物，买家可以与您协商并适当延长买家收货时间。

延长收货时间

延长买家收货确认时间 ____ 天

确认 取消

为防止货物在运输途中的突发因素，导致买家不能及时收到货物，您可以适当延长买家收货时间。

发货状态　备注

图 4-20　设置延长收货时间

思考题

1. 跨境电子商务平台的订单支付方式有哪些？
2. 订单处理中卖家如何设置收款账户？
3. 如何采取有效措施减少纠纷订单？

知识与技能训练

一、单项选择题

1. 订单处理就是对订单所进行的核实、整理、(　　)、备货、发货、收款等各项工作的总称。
   A. 检查　　　　　　　B. 验货　　　　　　　C. 通知　　　　　　　D. 分类

2. (　　)是配送的基础环节，又是决定配送成败与否、规模大小的最基础环节。
   A. 备货　　　　　　　　　　　　　　　B. 验货
   C. 分类　　　　　　　　　　　　　　　D. 选择派送人员

3. (　　)是使配送持续运作的资源保证。
   A. 暂存形态的存储　　　　　　　　　　B. 有信誉的供货方
   C. 储备形态的存储　　　　　　　　　　D. 仓库的货物管理

4. 若未妥投(不包含货物退回情况)，系统会将该笔订单冻结(　　)天。
   A. 30　　　　　　　　B. 60　　　　　　　　C. 90　　　　　　　　D. 180

5. 买家第一次提起退款申请的第(　　)天若还未达成一致,买家可以提交至平台进行纠纷裁决。

   A. 11　　　　　　　　B. 7　　　　　　　　C. 4　　　　　　　　D. 5

6. 买家收货时间为(　　)天,从卖家发货(即卖家在平台上填写发货信息)开始计算。如遇特殊情况,卖家可在后台进行延长收货时间操作,延迟收货次数不限,但是累计延长的时间上限为(　　)天。

   A. 14；60　　　　　　B. 14；90　　　　　　C. 27；60　　　　　　D. 27；90

7. 备货数量要(　　)合同规定的数量,以防不测。

   A. 大于　　　　　　B. 少于　　　　　　C. 无须参考　　　　　　D. 等于

8. (　　)是决定配送效益高低的关键环节。

   A. 备货　　　　　　　　　　　　　　B. 快递公司

   C. 派送员　　　　　　　　　　　　　D. 货物大小和轻重

9. 不论卖家使用哪一种交易平台,只有(　　),平台才会放款给卖家。

   A. 满足买家确认收货

   B. 满足平台查到货物妥投信息

   C. 同时满足买家确认收货并同意放款和平台查到货物妥投信息

   D. 随便怎样都可以,可以由买家自己选择

10. 针对不同商品情况,对出口货物进行(　　)是不可缺少的重要环节。

   A. 分类　　　　　　B. 包装　　　　　　C. 检验　　　　　　D. 品质认证

二、多项选择题

1. 严格来说,备货应当包括(　　)。

   A. 筹集货物　　　　B. 存储货物　　　　C. 检查货物　　　　D. 清点货物

2. 出口贸易备货工作的主要内容是:在签订合同或收到信用证后向生产部门、供货部门或仓储部门安排或催交货物,核实(　　)。

   A. 应交货物的品质　　　　　　　　　B. 应交货物的规格

   C. 应交货物的数量　　　　　　　　　D. 应交货物是否和订单相符

3. 卖家填写发货追踪号以后,根据不同的物流方式买家可以在不同的期限内提起退款申请,一般有(　　)。

   A. 商业快递　　　　B. EMS　　　　C. 航空包裹发货　　　　D. 顺丰

4. 无论具体做法怎样不同,总的来说,筹集货物由(　　)等一系列活动组成。

   A. 订货　　　　　　　　　　　　　　B. 进货

   C. 集货　　　　　　　　　　　　　　D. 相关的验货、结算

5. 商业快递包括(　　)。

   A. UPS　　　　　　B. DHL　　　　　　C. FEDEX　　　　　　D. TNT

三、判断题

1. 暂存形态是为了适应货物保鲜需要而设置的。　　　　　　　　　　　　　　(　　)

2. 出口贸易备货工作的主要内容是:在签订合同或收到信用证后向生产部门、供货部门或仓储部门安排或催交货物,核实应交货物的品质、规格、数量,不需要进行必要的加工整理、包装、刷唛头以及申请报验和领证工作。　　　　　　　　　　　　　　　　　　(　　)

3. 凡未列入《商检机构实施检验的进出口商品种类表》的出口商品,而且买卖合同中亦未规定由商检机构出证的出口商品,也应向商检局申报,经商检局在报关单上加盖放行印章后,海关才凭以放行。 （　）

4. 备货完成时间不一定要早于信用证规定的船期。 （　）

5. 针对不同商品情况,对出口货物进行检验是不可缺少的重要环节。 （　）

6. 在全球速卖通平台,需要设置一个收款账户来收取货款。 （　）

7. 在国际速卖通中,若买家未在规定时间内确认收货,系统将自动确认买家收货,并核对物流状态。若物流妥投,放款。 （　）

8. 在国际速卖通中,若买家已经退货,填写了退货单号,则需要等待卖家确认。 （　）

9. 纠纷提交速卖通进行纠纷裁决后的2天内,速卖通会介入处理。 （　）

10. 在出口贸易中,备货就是根据出口合同的规定,按时按质按量准备好应交货物,以保证按时出运,备货工作是履行出口合同的基础。 （　）

四、案例分析

1. 小明作为应届毕业生,迫于就业压力,想在速卖通上开店,对于刚开店的小明来说,对于线上发货还有很多不懂的地方,你能教他怎么操作吗?

2. 小明的店生意越来越好,但总有一些客人的订单不付款,小明为此很是苦恼,请你给他一些建议。

第五章

跨境电商业务管理

知识目标

1. 理解跨境电商业务管理的意义
2. 了解采购管理的内容
3. 掌握订单管理技能

技能目标

1. 能够对跨境电商采购进行管理
2. 能够对跨境电商订单进行有效管理

关键概念

跨境电商业务管理　采购管理　订单管理

职业核心能力

自我学习能力　信息处理能力　订单管理能力　采购管理能力

知识导图

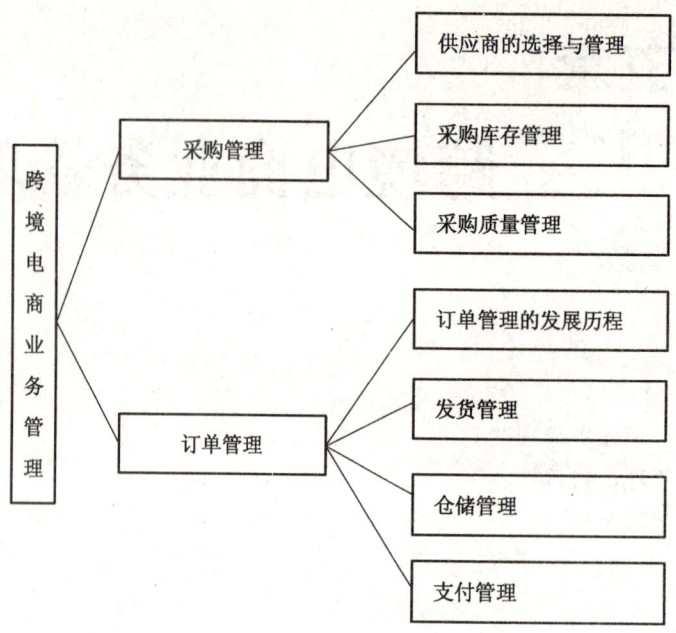

第一节 采购管理

【引例】

案例资料：

据中国电子商务研究中心发布的《2015 年(上)中国电子商务用户体验与投诉监测报告》显示，2015 年上半年电子商务投诉同比增长 2.03％，网购投诉占 33.86％，O2O 生活服务投诉占 26.90％，海淘相关投诉占 16.55％，生活服务类电商成投诉重灾区，母婴电商、美妆电商等诸多高端奢侈品牌均在其列。而投诉的主要原因之一就是用户怀疑造假。

害怕买到假货是众多电商消费者的担心之一。近几年，用户在跨境平台上购买到假货或疑似假货的报道屡见不鲜。曾有用户在某跨境电商平台上买了 3 个 Betta 宝石系列玻璃奶瓶，随后发现型号与日本官网的商品并不一致，因此怀疑平台造假。当用户提出退货时，该平台的客服拒绝退货。而事情惊动了日本 Betta 公司，日本 Betta 公司官方发布声明称，经过调查后明确该跨境电商和公司既没合同，也没有任何贸易联系。虽然该平台相关负责人对于消费者质疑的不同渠道购买的 Betta 存在不同的问题解释为"不同批次"，但该解释与日本 Betta 官方说法并不一致。除了一般的中小跨境电商平台，也有不少知名跨境电商平台被曝售卖奢侈品假货。

思考问题：

跨境电商假货泛滥的原因何在？

分析提示：

从跨境电商产品采购角度入手分析假货泛滥的原因。

采购管理（Procurement Management）是计划下达、采购单生成、采购单执行、到货接收、检验入库、采购发票的收集到采购结算的采购活动的全过程，对采购过程中物流运动的各个环节状态进行严密的跟踪、监督，实现对企业采购活动执行过程的科学管理。

21世纪是一个信息化的时代，网络、通信和信息技术快速发展，互联网在全球迅速普及，因此现代商业也具备了新的特征——不断增长的供货能力、不断增长的客户需求和不断增长的全球竞争。这一切给传统购销活动带来重大冲击和挑战，进而引发购销模式的剧烈变革，电子商务采购这一新的采购方式应运而生。

跨境电子商务采购也可称为跨境网上采购，是基于互联网技术的采购方式。它能够使企业通过网络，寻找管理合格的供货商和物品，随时了解市场行情和库存情况，编制销售计划，在线采购所需的物品，并对采购订单和采购的物品进行在途管理、台账管理和库存管理，实现采购的自动统计分析。

跨境电子商务采购为采购提供了一个全天候、全透明、跨国界的采购环境，即365×24小时的采购环境。该方式方便、快捷，而且交易成本低，信息公开透明，因此，对于企业来说，跨境电子商务采购是企业战略管理的一种创新；对于政府来说，跨境电子商务采购是政府遏制腐败的一项有效途径。

一、供应商选择与管理

> 议一议：新手跨境电商公司应如何选择供应商

人们常说打仗也需要有后盾支持。对于跨境电商来说，一个优秀的供应商就是一个强有力的后盾支持，可以使跨境电商在激烈的竞争中屹立不倒。一直以来寻求一个优质的供应商，提供优质稳定的货源都是很多跨境电商、零售卖家所关心的问题。一般来说，跨境电商目前的主流供应商模式有以下几种：

（1）跨境代发模式。跨境代发模式通常是指由供应商免费提供产品数据和境外发货服务，而由跨境电商负责产品宣传、接单和售后服务的电商采购模式。这种模式因为对资金要求低，对跨境电商门槛低而成为很多新手跨境电商的首选模式。对于跨境电商而言，跨境代发模式的好处是前期投入资金小、风险相对低和进入门槛低。但同时，跨境代发模式也存在着产品同质化严重、供货时间不稳定、产品售后较差等缺点。

（2）批发进货模式。批发进货模式是指跨境电商和供应商签订供货合同，通过实际采购的方式从供应商处进货然后售往海外的采购方式。在这种模式下，供应商和跨境电商是买卖合同关系，供应商扮演了实体经济中批发商的角色，而跨境电商扮演了实体经济中零售商的角色，双方的权利和义务受到供货合同的制约。同时，选择小额的批发进货，跨境电商企业可以自己控制发货流程，跨境包装严谨、发货速度及时，可以为一个跨境电商企业的成长打下良好的基础。在这种采购模式下，因为跨境电商需要为商品支付货款，所以供应商通常会为此提供相对优质的服务，包括按时发货、售后服务等。除了和供应商正式确立长期的业务合作关系外，批货进货模式还能增加跨境电商对产品知识的了解和对于产品品质的初步判断，积累产品的真实体验、剔除产品质量不过关或者有争议的商品，从而为跨境电商店铺的良好口碑和积极评价奠定基础。

（3）贴牌定制模式。贴牌定制模式是指由跨境电商提供品牌,由供应商按照跨境电商的要求生产制造商品的采购模式。如果跨境电商的资金实力足够强大,并且具有自己的专业市场调研队伍可以获得最新的市场调研数据,那么可以选择贴牌订制模式,让供应商根据跨境电商的要求生产设计出具有店铺特色的商品,提升跨境电商店铺的品位。跨境电商经过几年的"草莽"发展,低价模式正在被品牌化商品慢慢取代,跨境电商的竞争核心已经从价格优势转为品牌、个性化、定制和创意。贴牌定制模式突出品牌和个性,能够实现产品的差异化和创意化,因此越来越受到跨境电商的青睐。

在供应商管理方面,通常包含以下步骤。

1. 供应关系建立

供应商关系建立的第一步是供应关系开发,一是现有供应商的关系开发,通过和现有供应商的合作,对彼此关系进行重新评估、维护、促进等一系列的活动,使双方关系越来越稳定紧密。另一种是新的潜在供应商关系的开发,即新供应商的开发、选择、详细的考察、分析、商务谈判、评估等活动将潜在供应商变为正式供应商的过程。供应关系开发流程包括:

> 技能点:跨境电商供应商管理流程

（1）寻找供应商。通过各种途径寻找供应商,如网站等媒体、同行介绍、行业刊物、公开招标等;也可以从现有的供应商预选库中寻找潜在供应商,对供应商进行初步评价和筛选。

（2）初选供应商。比如,通过行业评价,向有意向的供应商发放调查问卷,通过第三方评价机构以及与供应商相关人员的交谈等途径尽可能地获得供应商的信息。

（3）实地考察供应商。对于重要物资的供应商,可以派遣采购人员先行考察,对供应商的现场、管理状况、设备状况、常规产品等有个初步的了解。

（4）评估供应商。组成评估团对有意向的供应商进行评估,包括质量体系、技术要求的符合能力、生产管理、售后服务等方面进行资料和现场的评估。

（5）商务谈判。与评估合格的供应商进行商务谈判,其过程包括:①询价。向供应商发出图纸和技术规格,交付要求,月度年度用量等文件资料和样品。②供应商报价。要求供应商提供书面的报价,并列出报价的明细表。③价格分析。通过对供应商提出的材料成本、加工费用、人工费、管理费、利润等进行分析,并通过货比三家的方法,判断供应商报价的合理性。④谈判。在价格、交期、合作方式等方面进一步与供应商谈判,签订试用协议。

（6）试订单。对评估合格的供应商进行半年左右的小批量试单,进一步评估和核实质量、价格、交期、服务等状况。

（7）正式建立供应关系。谈判成功,试单合格之后,发出供应邀请函正式接受供应商,建立合作关系。

2. 供应商关系管理之供应商选择评估

供应商的选择评估是整个采购体系的核心,供应商的选择标准依据不同的伙伴关系战略地位而不同,着眼于短期导向的企业关心现在的选择及成果,追求单次市场交换的效率和单次获得的利润最大化,以"QCDS"即质量、成本、交付与服务并重为原则。而需要长期合作的供应商,是以后续一系列交易所带来的双方总利润最大化,包括削减交易成本和经营成本,共同提高顾客价值,提高营收为导向,因此需要对其内部管理、财务状况、技术能力等综合状况进行评估。

（1）质量。质量是采购物料的首要因素，最终会反映到企业的产品质量、总成本甚至品牌声誉上，是衡量供应商的第一要素。首先，要确认供应商是否有一套保证产品质量的稳定有效运行的质量体系；其次，要确认其设备和工艺能力是否满足所购产品的要求。考察产品的质量不仅要从产品的检验入手，更要从供应商的内部去考察。采购产品的质量要符合生产所需，质量过高或者过低都是不合适的。

（2）成本。零部件的成本对于降低企业的生产经营成本，提高竞争力和增加利润有明显的作用。成本不仅仅是指零部件的采购价格，还应包括零部件使用过程中和生命周期结束后所发生的一切费用，具体如购买、包装、装卸、运输、存贮等环节支出的人力、物力、财力的总和。成本分为材料成本、定购成本、维持成本和缺料成本。总成本最低是短期交易所追求的目标。但基于双方的长期合作关系，不能一味地强调降低采购成本，应该用价值分析方法对产品的成本进行分析，用双赢的价格来节约成本，并综合考虑其他因素。

（3）交付。供应商能否按照约定的交货期限和交货条件进行供货，直接影响采购方的生产连续性和生产效率。因此交货是选择供应商的重要因素之一，在按时交货的情况下，还得考虑采购方的库存，既要减少库存又要防止缺货停工的风险。另外，接受紧急订货能力也是考量供应商交付能力的因素。

（4）服务。供应商有良好的服务意识是采购方对供应商的一个普遍要求，供应商内部各作业环节，能很好地配合采购方的能力和态度。评价供应商的服务水平有以下几个指标：处理订单的速度和准确性；采购流程、生产流程、财务流程等顺畅有弹性；售前和售后的服务中，其内部员工的工作态度和责任心；能主动走访用户，听取改进意见，不断改进产品性能和服务质量。

除了以上的必要因素需要考虑之外，选择长期合作的供应商还需要考虑如下的因素：

（1）供应商的内部管理。供应商的内部管理水平日后将影响供货的效率和服务质量，如果管理混乱，产品质量和服务质量也必将受到影响，可以从管理者对产品质量的重视程度，对生产工艺管理的严谨态度、设备的维护保养状况，内部员工的评价、同行的评价等方面判断供应商的管理是否良好有序。

（2）财务状况。财务状况将直接影响日后交货履约的能力，进而影响采购方的生产，可通过供应商的财务报表，如资产负债表，利润表来考察其拥有的资产和负债情况，以及一段时间内的销售业绩及成本费用情况。

（3）技术能力。企业要发展，离不开产品的更新换代，因此也会要求供应商不断研制新产品。作为供应商，想要在市场上有竞争力，想要与采购方长期合作，共同发展，就不能局限于单一的生产功能上，应有自主研发能力、对新技术的应对适应能力、新产品的制造能力以及新生产工艺流程的适应能力等。

（4）供应商的选择方法。供应商的选择方法有很多，采购方可以根据实际情况选择适合的方法对供应商进行甄选，如招标法、比质比价法、层次分析法、直观判断法等。

3. 供应商关系管理之供应商绩效考核

对供应商进行科学、合理、有效的绩效管理是整个供应商关系管理的重要环节，是建立战略合作联盟的基础，是对一个阶段内双方合作成效的评估以及采购管理工作问题的反馈，又是下一次供应商关系调整的基础。

首先，要制定供应商绩效管理的体系。不同物资类型、不同发展阶段的供应商，评价指标也不尽相同,要制定一套全面的供应商综合评价体系,客观具体地评价,综合考虑供应商的发展阶段、业绩、管理状况、成本控制、技术水平等方面。评价体系稳定有效运行,制度公开、透明、科学、合理,不同行业不同环境下的评价会有所差异,应灵活运作。

其次,确定评估标准,评估标准、标杆对象以及评估的工具与技术应不断更新。组成评估团队,确定评估流程和评估内容,可以从质量、技术、交货、服务、成本等这几个关键方面进行评估。对供应商进行多维度、综合性绩效评估的要素和权重要根据行业和企业的实际情况以及不同物质的供应商类型而有所区别。

最后,实施考核,对供应商绩效评估要做到公正、公平、公开,双方通过开放的渠道,了解供应商的优势和劣势,持续不断地改进,也可提升彼此的关系。同时,供应商也可以向企业反馈信息,提出不同意见和看法,有助于绩效管理工作不断改进。

4. 供应商关系管理之供应商激励

在供应链管理模式中尤其是供应商管理的过程中,常常出现供应商供货的时间、数量、质量等出现不稳定的状态影响企业的日常经营和对下游的供货,因此提升供应商的合作积极性,建立合理有效的供应商激励策略便是一个有效的途径。

激励是心理学的概念,概括地说,激励是主体通过某些手段或方法让激励客体在心理上处于兴奋和紧张状态,并且积极地采取行动,付出更多的努力,以实现激励主体预期想要达到的目标。

激励的方式有很多种,从激励的广义范围可分为正激励和负激励,正激励是指一般意义上的正向强化、正向激励,使激励客体向激励目标进发,形成的一股激励力。而负激励是负强化,是一种约束或者惩罚。具体的激励手段有如下几种:

(1)价格激励。为了供应链的平衡,各个企业的收益应尽量趋于合理均衡,因此价格对供应商的激励是显然的,不合理的价格会挫伤供应商的积极性,合理的价格有利于合作的稳定和顺畅。企业在选择供应商时,不能一味地以低价格为准则,而应考察供应商的整体水平,在和现有供应商谈判时,也不能一味地压低价格,以免影响产品的质量和交付。压价越多,风险也越大,会导致供应商的逆向选择。因此,使用价格激励要谨慎,既要考虑本企业的成本也要考虑对方合理的收益空间。

(2)订单激励。通常一个制造商的某类零部件拥有几个供应商,能获得更多的订单对供应商是一种极大的激励。对供应商进行订单激励时,需要衡量供应商的各方面能力。比如,产能、管理能力、人力资源是否能承受更多的订单,以免激励效果适得其反。

(3)商誉激励。商誉是一个企业的无形资产,对企业来说十分重要,来自供应链内部或者行业内其他企业的良好评价和声誉,反映了企业的经济、政治和文化地位。良好的声誉能为企业赢得更多的市场。因此,利用各种条件为优秀的供应商在整个社会中创造良好的声誉,以及向其他企业推荐等,可以为其赢得更多的用户,对供应商来说是极大的激励。

(4)信任激励。企业间良好的合作伙伴关系是供应链企业减少成本,获得利润,成长和发展的基础。合作伙伴关系的前提是相互信任。只有相互信任,才能维持长期合作。对供应商的信任可分为:①合同信任关系。比如,供应商信守承诺,准时交货,产品质量满意,信誉良好等。②竞争信任关系。即对供应商技术和管理方面竞争力的信任。③良好愿望信任关系。战略合作伙伴之间,为实现共同目标,相互之间建立的信任关系。

(5)参与激励。让供应商参与新产品的开发和共同投资也是一种激励,可以让供应商掌握全面的新产品信息,有利于其新技术在供应链中的推广和市场开拓。另外,对供应商进行人才、设备、技术、培训方面的投资,从整体利益出发,共同研发,获得顾客化、差异化和技术领先的新产品,也能有效地激励供应商和制造商进行更好的合作。

(6)信息激励。在信息时代,信息是企业的重要资源,能使企业获得更多的发展机遇,信息激励对供应商来说是间接的激励方式,但作用却不可低估。供应商若能从制造商那里获得更多的信息,一方面可以为制作商提供更优质的服务,同时也能促进供应商自身的管理,如减少库存,更合理地安排生产等。反之,制造商若能从供应商那里获得更多的信息,则可以有效地防止逆向选择问题,同时也能了解行业的相关信息。

(7)淘汰激励。淘汰激励是一种负激励,也是一种危机激励机制,应使所有合作企业都有危机感,激励其不断上进,从成本、质量、交货期等方面不断提高以达到制造商的期望。对于优秀的供应商来说,淘汰弱者能使其获得更优秀的业绩,对业绩不达要求的供应商,为避免淘汰的危险更需要不断改进。如此优胜劣汰的激励才能使整个供应链的整体竞争力保持在较高的水平。

5. 供应商关系管理之供应商冲突管理

冲突是一种无所不在的社会现象,社会学家刘易斯·科塞是这样定义冲突的:"冲突就是为了价值和对一定地位、权利、资源的争夺以及对立双方为使对手受损或被消灭的斗争。"而供应链管理中,制造商与供应商的冲突是由于相互依赖且不对称的,这种组织关系导致了企业间地位和权力的不均衡,企业成员间也存在着各种差异,这种差异体现在信息差异、认识差异、管理模式差异和企业文化差异,加上供应链管理机制的不完善和外部环境因素,这些都是导致企业间冲突的原因。在激烈的市场环境中,冲突有时候只是一点小摩擦,有些冲突会导致优胜劣汰,反而更能使企业保持活力,激发创新,使供应链保持更好的竞争力;而有些冲突,可能会影响企业的经营状况甚至是整个供应链的稳定顺畅运作。因此,有效的处理冲突,会提高供应链的运作效率,改善企业间的合作关系,若处理不当则会削弱供应链的竞争力。

针对不同的冲突种类和冲突特征,应采取不同的对应方法,制造商与供应商冲突的管理方法:

(1)建立相互信任关系。制造商和供应商之间的合作关系通常会有一些相互制约的因素,要正确理解,互相了解企业文化和组织结构,建立统一的运作模式。而在管理模式、利润分配、财务稳定等方面保留一定的兼容性。

(2)建立有效的沟通机制。①加强信息交流与沟通,信息共享。②合作企业成员之间建立沟通机制,定期互访沟通和意见反馈。③在相互信任的基础上彼此适当授权。

(3)建立供应商激励机制。激励机制有助于增强相互合作关系,通过价格激励、订单激励、商誉激励等约束利益冲突,从根源上减少冲突的发生。

(4)建立合作伙伴关系。抑制冲突最有效的方法是建立合作伙伴关系,相互合作能更有效地提高供应链的整体利益,避免制造商和供应商资源的重复投入。

二、采购库存管理

库存管理是企业管理中最为重要的环节,企业的库存管理实际上就是企业物资运动的管理(一般包括订货管理、订货处理、配送作业、运输、采购等),是一项系统性较强的活动,需要制订周密的计划。这主要包括：采用商业建模技术对企业的库存策略、提前期和运输变化的准确度进行评价；测算存货经济订货量时，考虑对供应链企业的影响；充分了解库存状态，确定适当的服务水平，集中表现在信息、供应链运作、供应链的战略与规划三个方面。

1. 跨境电子商务环境下采购库存管理的特点

（1）管理信息化。当今市场在急剧变化，企业要想在激烈竞争的环境中取得可持续发展，最主要的是要掌握用户需求的变化和在竞争中知己知彼。信息技术的应用是推进供应链系统中信息共享的关键，改进整个供应链的信息精度、及时性和流动速度，被认为是提高供应链绩效的必要措施。企业管理战略的一个重要内容就是制定供应链运作的信息支持平台，构建企业的供应链信息集成系统。

（2）横向一体化与网络化。从20世纪80年代后期开始，"横向一体化"的供应链思想开始兴起，即利用企业外部资源快速响应市场需求，本企业只抓最核心的东西：产品方向和市场。"横向一体化"形成了一条从供应商到制造商再到分销商的贯穿所有企业的"链"；利用现代信息技术改造和集成业务流程，与供应商和客户建立协同的业务伙伴联盟。

（3）生产经营的敏捷柔性化。全球性市场竞争的加剧，单个企业已经难以依靠自身的资源进行自我调整，在20世纪末，美国提出了以虚拟企业或动态联盟为基础的敏捷制造模式。敏捷制造面对的是全球化激烈竞争的买方市场，采用可以快速重构的生产单元构成的扁平组织结构，以充分自治的、分布式的协同工作代替金字塔式的多层管理结构，注重发挥人的创造性，变企业之间的生产竞争关系为"共赢"关系，强调信息的开放和共享，集成虚拟企业，跨境电子商务的兴起为实现敏捷制造提供了可能。

（4）物流系统化、专业化。在此前的企业经营管理中，物流作为商务活动的辅助职能而存在，其本身并不构成企业管理的重要领域，其业务管理也往往是分散进行，没有总体统一的协调和控制。在电子商务时代，物流上升为企业经营中重要的一环，其经营的绩效直接决定整体交易的完成和服务的水准，尤其是物流信息对于企业及时掌握市场需求和商品的流动具有举足轻重的作用，物流活动必须综合起来，进行系统化管理。在这种要求下，人们利用系统科学的思想和方法建立物流系统，包括社会物流系统和企业物流系统，使得物流活动能够从全方位、全过程、纵深化地得到管理和协调。

2. 跨境电子商务环境下采购库存管理的方法

电子商务管理模式下企业实现"零库存"的管理方法如下：

（1）配送方式。配送方式是根据电子商务的特点，对整个物流配送体系实行统一的信息管理和调度，按照采购方订货要求，在物流基地进行理货工作，并将配好的货物送交采购方的一种物流方式。这一先进、优化的流通方式可以有效地降低企业物流成本，优化库存配置，保证及时供应，使企业实现"零库存"。配送方式作为现代物流的一种有效的组织方式，代表了现代市场营销的主方向，是网络经济时代最有发展潜力和经济效益的物资供应体系。根据生产的需要，对有些物资实行了配送制，按照生产单位的实际需要，将物资直接送到第一生产现场，实行采购、发料一体化，大大节约了物资的储存、运送成本，使生产急需物资进一步靠近现场，保证了稳定、高效的生产。

（2）即时供应体系（just in time，简称JIT）。在即时供应体系下，企业可以随时提出购入要求，采取需要多少就购入多少的方式，供应者以自己的库存和有效供应系统承担即时供应的责任，使采购方实现"零库存"，适于这种供应形式实现"零库存"的物资主要是工具及标准件。这种供应体系对信息环境的要求较高,要求供求双方的业务系统是完全自动化,端到端的集成,才能最大限度地体现这种库存方式的优越性。

三、采购质量管理

采购质量管理是指对采购质量的计划、组织、协调和控制,通过对供应商质量评估和认证,从而建立采购管理质量保证体系,保证企业的物资供应活动。

1. 制订联合质量计划

采购现代商品,不仅购买商品本身,而且还要购买供应商在产品设计、制造工艺、质量控制、技术帮助等方面的服务。要有效地购买供应商的这种服务,需要把供需双方的能力对等协调起来,协调的办法就是制订联合质量计划。联合质量计划中一般要包括经济、技术和管理三个方面。

2. 向供应商派常驻代表

为直接掌握供应商商品质量状况,可由采购方向供应商派出常驻代表,其主要职责是向供应商提出具体的商品质量要求,了解该供应商质量管理的有关情况,如质量管理机构的设置,质量体系文件的编制,质量体系的建立与实施,产品设计、生产、包装、检验等情况,特别是对出厂前的最终检验和试验进行监督,对供应商出具的质量证明材料核实并确认,起到在供应商内进行质量把关的作用。

3. 定期或不定期监督检查

采购方可根据实际情况派技术人员或专家对供应商进行定期或不定期的监督检查。通过监督检查,有利于全面把握供应商的综合能力,及时发现其薄弱环节并要求其改善,从而从体系上保证了供货质量。主要监督检查双方买卖合同的执行情况,重点监督检查拟购商品的质量情况。如在生产前主要是监督检查原材料和外购件的质量状况;在生产中主要是监督检查各工序半成品的质量状况;在生产后主要是监督检查产成品的检验、试验和包装情况。需要注意的是,对关键工序或特殊工序必须作为重点进行监督检查。

4. 及时掌握供应商生产状况的变化

由于企业内外部环境的变化,供应商的生产状况必然也会随之变化。采购方应及时掌握其变化的情况,对生产发生的一些重大变化,应要求供应商及时向采购方报告。比如,产品设计或结构上的重大变化、制造工艺上的重大变化、检验和试验设备及规程方面的重大变化等,供应商都应向采购方主动报告说明情况。采购方接到报告后,要认真分析情况,必要时应到供应商那直接了解,主要应弄清对产品质量的影响。在多数情况下供应商变更产品设计,采取新材料、新设备、新工艺是为了提高商品的质量和生产效率,对保证商品质量是有益的。但是也必须注意到,任何改变都有一个适应的过程,在变更的初始阶段容易造成商品质量的不稳定。这就需要通过加强最终检验和试验来把关。

5. 定期排序

对供应商的定期排序的主要目的是评估供应商的质量及综合能力,以及为是否保留、更换供应商提供决策依据。

6. 帮助供应商导入新的质量体系和管理方法

为有效地控制采购商品的质量,采购方应对供应商导入自己多年总结出的先进质量管理手段和技术方法,主动地帮助、指导供应商在短时间内极大地提升质量管理水平和技术水平,增强质量保证能力。采购方对供应商给予一定的帮助对供应商是有利的,对采购方自己也是有利的。对供应商的帮助是多方面的,主要目的不是扩大生产能力而是提高商品质量。以提高质量为中心,可帮助供应商组织有关人员的技术培训,进行设备的技术改造,实现检验和试验的标准化、规范化,贯彻 ISO9000 标准,争取质量体系认证等。对供应商的帮助重点是加强商品质量的薄弱环节,解决影响商品质量的关键问题。

第二节　订　单　管　理

一、订单管理的发展历程

1. 跨境电子商务订单管理的兴起

订单管理是客户关系管理的有效延伸,能更好把个性化、差异化服务有机地融入客户管理中去,能推动经济效益和客户满意度的提升。订单供货的目的,是品牌能让客户自由选择,货源安

重点与难点:跨境电商订单管理

排做到公开透明,产品能更加适应和满足消费者的需要。其业务流程的变化首先体现在企业客户经理的工作上。客户经理对辖区内客户需求预测和具体订单是否准确,不但关系工业企业和零售户对公司的满意度,更关系按客户订单组织货源这项工作能否得以顺利开展。

随着电子商务的发展,针对电商的订单管理软件受到越来越多的重视。e 商在线、淘管、网店管家、e 店宝是业内应用最广泛的几大电子商务后台系统。这些系统一般以订单处理为主线,以进销存为核心,涵盖了 CRM,WMS,SCM,办公 OA,售后服务等业务模块。系统可以无缝接入淘宝和拍拍等主流电子商务平台,日处理能力 10 万单以上。

近几年,跨境电子商务蓬勃发展,供应链管理,特别是订货管理的部分也在发生潜移默化的改变。跨境电子商务活动中,传统的业务员直接上门订购的方式已无用武之地。尤其随着商业市场扩大化、交易对象远距离化,通过使用互联网等电子工具,使公司内部、供应商、客户和合作伙伴之间,利用电子商务共享信息是时代的发展趋势,传统的订购方式有朝一日必然将被取代。

2. 跨境电子商务订单管理的发展

在跨境电子商务的不同发展阶段,企业的订货方式也有所不同。用电子邮件订货可以说是最早的电子商务模式,但仍需电话、传真等各种辅助方式确认。1995 年之后,以 Web 技术为代表的信息发布系统飞速成长,中小企业进入了如何把握好从"粗放型"到"精准型"营销时代的跨境电子商务时代。1997 年之后,跨境电子商务作为一个划时代名词逐渐被人们所认知,特别是随着 SaaS(software as a service)软件服务模式的出现,各种软件纷纷登录互联网,形成了当下最新的"全程电子商务"概念模式。这个时候一些订单管理系统开始走进企业,但由于多数软件需要企业建立自己的机房,购买服务器甚至需要聘请专业的技术人员管理数据库,前期庞大的投入让很多中小企业望而却步。

如今已经进入了跨境电子商务的第五个发展进程,技术的发展也越来越贴近民生。随着互联网信息碎片化以及云计算技术愈发成熟,一些新兴的订货管理平台更多地为中小企

业考虑,只需要有互联网接入环境就可以获得相应的技术服务,初期花大价钱建造机房已然成为历史。通过这些订单管理系统企业们可以轻松实现分销商(经销商/代理商)与下级零售商,或生产厂家与下级分销商之间实施高效的订货、收货、发货管理,不但账目清晰,甚至还可以同时对客户进行维护,花费较少的费用就能得到全面的服务,还节省了大量人工。

3. 全自动化 ERP 系统

目前,很多电商企业都是跨平台操作,有多个销售渠道。然而,处理 eBay 的订单,卖家就不用登录 eBay 去操作,直接在 ERP 里进行,其他渠道的订单也是一样的。这样一来,卖家在一个 ERP 系统里对这些渠道进行统一的操作、管控,形成强大的协同

议一议:订单管理经历了哪些发展阶段?

效应。所有业务用 ERP 进行管理,产品、订单、财务、库存也是集中管理。以往一个渠道至少需要一个人去配合系统操作,而使用 ERP 后,公司节省了 2/3 的人力,如之前需要 5 个人,现在只需配备 2 个人就绰绰有余。

全自动化 ERP 系统能够全自动地顺畅对接,各渠道的订单能自动载入到系统里,批量处理后,直接传送到海外仓。同时,这个流程还涉及物流单号的回传,提供的 ERP 系统能识别回传的单号并发送到各个终端渠道,整个流程是全自动的,这样的话,客人很快能在电商的渠道里查看到物流状态。

知识窗

海外仓——跨境电商新驿站

"海外仓"是指跨境电商企业按照一般贸易方式,将商品批量出口到境外仓库,电商平台完成销售后,再将商品送达境外的消费者。

跨境电商规模不断扩大,物流速度和效率也随之提高要求。近几年来,企业纷纷在国外建设海外仓。参与海外仓建设的企业通常有三种:第一种是跨境出口电商企业,这类企业出于对自身平台发展的支撑,缓解物流成本高及压缩配送时长等因素,纷纷布局海外仓,提升平台交易量。第二种是专业的海外仓服务商,该类企业有着专业的服务能力,能更好地帮助企业进行"海外仓"的布局。第三种是有实力的外贸企业。

未来"海外仓"建设还将提速。商务部在 2015 年发布的《"互联网+流通"行动计划》中提出将推动建设 100 个电子商务"海外仓"。今年政府工作报告明确支持企业建设"海外仓"。同时,海外仓的建设重点为以下五个方面:第一,进一步提高通关效率;第二,降低物流成本;第三,缩短营销环节;第四,改善配送效率;第五,帮助企业更好地融入境外流通体系。

二、发货管理

跨境电子商务发展快,部分物流企业自身从业资质不够,创新不够,又单纯依赖单一的出口,这些都成为行业发展的瓶颈。

技能点:跨境电商线上发货的基本流程

1. DHL Express 发货——以速卖通为例

DHL 是全球著名的邮递和物流集团 Deutsche Post DHL 旗

下公司,主要包括以下几个业务部门:DHL Express,DHL Global Forwarding,Freight,DHL Supply Chain。

DHL 与全球速卖通平台强强联手,推出优质服务——DHL Express 线上发货,全力支持速卖通卖家,提升物流服务质量。接到订单后,可以使用"DHL Express"线上发货服务。在线填写发货预报,并将货物发至阿里巴巴合作物流仓库,并在线支付运费,仓库就能将您的货物送至您的买家手中。

(1)线上发货,选择物流方案。买家支付订单后,选择您要发货的订单,点击"线上发货"功能按钮,进入选择物流方案页面;选择"DHL Express-CN",点击"下单发货"。

(2)填写发货预报,确认预报信息,提交物流订单。预报信息包括基本信息、商品信息、申报信息、收货信息等。

(3)将货物发送到阿里巴巴合作物流仓库,仓库收货并计算物流运费,并反馈国际运单号。

(4)支付宝支付物流费用,仓库发货给买家。

(5)填写发货通知。使用该服务需要在交易订单处填写发货通知,将交易订单变成"卖家已发货"的状态。可在两个时间得到国际物流运单号信息:货物入库后和仓库发货后。得到国际物流订单号后即可填写发货通知,承运方请选择"DHL"。

2. 国际 e 邮宝发货——以 ebay 为例

国际 e 邮宝是中国邮政为适应国际电子商务寄递市场的需要,为中国寄件人推出全新国际邮递产品。该业务将致力于为 eBay 中国寄件人提供发向美国、澳洲等国家的包裹寄递服务。

卖家可以通过 www.eBay.cn 网站提供的专用寄递工具(http://shippingtool.ebay.cn/),自动同步销售数据,方便管理、下载和打印包含收寄件人地址的包裹单及报关单据。中国邮政会委派专员上门揽收货件,包裹上网后会与 eBay 数据库系统对接,并提供包裹追踪信息查询服务。eBay 买家也可以到邮政指定网点自送投递。

1)手工上传订单

Shipping Tool 提供两种订单获取方式,其一为"系统自动导入"eBay 账号中的订单,其二为"手工上传订单",如果选择"手工上传订单",系统将在 5 分钟内停止导入订单,并且删除系统中"未付款"及"已付款"中的信息。上传订单步骤如下:

(1)在"设置与管理"的"习惯设定"中,选择订单获取方式中的"手工上传订单"并保存。

(2)在首页"订单管理"状态"已上传订单"批量操作栏下,点击"上传订单"按钮。

(3)在弹出的上传订单窗口中选择需要上传的订单。

(4)如果数据无误,则上传成功,在"已上传订单"状态下,将会出现上传的数据。

系统支持通过 eBay 美国站点的 Selling Manager Pro 及 File Exchange(免费)导出的数据,用户需要在 eBay 中至少开通两种功能中的一种,(您可通过如下步骤订阅这些工具:登录 eBay 美国站点"My eBay"—"Account"—"Subscriptions")。

2)系统自动导入订单

用户需要系统自动导入 eBay 账户中的订单,请在"设置与管理"的"习惯设定"中,选择订单获取方式置中的"系统自动导入"并保存。

保存后,系统会删除"已上传订单"中的信息,并且需要几个小时来导入 eBay 账号中之前 14 天的订单信息。

3）货物跟踪号查询

在 My eBay 中找到相应的订单，点击"Add tracking number"（添加跟踪号），填写跟踪号，如 A000021004270528，添加承运人名称"Carrier Name"，注意大小写，买卖双方在 My eBay 的订单细节，直接点击跟踪号，便跳转出最新的跟踪信息。

三、仓储管理

1. 仓储管理概述

"仓"也称为仓库，为存放物品的建筑物和场地，可以为房屋建筑、大型容器、洞穴或者特定的场地等，具有存放和保护物品的功能；"储"表示收存以备使用，具有收存、保管、交付使用的意思，当适用有形物品时也称为储存。"仓储"则为利用仓库存放、储存未即时使用的物品的行为。简言之，仓储就是在特定的场所储存物品的行为。仓储管理是指通过仓库对商品进行储存和保管。

现代企业的仓库已成为企业的物流中心。过去，仓库被看成一个无附加价值的成本中心，而现在仓库不仅被看成是形成附加价值过程中的一部分，而且被看成是企业成功经营中的一个关键因素。仓库被企业作为连接供应方和需求方的桥梁。从供应方的角度来看，作为流通中心的仓库从事有效率的流通加工，库存管理，运输和配送等活动。从需求方的角度来看，作为流通中心的仓库必须以最大的灵活性和及时性满足种类顾客的需要。因此，对于企业来说，仓储管理的意义重大。在新经济新竞争形势下，企业在注重效益，不断挖掘与开发自己的竞争能力的同时已经越来越注意到仓储合理管理的重要性。精准的仓储管理能够有效控制和降低流通和库存成本，是企业保持优势的关键助力与保证。

由于现代仓储的作用不仅是保管，更多是物资流转中心，对仓储管理的重点也不再仅仅着眼于物资保管的安全性，更多关注的是如何运用现代技术，如信息技术、自动化技术来提高仓储运作的速度和效益，这也是自动化立体仓库盛行的原因。

很多电子商务电商企业注重前端，诸如运营、客服、美工。殊不知电商后端过程也是重点中的重点。后端配合的程度直接决定着整个团队发展的步伐。电商仓库有别于传统企业仓库的管理。从某种程度来看，电商仓库的管理难度要大于传统企业仓库管理。

2. 跨境电子商务仓储管理

电商仓库管理制度和岗位职责相较于传统仓库来说，差异不大。但有一点要注意的是，电商仓库每日出货量大，且 SKU 很多，制度要视不同行业类目而制定。岗位职责则需要同日常工作内容相挂钩，在这一点上，想把岗位职责划分得非常细是有点难度的。岗责和制度都是需要慢慢完善，根据实际工作内容而定的。但是一旦制定出相关的流程和岗则，则务必执行。且我们的管理人员在监督执行的过程中，需要不断思考，是否还能对目前的流程和岗则进行完善，提高效率。企业的内耗是很可怕的，如果流程繁琐，则会导致整体效率低下，同时团队成员也会带着情绪工作。

在流程、制度、岗则制定后，需要对仓库的人力进行需求分析。电商仓库一般设置仓管员、配货员、发货员、全检员。对于小公司而言，发货员本身就是配货员，全检员也可以由仓管员担任。从管理上来说，分工不分家，这几个岗位需要相互配合，效率才会提高。仓管负责产品的进出库，配货员依据客户订单进行配货，发货员依据客户订单将配好的产品进行打包贴快递单。全检员依据客户订单进行全面的复核,复核的内容包含订单信息、产品信息、打包规范等。

目前来说,对仓库实施 6S 管理(整理、整顿、清扫、清洁、素养、安全)有助于更加规范、有效地进行电商作业。在产品进仓之前一定要规划仓库出入口、备货区、打包区、待发区、成品区、配件区等,货架摆放间隔要有一定的距离,方便进行上下货操作和运输工具通行。电商仓库的内部区域划分是很重要的,动销率高的产品摆放在仓库出入口,容易混淆的产品分区域摆放,对产品进行 ABC 分类法则管理等。笔者在日常管理过程中,每天都会看销售日报表,依据日报表做数据分析,对畅销产品、滞销产品的型号、数量做到心中有数,防止因库存积压而影响到流动资金。

跨境电子商务迅速发展的同时,开始面临多种问题,其中以通关便利性和仓储物流为最大痛点。为促进跨境电子商务阳光、规范、专业、快速发展,我国在上海、杭州、宁波、郑州、重庆、广州设立试点,开展跨境电商进出口综合业务试点工作,并在快速通关、通检、结汇退税等政策方面加大扶持力度。解决跨境电商仓储物流痛点的关键在于提升电商仓储管理能力,打造高信息化智能仓储。

3. 海外仓储

在传统电商仓储管理下,周期较长、费用高,订单小且高频,一般商检形式不适用,结汇繁琐,存在洗钱风险和难以退缴税等问题,尤其送货时间长、运费贵似乎是一个难以逾越的壁垒。

海外仓储服务(海外仓)正是在这样的市场诉求中应运而生的。在电子商务平台上进行跨国贸易,最大的挑战之一便是不稳定的物流配送体系。一宗从中国境内到境外的网络外贸交易物流配送周期一般在 5～30 天,时间波动相当大。但在交易的过程中,物流配送的速度却影响境外买家的购买体验,进而影响卖家的销售表现。

所谓海外仓储服务,即由网络外贸交易平台、物流服务商独立或共同为卖家在销售目标地提供的货品仓储、分拣、包装、派送的一站式控制与管理服务。卖家将货物存储到当地仓库,当买家有需求时,第一时间作出快速响应,及时进行货物的分拣、包装和递送。

海外仓的广泛使用将改变跨境电商零售出口产业的物流生态。近年来,越来越多的大中华区卖家通过海外仓获得本地化竞争优势,满足消费者对无异于“零售标准”购物体验的需求,从而进一步抢占全球的电子商务消费市场份额。

不过,出口电商做海外仓的最大风险来自于货物的库存成本。虽然选择海外仓业务的多为中大型卖家,但与大型 B2B 贸易公司的实力相比,跨境电商面对海外仓货物库存成本的风险依然非常大。对于海外仓供应商而言,即使是租赁仓库,也会产生巨大的库租费用、设备设施固定投入、人力成本和其他管理费用。

四、支付管理

随着互联网技术的飞速发展及跨境电子商务的日益繁荣,基于网络支付的第三方支付平台逐步出现并得到迅速发展。目前,对于第三方支付的概念还没有非常准确的定义,但普遍认为,第三方支付就是和国内外各大银行签约并具备一定实力和信誉的第三方独立机构在电子商务企业与银行之间建立一个中立的支付平台,为网上购物提供资金划拨渠道和服务。在交易中,买方选购商品后,使用第三方平台提供的账户进行货款支付,由第三方通知卖家货款到达,进行发货;买方检验物品后,就可以通知付款给卖家,第三方再将款项转至卖家账户。

面对第三方支付提供的服务所获得的优厚利润,国内和国外的第三方支付公司纷纷出现,如目前 Pay Pal,Global Collect 等。然而,第三方支付作为目前主要的网络交易手段和信用中介,在网上商家和银行的连接、监管和技术保障方面还存在着一定的风险,这些问题将阻碍第三方支付的进一步发展,如何防范、降低并控制这些风险,是目前研究的热点之一。

网络支付与收款管理是电子商务的一个重要环节,尤其在跨境贸易电子商务中,选择那些安全可靠、服务到位的支付平台更为重要。

1. 跨境电子商务第三方支付的风险

1) 网络安全风险

这种风险可来自计算机内部,如系统停机、磁盘损坏等不确定因素,也会来自网络外部的黑客攻击,以及计算机病毒破坏等因素。安全风险主要体现在三个方面:一是数据传输过程中遭到攻击,威胁用户资金安全;二是网上支付应用系统本身存在的安全设计上的缺陷可能被黑客利用,危害整个系统的安全,造成重大损失;三是计算机病毒可能突破网络防范,入侵网上支付的主机系统,造成数据丢失等严重后果。

2) 金融风险

(1) 资金滥用。在第三方网上支付平台中,除支付宝等少数几个并不直接经手和管理来往资金,而是将其存在专用账户外,其他公司大多代行银行职能,可直接支配交易款项,这就可能出现不受有关部门的监管,而越权调用交易资金的风险。

(2) 诈骗犯罪。由于网上交易的匿名性和隐蔽性,使第三方支付可能成为通过制造虚假交易来实现诈骗的手段,有些不法分子利用购买者对第三方支付流程以及后果的不熟悉,利用安全漏洞来骗取钱财,比如说,支付平台的网上操作中有取消支付的选项,在取消支付后,如果直接撤销刚才的取消操作来再次确认支付,顾客的钱就在未收到购买物品之前就打到了销售者的账户中,造成诈骗。

(3) 盗卡恶意支付。虽然越来越多的银行已经不再默认银行卡可直接上网,而是用户通过申请并认证的方式,才可开通网上银行,但多数情况下,用户只需要使用自己的银行卡卡号和密码,在网上提交一个申请,即可开通网上银行。如何防范盗卡者在网上恶意支付,对于第三方支付厂商来说,在缺少必要信息支持的环境下,建立这样的风险控制系统就更为艰难。

3) 法律风险

对于第三方的法律地位问题,以及各方权利和义务关系,各国在法律上还未作出明确的规定。虽然从业务上看,这些跨境电子商务第三方支付平台只是提供支付服务,但是它同时又聚集了大量的资金,从某种程度来说,已经具备了银行的性质,但是却不受银行相关法律的控制,尽管第三方网上支付企业,都以中介人的名义对外宣传,但实际上,其业务明显存在"吸纳储蓄"的嫌疑,用户资金的时间价值(利息)可能成为其主要的利润来源,这显然涉及金融的范畴。所以,第三方网上支付平台的法律地位需要进一步以明确的立法加以规范。

2. 跨境电子商务支付管理

1) 改进网上交易税收监控手段

网上交易所具备的交易隐蔽性、快速性以及交易主体的跨地域、全球性等特点,使网上交易税收问题对传统方式税收提出了挑战。在我国现有的税收体制中,税收都是按照属地化管理的原则来进行的,而网络交易的跨地域性将加大确定税收主体的难度。因此,对新技术条件下发展起来的网上交易,要研究用新的监控手段进行征税。第三方支付平台作为网上交易现金流的出入口,是买家和卖家进行交易的一个凭证,因此可考虑将第三方支付作为网上交易征税的突破口。另外,还需制定第三方支付中的税收监管法律,严惩逃税行为。

2) 加强对第三方支付平台的监管

加强第三方支付平台的监管,首先,明确市场准入门槛。由于行业的准入门槛较低,从事第三方支付平台的服务商注册资金规模、资质参差不齐,容易引发风险。其次,加强对第三方支付平台沉淀资金的监管。应规定第三方支付服务商的自有账户与用户沉淀资金的账户相分离。禁止将用户沉淀资金进行放贷、投资或挪作他用,由银行对用户资金账户进行托管。最后,建立第三方支付保证金制度。要求第三方支付服务商在其开户银行存有一定金额或交易比例的保证金,一旦第三方出现问题,银行可以立即冻结这部分资金用以抵御风险,以便在一定程度上保障广大用户的资金安全,不致因第三方机构的风险而蒙受过大的损失。

3) 加强内部监督和管理,规范信息披露制度

当前,一些第三方支付公司缺乏健全的内控机制,组织内部没有建立相关的管理规章。一些不成规模的第三方支付公司急于盈利或"抢地盘",放松了对公司内部的制约与管理,容易造成员工道德风险,如延迟信息传递或泄密等类似现象的出现,使清算组织的信誉受损。而且,除了内部少数人之外,外界很难知道公司的经营状况,信息披露非常不充分。因此,要规范内部信息披露制度。通过建立内部责任分工制度、权力制约制度、激励和惩罚制度,独立的财务制度等来提高第三方支付公司的管理水平和绩效。

3. 虚拟货币——比特币(BTC)

近年来,跨境电子商务圈子里兴起了比特币支付之风。比特币是一种虚拟货币,但是比特币可以用来兑现,可以兑换成大多数国家的货币。使用者可以用比特币购买一些虚拟物品,如网络游戏当中的衣服、帽子、装备等,只要有人接受,也可以使用比特币购买现实生活当中的物品。如今比特币有了更大的用处,已经被用于跨境电子商务领域。卖家在跨境电商平台上以比特币支付,第三方支付平台会帮助商户将其兑换为相应的法定货币,在整个过程中,货款丝毫不会缩水。比特币支付的好处在于它可以自由兑换多国货币,到账速度以秒计算,无任何隐形成本等。

eBay公司于2014年9月9日宣布,该公司旗下支付处理子公司Braintree将开始接受比特币支付,该公司已与比特币交易平台Coinbase达成合作,开始接受这种相对较新的支付手段。虽然eBay市场交易平台和PayPal业务还不接受比特币支付,但旅行房屋租赁社区Airbnb和租车服务Uber等Braintree客户将可开始接受这种虚拟货币。

知识与技能训练

一、单项选择题

1. 国际e邮宝是由( )推出的产品。

    A. Deutsche Post DHL   B. FedEx

    C. 中国邮政   D. 顺丰

2. (   )的应用是推进供应链系统中信息共享的关键。

    A. 物流技术   B. 信息技术   C. 支付技术   D. CRM 技术

3. 下列关于采购质量管理的说法中,错误的是(   )。

    A. 制订联合质量计划   B. 向供应商派常驻代表

    C. 仅进行定期监督检查   D. 及时掌握供应商生产状况的变化

4. 下列 EPR 软件中,适用于跨境电商业务的是(   )。

    A. 淘管   B. e商在线   C. 网店管家   D. 麦店宝

5. 跨境电子商务模式有效实施的关键是(   )。

    A. 优秀的客服   B. 精美的电商平台

    C. 安全的支付手段   D. 内外有效衔接的供应管理

6. 下列环节中,其经营业绩直接决定整体交易的完成与服务水准的是(   )。

    A. 售前客服   B. 支付   C. 采购   D. 物流

7. 常见的跨境电商物流服务是(   )。

    A. 顺丰   B. 圆通   C. 申通   D. 中通

8. 下列各项中,属于跨境电商仓库特点的是(   )。

    A. SKU 少   B. 出货量大   C. 流程繁琐   D. 效率低下

9. 下列关于海外仓储的说法中,不正确的是(   )。

    A. 送货时间长、运费贵

    B. 由网络外贸交易平台、物流服务商独立或共同为卖家在销售目标地提供的货品仓储、分拣、包装、派送的一站式控制与管理服务

    C. 将改变跨境电商零售出口产业的物流生态

    D. 出口电商做海外仓的最大风险来自于货物的库存成本

10. 下列各项中,不属于第三方支付的是(   )。

    A. 西联汇款   B. Paypal   C. 支付宝   D. GlobalCollect

二、多项选择题

1. 下列工作中,属于采购管理的有(   )。

    A. 计划下达   B. 采购单生成   C. 检验入库   D. 到货接收

2. 跨境电子商务采购的特点有(   )。

    A. 全天候   B. 透明公开   C. 跨国界   D. 交易成本高

3. 常用的订单管理系统有(   )。

    A. e商在线   B. 淘管   C. 网店管家   D. e店宝

4. 在跨境电商环境下,企业实现"零库存"的方法有(   )。

    A. 配送方式   B. 批量生产   C. 委托报关方式   D. JIT 体系

5. 联合质量计划通常包含(   )。

    A. 经济   B. 技术   C. 资金   D. 管理

三、判断题

1. 跨境电子商务采购是指企业通过网络,寻找管理合格的供货商和物品,线下采购所需的物品的行为。   (   )

2. 跨境电子采购比传统采购方式更加耗时、耗力。   (   )

3. 跨境电子商务采购就是把传统采购搬到了移动终端上,其运营特征与传统采购基本一致。 (　　)

4. 根据速卖通的规则,对于无法核实真伪的物流跟踪信息,速卖通有权不予认可。 (　　)

5. 当前物流已不再是制约跨境电商发展的重要因素。 (　　)

6. "横向一体化"的供应链思想是本企业只抓最核心的东西——产品方向和市场,而利用企业外部资源快速响应市场需求。 (　　)

7. 为有效地控制采购商品的质量,采购方应对供应商导入自己多年总结出的先进质量管理手段和技术方法,主动地帮助、指导供应商。 (　　)

8. 敏捷制造使企业之间的生产竞争关系由"零和"变为"共赢"。 (　　)

9. 从某种程度来看,电商仓库的管理难度要大于传统企业仓库管理。 (　　)

10. 第三方支付的最大优势就是安全性。 (　　)

四、案例分析

1. 小王准备使用 DHL 在线发货功能寄送一单货物。请根据所学内容简单描述发货操作流程。

2. 网络欺诈屡见不鲜,其中最常见的就是退单。造成退单的原因多种多样,以下是一些常见类型:

(1) 顾客声称未收到物品。

(2) 顾客声称收到的实物与卖家的描述显著不符,或者收到时物品已损坏。

(3) 顾客声称并未授权进行该笔交易,他们的身份信息或信用卡信息被盗用。

请针对这些情况提出解决方案。

第六章

速卖通操作技巧

知识目标

1. 熟悉速卖通操作流程
2. 掌握直通车运营方法
3. 熟悉订单处理和纠纷处理方式

技能目标

1. 能够注册并发布产品
2. 能够处理订单及纠纷

关键概念

平台操作　直通车运营　订单处理　纠纷处理

职业核心能力

自我学习能力　平台操作能力　产品推广能力　订单处理能力　纠纷处理能力

知识导图

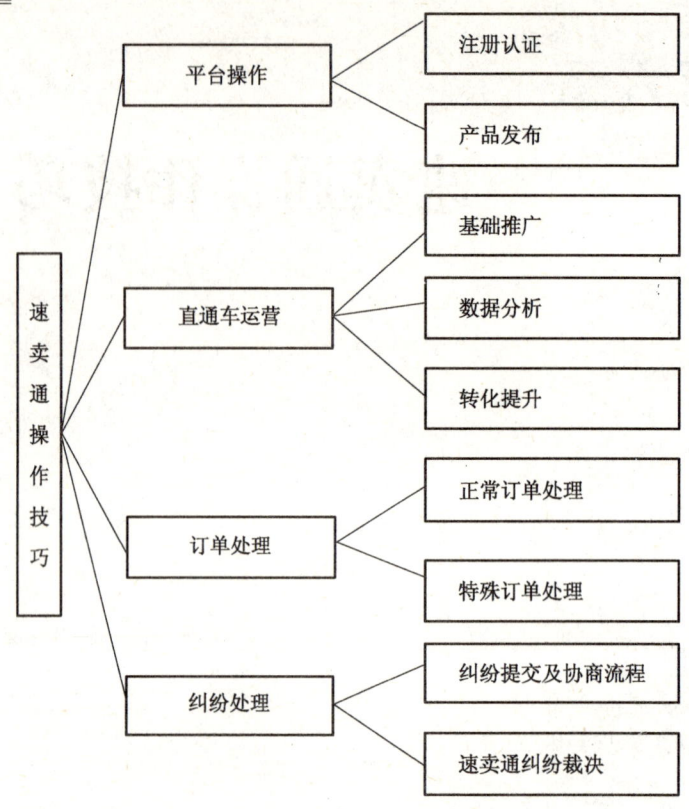

第一节　平台操作

【引例】

案例资料：

作为国内著名的玩具生产基地,澄海当地有句说法是:"世界各地随便拿起一件玩具,有七成可能是澄海生产制造的。"然而,这些好的商品在销往国外时往往需要经过层层经销商,导致售价昂贵且知名度不高,转向市场时又因缺乏品牌难以获得认可。

这一不利境况在2015年7月得到了扭转。7月月初,超过40个澄海玩具品牌登陆速卖通"中国质造",成为继莆田鞋业、东莞箱包后"中国质造"第三大推荐类目。澄海玩具品牌美贝乐的儿童益智类玩具第一次直接面向海外消费者,便拿到了诸如以色列、芬兰、瑞典的高端订单。另一款来自Eveyjoy的毛绒玩具,上线1天后就卖到全球近40个国家,不仅网罗美国、英国、法国、意大利、瑞典、丹麦等欧美主要国家,覆盖俄罗斯、巴西等新兴市场,甚至还引来了卡塔尔·阿曼·塞普洛斯等地区买家的首次"海淘"。

思考问题：

什么是"中国质造"呢?

分析提示：

中国质造是阿里公司为优秀自主品牌上线的专属频道。这是国内首个专注于帮助产地制造业转型升级，为制造企业提供品牌孵化，为消费者提供高品质国货的网络交易平台。"中国质造"试水速卖通平台尝鲜海外团购引得海外卖家狂点赞。未来，将有望升华为阿里全球化战略的一部分，有望获得阿里巴巴集团多平台共同扶持，更快走向全球。

全球速卖通（AliExpress）正式上线于 2010 年 4 月，是阿里巴巴旗下唯一面向全球市场打造的在线交易平台，被广大卖家称为"国际版淘宝"。全球速卖通是阿里巴巴帮助中小企业接触终端批发零售商，小批量多批次快速销售，拓展利润空间而全力打造的融订单、支付、物流于一体的外贸在线交易平台。全球速卖通面向海外买家，通过支付宝国际账户进行担保交易，并使用国际快递发货。

截至 2013 年 3 月，全球速卖通已经覆盖 220 多个国家和地区的买家；覆盖服装服饰、3C、家居、饰品等共 30 个一级行业类目；海外买家流量超过 5 000 万/日；交易额年增长速度持续超过 400%；全球网站 alexa 排名 131，并在快速提升中。

一、注册认证

可以登录全球速卖通卖家频道，点击"免费注册"，进入速卖通普通会员免费注册页面。

> **技能点：**在注册全球速卖通平台注册认证

1. 免费注册入口

进入卖家频道，点击右上方"免费开店"或右边"免费开店"进入注册页面，如图 6-1 所示。

图 6-1　免费注册入口

2. 进行邮箱注册

依次填写个人信息和公司信息即可创建账户,完成注册。成功免费注册之后,如果需要发布产品,还需要完成身份实名认证以及收款账户的设置。

1) 准确完整地填写表单信息

填写表单信息如图6-2所示。

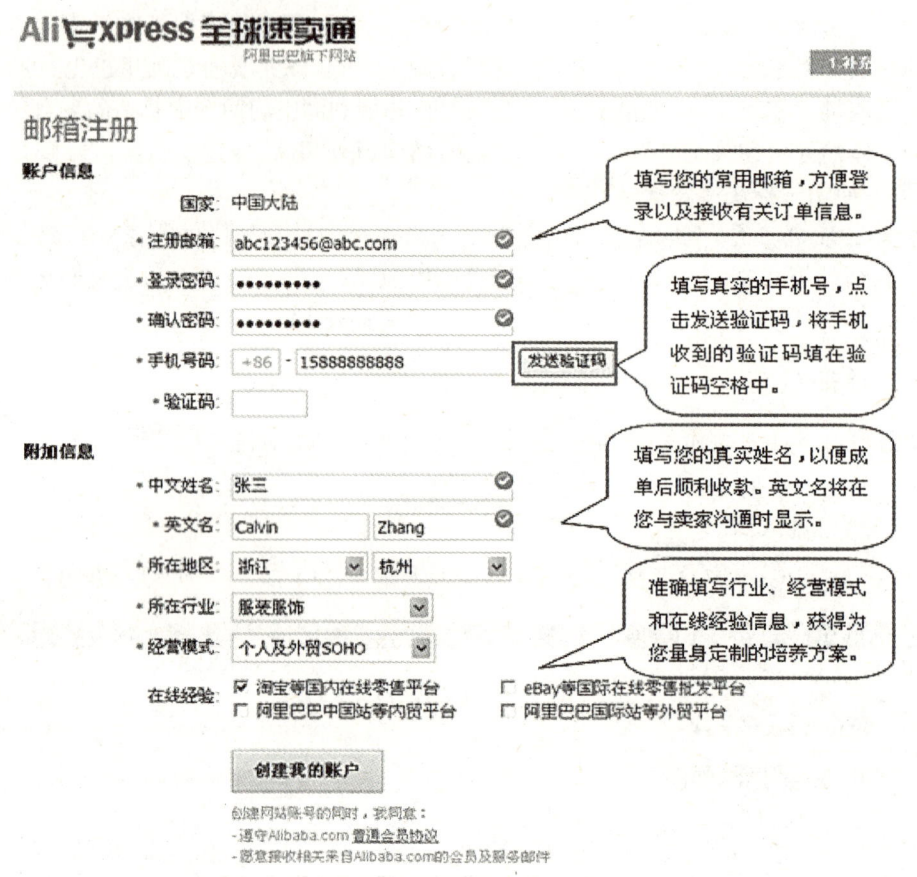

图6-2　进行邮箱注册

注册表单时应注意:第一,填写准确的邮箱地址及手机号码。速卖通平台的订单等信息都将会以邮件的形式发送到注册用的邮箱,所以在注册时需要填写常用且准确的邮箱地址,推荐使用后缀为@alibaba. com 或@yahoo. com. cn 等专业邮箱服务器。同时,填写真实有效的手机号,要保证能收到验证码。第二,填写真实姓名。在注册时务必保证所填写的个人信息准确和真实,以便在成单以后可以顺利收款。第三,准确填写行业背景和经验信息。准确地填写行业、经验模式和在线经验信息,这样将获得速卖通量身定制的培养方案,更加有利于成长。

2) 验证邮箱

填写注册表单后,需要完成邮箱认证,以确保邮箱正确、有效。

(1) 填写好表单提交后,会弹出邮箱验证的页面(见图6-3)。如果确认无误,可以直接到邮箱里查收邮件（见图 6-4），如果邮箱有误或者没有收到邮件可以按照提示的方法修改邮箱。

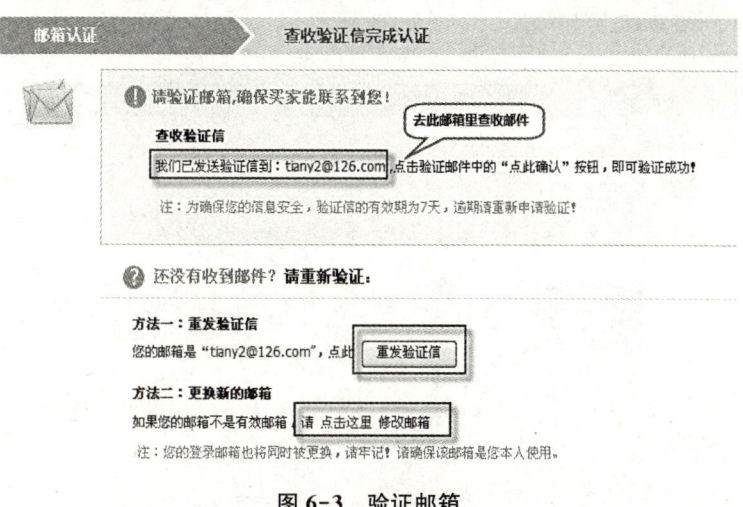

图 6-3　验证邮箱

图 6-4　查收邮件

（2）查看邮件正文，点击"点此确认"按钮，如该按钮无显示或者不可点，可以将邮件中的链接复制到浏览器地址栏，如图 6-5 所示。

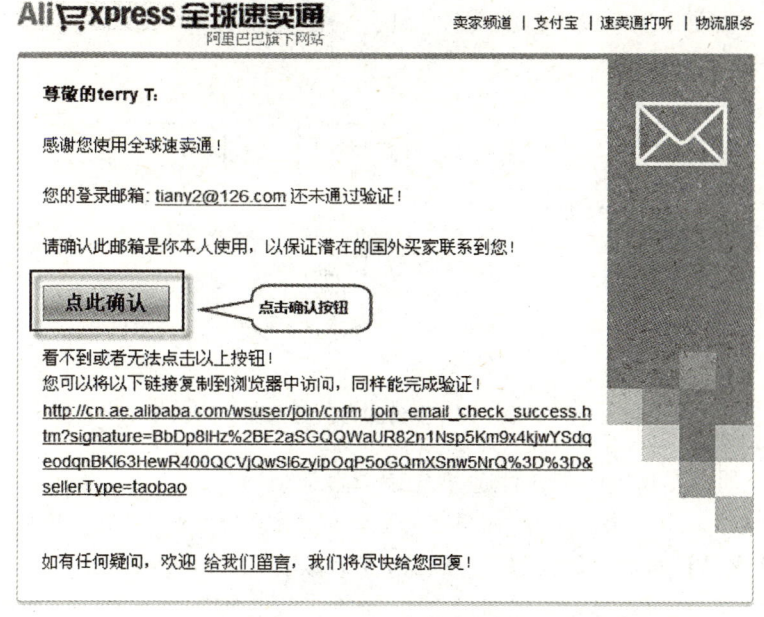

图 6-5　查看邮件正文

（3）邮箱验证成功提示页面，如图 6-6 所示。

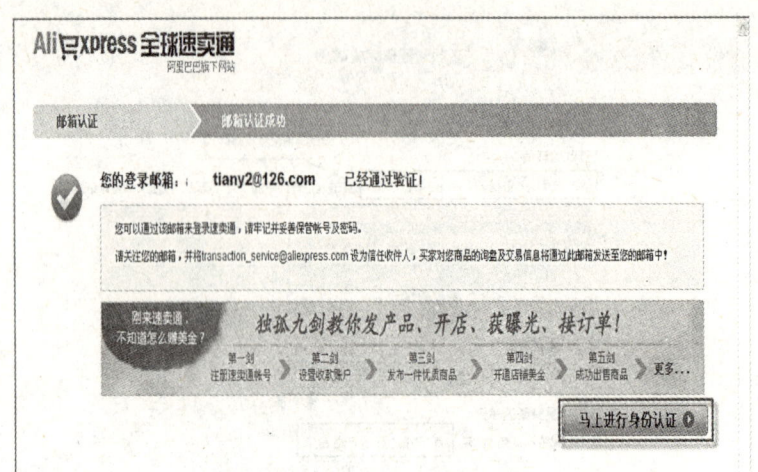

图 6-6　邮箱验证成功提示页面

3. 身份实名认证操作

为了确保交易安全，普通会员需要进行身份认证，只有通过了该认证，发布的产品才能在前台展示。

1）确认是否拥有支付宝账户

情况一：无支付宝账户。如果没有支付宝账户，那么无法进行身份实名认证。此外，您的收款也要通过支付宝账户完成。因此，支付宝账户对速卖通的交易非常重要，在注册速卖通账户前需要先注册一个支付宝账户。

情况二：有支付宝账户。确认一下支付宝账户是否通过了支付宝实名认证，如未通过支付宝实名认证，需要你先完成支付宝实名认证。

流程如图 6-7 所示。

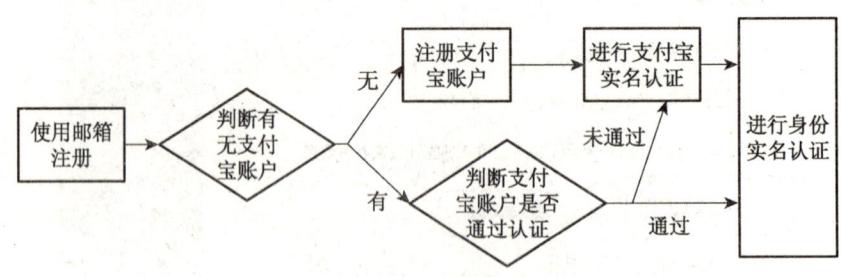

图 6-7　身份实名认证流程

2）已经注册过支付宝账户并且通过了支付宝实名认证

登录账号，进入个人中心页面，如果账号未认证，系统会提示您"马上开始认证"，点击之后进入身份实名认证页面。如果账号已认证，则会显示"支付宝认证成功"，如图 6-8 所示。

此外，在登录速卖通之后，可以通过点击"个人信息管理"—"个人认证"，进入普通会员个人信息认证页面（见图 6-9）。

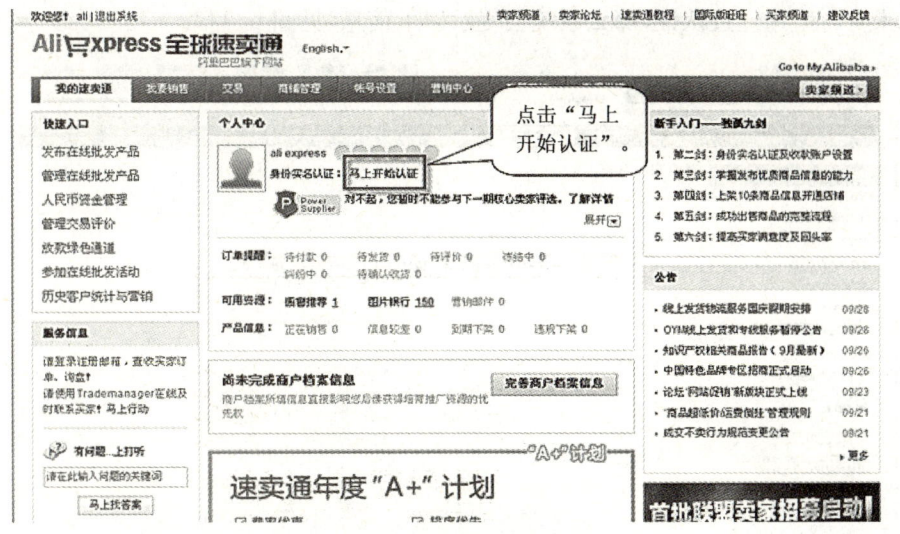

图 6-8　速卖通账号实名认证

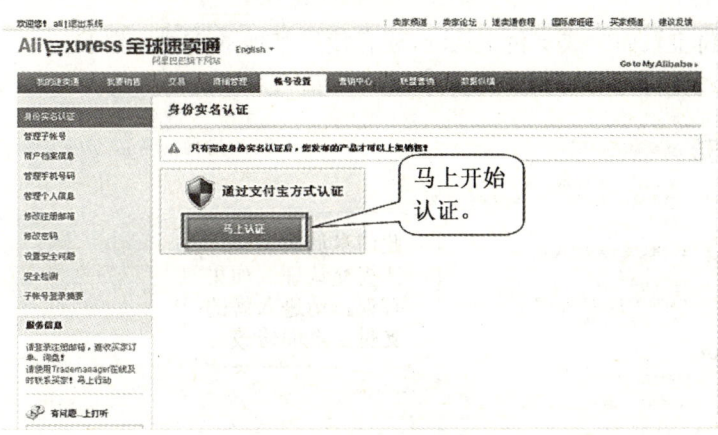

图 6-9　个人认证

点击"马上认证"。页面会跳转到支付宝登录页面,如果拥有一个已通过支付宝认证的支付宝账户,可以选择用该账号进行实名认证,如图 6-10 所示。

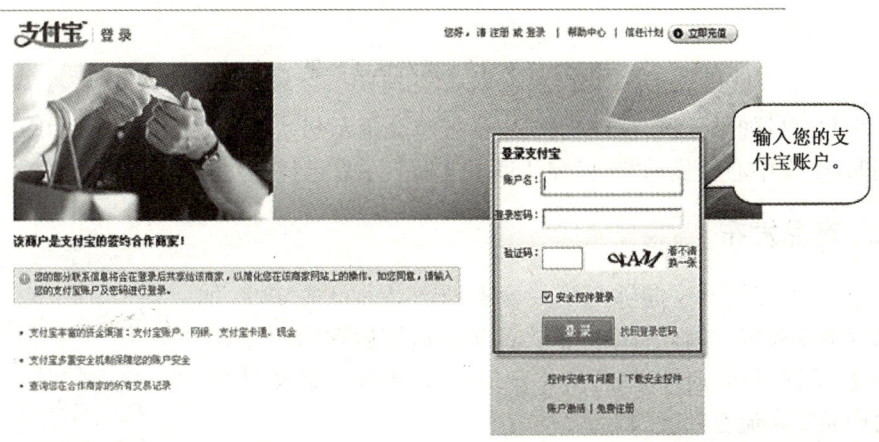

图 6-10　登录支付宝

如果支付宝未经过认证,那么系统会提示以下信息(见图 6-11)。

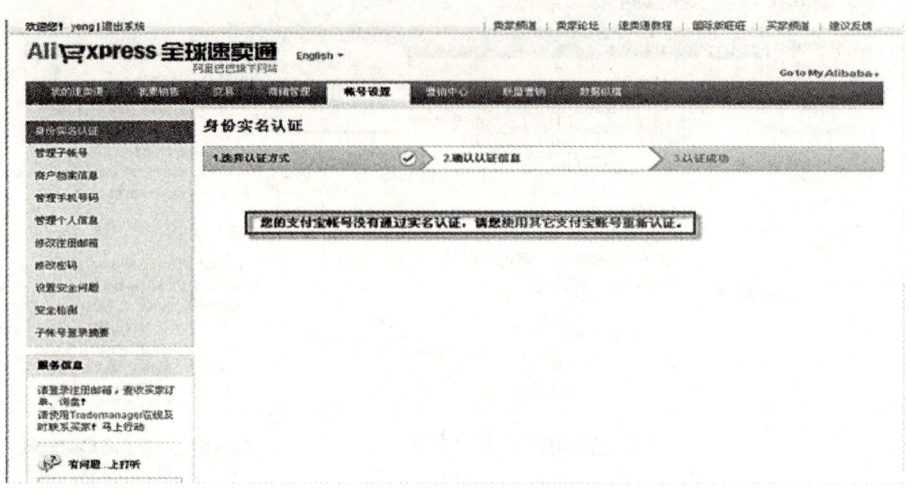

图 6-11 确认认证信息

请先去支付宝页面完成支付宝认证,或者使用其他的支付宝账户进行实名认证。如果提交了已经通过支付宝实名认证的支付宝账户,请核对认证信息是否有误(见图 6-12)。

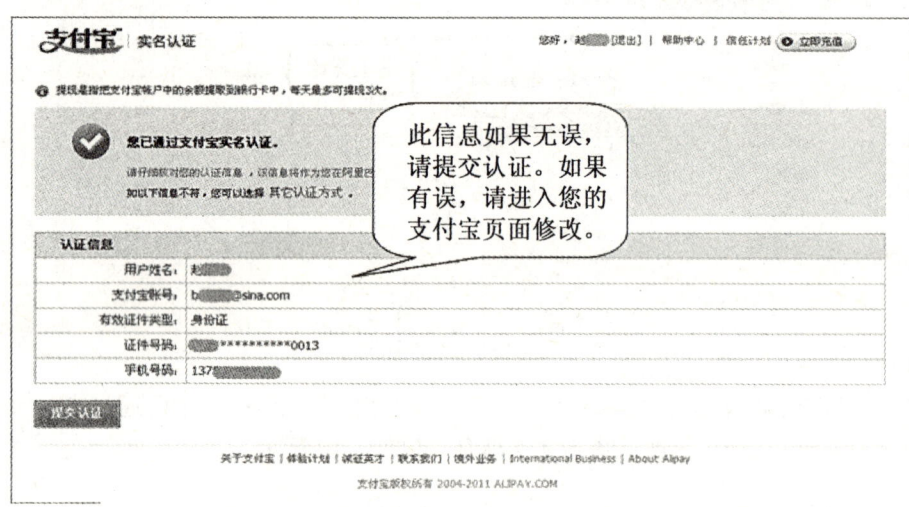

图 6-12 核对认证信息

如果此信息如果无误,请提交认证,系统将会提示您认证成功(见图 6-13)。
同时,个人中心会显示"支付宝认证成功",表示您已经通过"身份实名认证"。

二、产品发布

一个好的产品信息,能够更加好地提升产品的可成交性,加快买家的下单决定。因此一个好的产品描述应该做到标题专业、图片丰富、描述详尽、属性完整、价格合理、免运费和备货及时等。速卖通产品发布流程一般如下。

> **技能点**: 全球速卖通平台产品发布的一般流程如何

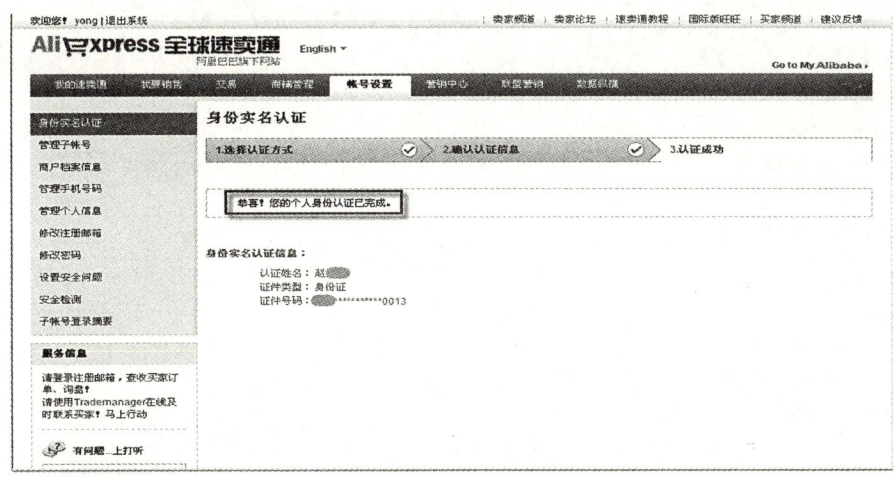

图 6-13　认证成功

1. 发布产品的条件

有适合在速卖通销售的产品;有速卖通账号,并且已经完成账号的身份实名认证,未完成身份实名认证的账号,发布的产品无法进入审核。

请注意:

速卖通推出了年费制度与年费返还机制:一方面平台按照经营大类设置不同的年费,提高了准入门槛;另一方面商家的销售额若能达到考核指标,则可以享受"年费返还"等激励措施。

2. 如何发布产品

在网上交易,买家无法看到产品的真实信息,只能根据产品的图片、描述来进行判断,因此真实准确地描述一个产品尤其重要。在速卖通发布一个产品主要包含以下几个步骤。

登入速卖通账号,点击左侧的发布产品按钮,进入到产品发布页面(见图 6-14)。

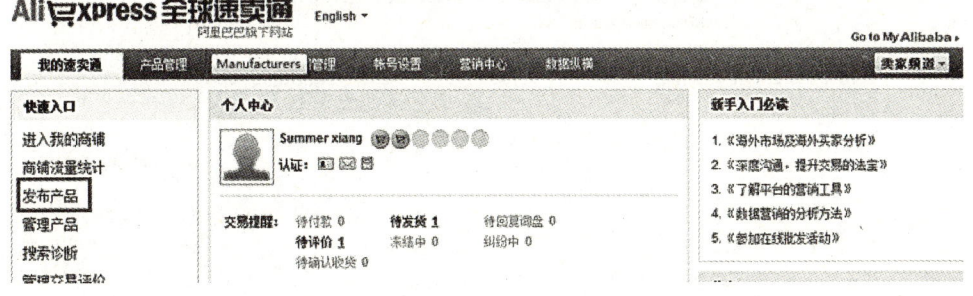

图 6-14　进入到产品发布页面

第一,类目选择。

请注意一定要根据产品所属的实际类目进行选择,方便买家更加快速地找到产品(见图 6-15)。

| car | | 查找类目 | 找不到您想要的类目？点此提交！ |

为您匹配到10个类目   返回类目↑

汽车、摩托车>辅助和装饰零配件>车身件/汽车造型>车贴

玩具>非遥控类交通工具玩具

汽车、摩托车>专业零配件>车灯>车外灯

服装/服饰配件>儿童服装（2岁以上）>成套服装

汽车、摩托车>其他

玩具>遥控玩具>遥控车

汽车、摩托车>汽车电子>车载录像机/车载相机

汽车、摩托车>专业零配件>车灯>车灯光源

汽车、摩托车>汽车附件>停车辅助

服装/服饰配件>儿童服装（2岁以上）>T恤

图 6-15 类目选择

第二，产品基本属性的填写。

（1）产品属性填写（见图 6-16）：产品属性包含两个方面，系统定义的属性和自定义属性。产品属性是买家选择商品的重要依据，要详细、准确地填写系统推荐属性和自定义属性，提高曝光机会。自定义属性的填写可以补充系统属性以外的信息，让买家对产品了解得更加全面。

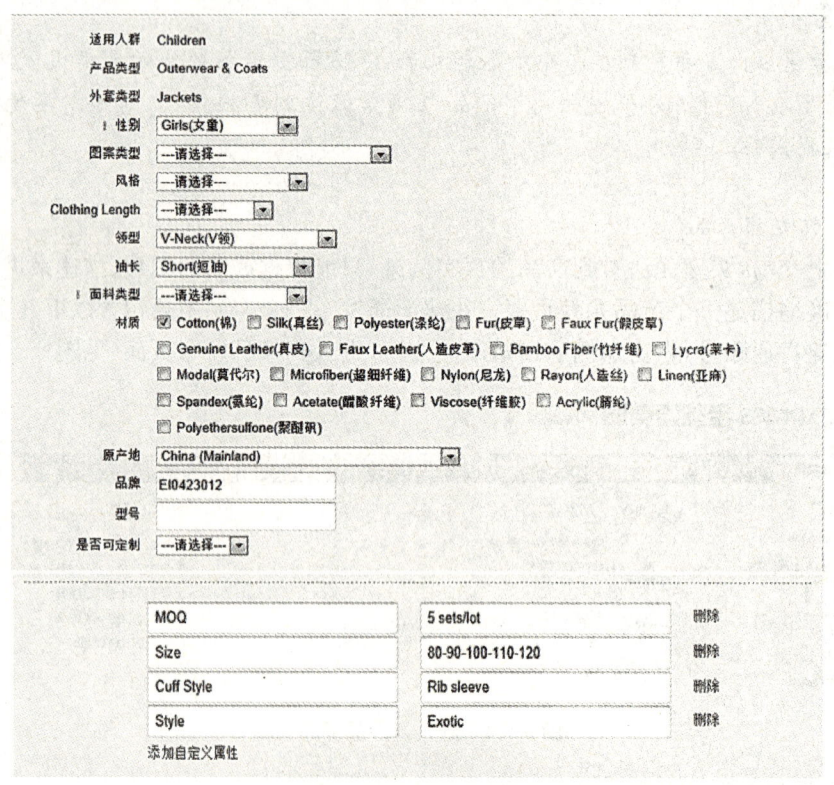

图 6-16 产品基本属性

（2）标题填写。产品标题是买家搜索到并吸引买家点击进入商品详情页面的重要因素。字数不应太多，要尽量准确、完整、简洁。一个好的标题中可以包含产品的名称、核心词

和重要属性。注意：请不要在标题中罗列，堆砌相同意思的词；否则，会被判定为标题堆砌。

例如：Baby Girl amice blouse Pink amice Coat With Black Lace/Suit Must Have Age Baby:1-6 Month Sample Support

（3）产品图片设置。在选择产品图片时，可以选择发布多图产品。多图产品的图片能够全方位、多角度展示您的商品，大大提高买家对商品的兴趣。建议上传不同角度的商品图片。多图产品最多可以展示 6 张图片，如图 6-17 所示。

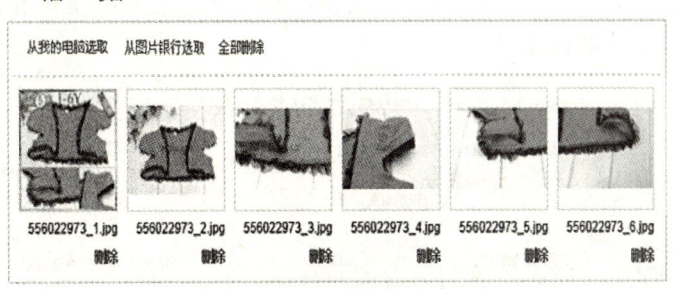

图 6-17　上传产品图片

同一款产品不同属性的设置：同一款产品，因为颜色不同，产品的价格也会不同，所备的库存也是不同的，可以分别进行设置。针对不同颜色进行设置价格时，一定要注意产品是按照打包还是按照单个销售的。对于每个颜色的产品，可以上传本产品的缩小图，也可以选择系统定义的色卡（见图 6-18）；对于同一款产品，不同颜色的可以按照每种不同的颜色设置是否有库存。

图 6-18　产品图片设置

（4）产品简要描述及详细描述。产品简要描述要求尽量简洁、清晰地介绍商品的主要优势和特点，不要将产品标题复制到简要描述中。

产品的详细描述是让买家全方面了解商品并有意向下单的重要因素。优秀的产品描述能增强买家的购买欲望，加快买家下单速度。一个好的详细描述主要包含以下内容之一：商品重要的指标参数和功能（例如服装的尺码表，电子产品的型号及配置参数）；5 张及以上详细描述图片；售后服务条款。

第三，合理的包装设置。

在填写包装信息（见图 6-19）时，一定要填写产品包装后的重量和体积，这会直接跟运费价格相关，一定要准确填写。

图 6-19　包装设置

第四，合理的运费设置。

合理的运费设置，可以大大降低产品的成本，因此在设置之前，一定要先跟物流公司确认好物流的价格和折扣，然后再定义运费。目前有两种方式可供选择：

（1）直接选择完整提供的新手运费模板（见图 6-20）。后期可以选择采用速卖通合作的物流服务商或者自己联系货代公司发货。

物流公司	设置	价格
DHL Global Mail	不支持向该国家发货	-
ePacket(邮政宝)	不支持向该国家发货	-
EMS(中国邮政特快专递)	自定义	$25.02
CPAM(中国邮政小包)	标准运费（减免0.0%）	$11.72

图 6-20　运费设置

（2）自定义运费模板（见图 6-21）。根据经验和快递公司协商好的物流折扣，设置合理的运输方式及价格。

第五，其他信息。

选择正确的产品分组（见图 6-22），方便后期买家在店铺中查找产品。同时，也便于后期对产品的管理。产品有效期指产品在审核成功后展示的时间。

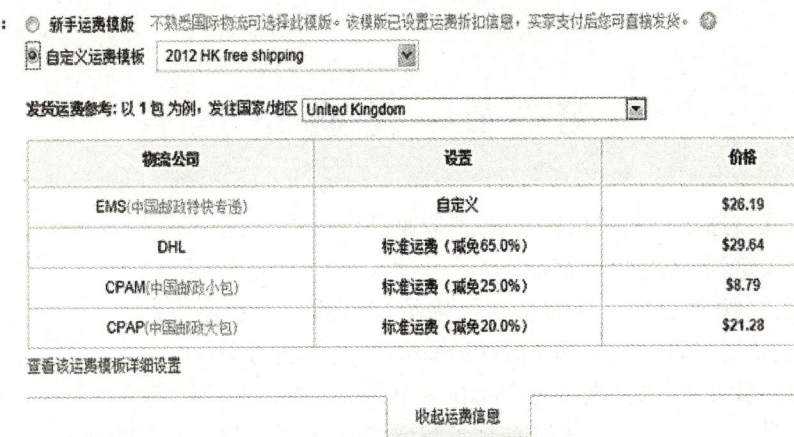

图 6-21　自定义运费模板

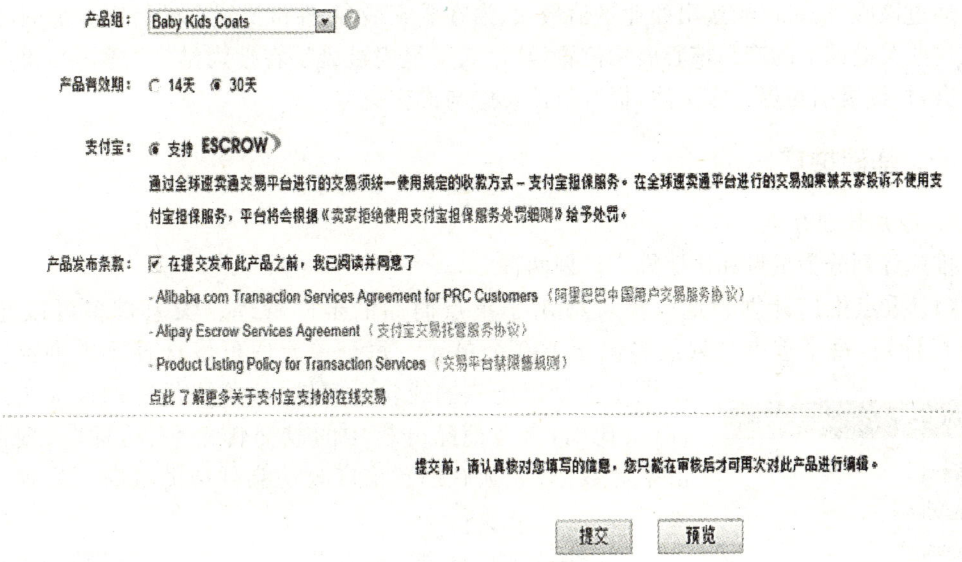

图 6-22　产品分组

在编辑完产品之后，点击"提交"，就可以看到产品进入审核（见图 6-23），24 小时后可以去检查一下产品的审核情况，审核通过后，买家就可以找到产品。

图 6-23　产品信息的审核

第二节　直通车运营

速卖通直通车是阿里巴巴全球速卖通平台会员通过自主设置多维度关键词,免费展示商品信息,通过大量曝光商品来吸引潜在买家,并按照点击付费的全新网络推广方式。速卖通直通车,又名竞价排名,P4P(pay for performance),是速卖通平台的全球在线推广服务,可以让电商的产品在多个关键词的黄金位置免费优先排名展示,只有当买家对该产品产生兴趣,并点击进一步了解详情时,系统才会对这次点击进行扣费。如果买家仅仅是浏览,并没有点击产品进行查看,则不扣费。旨在帮助卖家迅速精准定位海外买家,扩大产品营销渠道。

> **议一议:**全球速卖通平台的推广方式有哪些

通过该服务,可以甄选出商业价值最大、潜在买家最多、性价比最高的特定关键词,并竞争在这些关键词下的产品核心展示位置,从而获得最先被展示在搜索结果右侧页面前五位的机会,持续吸引目标买家关注,提升洽谈接触与成交概率。

一、基础推广

1. 推广计划分类

推广计划分为重点和快捷推广计划两种。

(1) 重点推广计划。重点推广适用于重点商品的推广管理。卖家最多可以建 10 个重点计划,每个重点计划最多包含 100 个单元。每个单元内可以选择 1 个商品。建

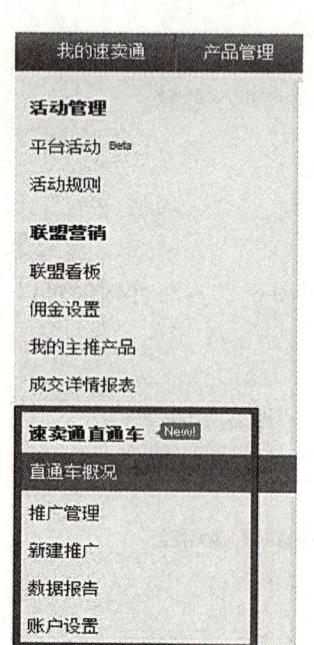

图 6-24　新建推广计划

议优先选择市场热销或自身有销量、价格优势的商品来进行推广(比如,参考商品分析中的成交转化率、购物车、搜索点击率等数据)。独有创意推广等功能可帮助电商更好地打造爆款。

(2) 快捷推广计划。快捷推广适用于普通商品的批量推广。卖家最多可以建 30 个快捷推广计划,每个计划最多容纳 100 个商品,20 000 个关键词。快捷推广中的批量选词、出价等功能帮助电商快速建立自己的计划,捕捉更多流量。

2. 新建推广计划

1) 进入速卖通直通车的步骤

(1) 进入 My Aliexpress 后台,点击进入"营销中心"。

(2) 找到左侧速卖通直通车菜单,点击"直通车概况"即可进入速卖通直通车首页。如图 6-24 所示,点击"新建推广"即可开始建立新的推广计划。

(3) 新建推广信息。新建推广信息主要有选商品、选词、出价三大步。新建推广计划分为"重点推广计划"和"快捷推广计划"两种(见图 6-25)。

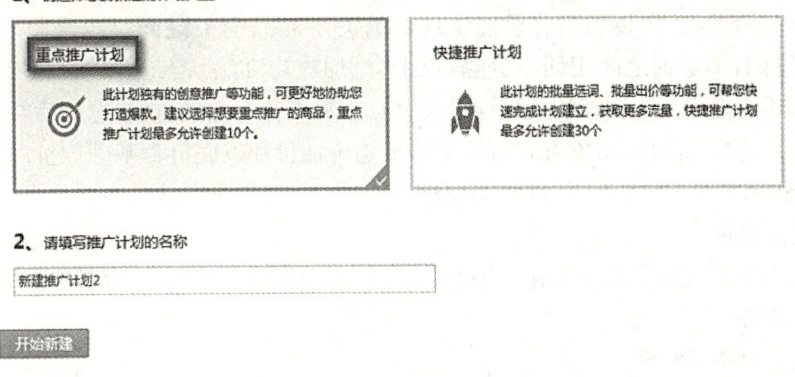

图 6-25　新建推广信息

2）新建重点推广

第一步，点击新建计划后，选择"重点推广计划"，填写推广计划的名称，点击"开始新建"。

第二步，添加推广商品。在这个页面中，系统会按照商品组，列出所有可以推广的商品。选择想要推广的产品（重点推广每个单元只允许添加一个商品），点击"下一步"完成添加推广商品。

第三步，添加关键词（图 6-26）。选择与商品相匹配的优质关键词，使用系统推荐词，根据在第二步选商品页面中所添加的商品，系统会在第三步选关键词页面中自动推荐出一批适合您推广的关键词，这时需要根据词的推广评分、搜索热度和竞争度 3 个指标作为挑选关键词的依据。目前的系统主要是通过商品信息来判断并推荐关键词的，因此，为了获得更丰富的推荐关键词，需要先尽量将商品信息写完整，让商品信息所含的信息更全面更细致。

新建推广计划——选择关键词

推荐词	搜索相关词	批量加词				已添加关键词(0/200)
关键词	推广评分▼	搜索热度↓	竞争度↓	市场平均价	操作	
428 front sprocket	优	0	0	0.10	添加 >>	
428 sprocket	优	1	1	0.10	添加 >>	
atv sprockets	优	0	0	0.10	添加 >>	
front sprocket	优	0	0	0.10	添加 >>	
sprocket	优	4	0	0.10	添加 >>	
sprocket 428	优	1	1	0.10	添加 >>	
sprocket atv	优	0	0	0.10	添加 >>	
sprocket tooth	良	0	0	0.10	添加 >>	

◀ 1 ▶

本页全部添加　本页全部取消　　　　　　　　　　　　全部取消添加

● 按市场平均价 + ￥　　　○ 底价 + ￥

上一步　下一步

图 6-26　新建重点推广

使用搜索相关词手动添加词。这个功能需要先输入某一关键词并点击"查询",然后,系统会自动根据输入的关键词列出与之相关的关键词及搜索热度、竞争度等信息。

批量添加关键词。可以帮助将已经整理好的关于商品的关键词快速添加,只需要输入要添加的关键词,关键词之间用回车分隔,点击"添加成功"以后,点击"下一步"即可出价。

第四步,新建推广。为选择的关键词设定每点击最高扣费上限价格,选词后在关键词列表下方,可批量为这些词出价,出价方式有按市场平均价加价和以底价为基础加价两种。价格可以在推广管理中对每一个关键词价格作出修改。出价后点击"下一步",即新建推广成功。

3)新建快捷推广

第一步,点击新建计划后,选择"快捷推广计划",填写推广计划的名称,点击"开始新建",如图6-27所示。

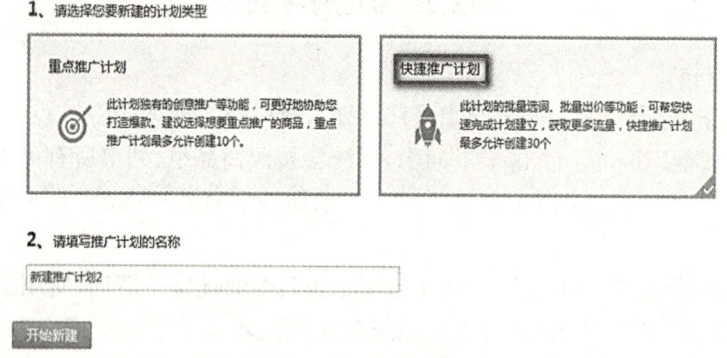

图6-27 新建快捷推广

第二步,添加推广商品(图6-28)。在这个页面中,系统会按照商品组,列出所有可以推广的商品。选择想要推广的产品(快捷计划中每个计划可以选择100种商品推广),点击"下一步"完成添加推广商品。

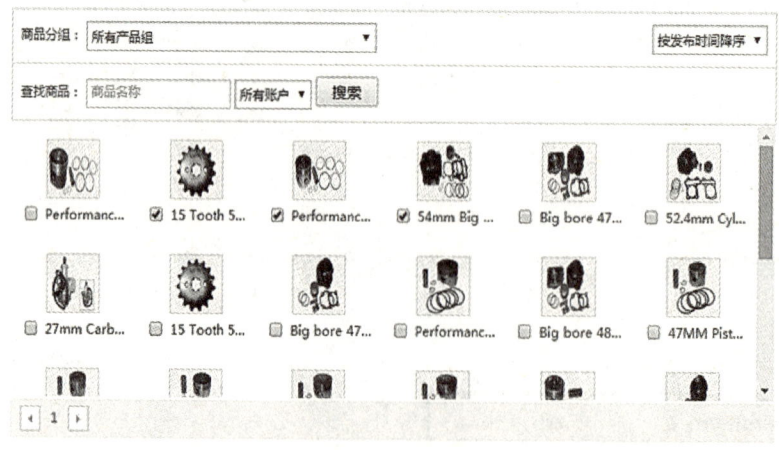

图6-28 添加推广商品

第三步，添加关键词。选择与商品相匹配的优质关键词，使用系统推荐词，根据在第二步选商品页面中所添加的商品，系统会在第三步选关键词页面中，自动推荐出一批适合您推广的关键词，请根据词的推广评分、搜索热度和竞争度 3 个指标作为挑选关键词的依据。目前的系统主要是通过商品信息来判断并推荐关键词的，因此为了获得更丰富的推荐关键词，需要先尽量将商品信息写完整，让商品信息所含的信息更全面、更细致。

第四步，新建推广。为选择的关键词设定每点击最高扣费上限价格，选词后在关键词列表下方，可批量为这些词出价，出价方式有按市场平均价加价和以底价为基础加价两种。价格可以在推广管理中对每一个关键词价格作出修改。出价后点击下一步，即新建推广成功。

二、数据分析

通过直通车数据可以查看主要内容如下：一是花费情况，如每日花费、关键词花费和商品花费；二是效果情况，如曝光、点击和转化率。

> 本单元重点与难点：
> 全球速卖通平台数据分析

1. 数据查看

进入直通车后台，查看"账户信息"。

(1) 账户信息（见图 6-29）。

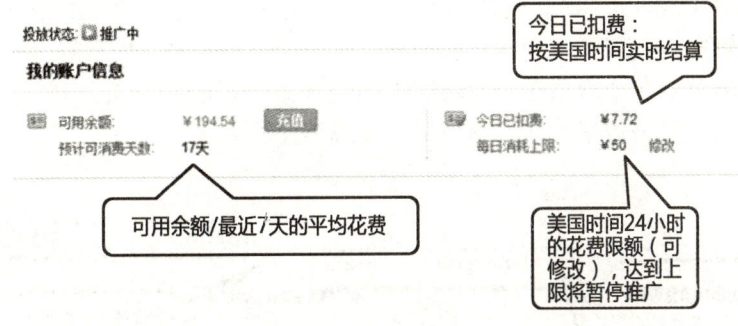

图 6-29　账户信息

(2) 推广效果（见图 6-30）。

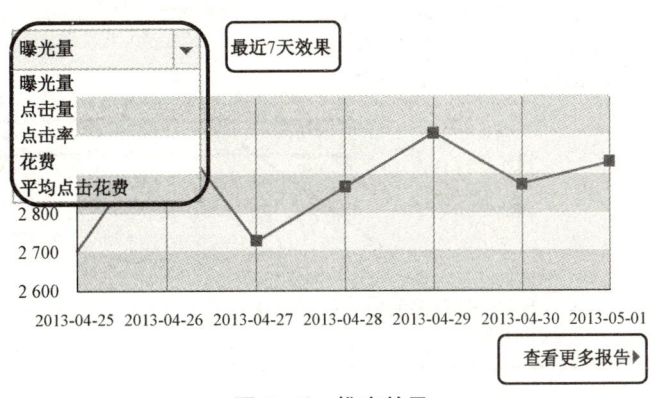

图 6-30　推广效果

2. 数据报告

打开首页左侧菜单栏—数据报告模块,分为账户报告和商品报告。

(1) 账户报告(见图 6-31)。针对速卖通直通车账户的整体营销状况提供的效果统计分析报告。账户报告是按天统计的,可以查看某一时间段某项指标的趋势变化。

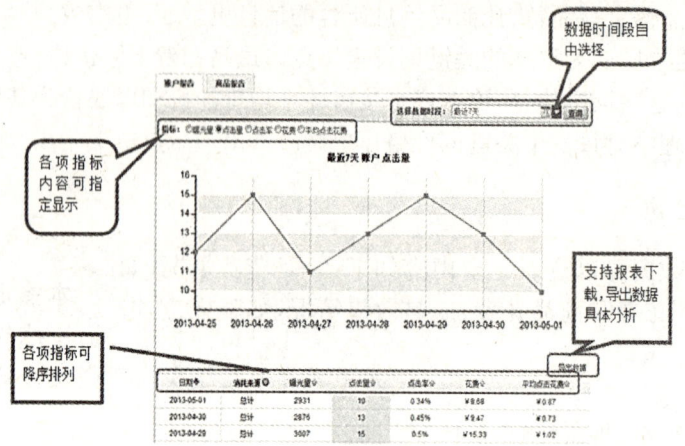

图 6-31　账户报告

(2) 商品报告(见图 6-32)。商品报告是对商品营销效果进行数据统计和分析的报告类型。可以通过商品报告,了解到在所有商品或某个推广计划中效果最好、最受买家关注的是哪些商品;还能够对单个商品在一段时期内的表现做数据趋势分析。判断这个结果是否符合预期,然后再依据该数据对某些商品加大或减小投放力度。

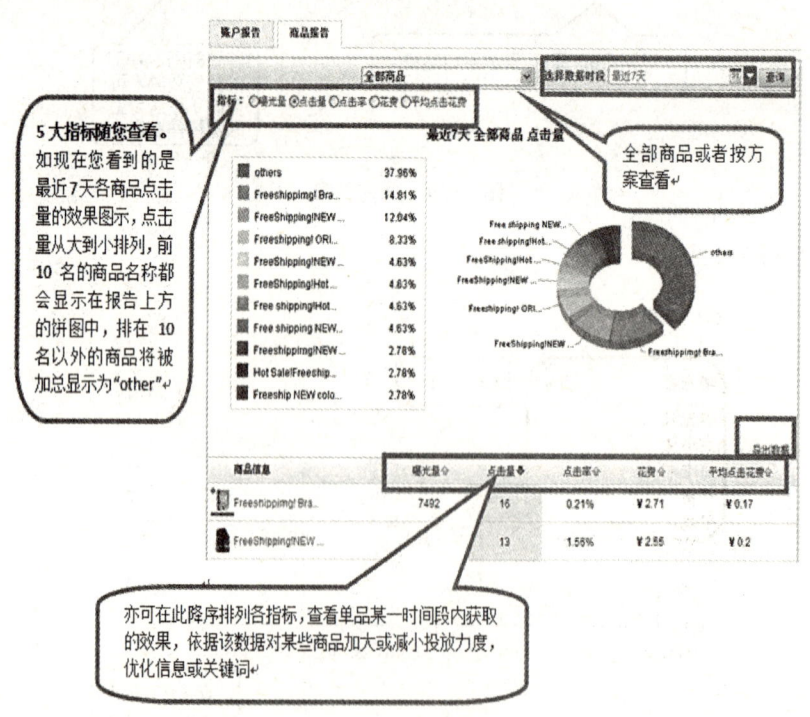

图 6-32　商品报告

3. 推广管理

打开首页左侧菜单栏—推广管理模块(见图6-33)。

(1) 查看方案(见图6-34)。

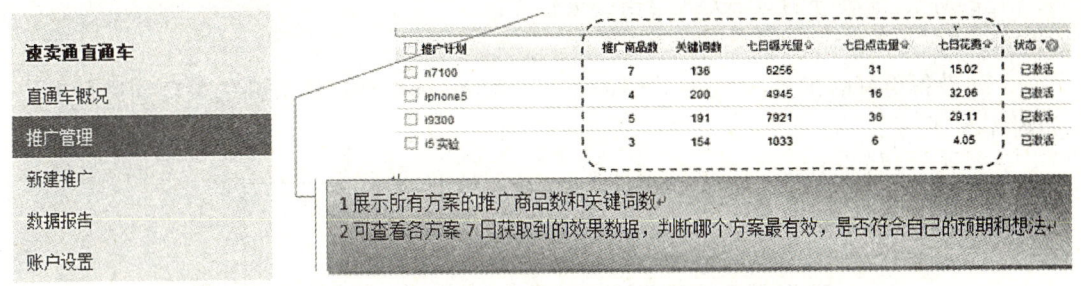

图6-33 推广管理　　　　　　　　　　　图6-34 查看方案

(2) 查看商品和关键词(见图6-35和图6-36)。

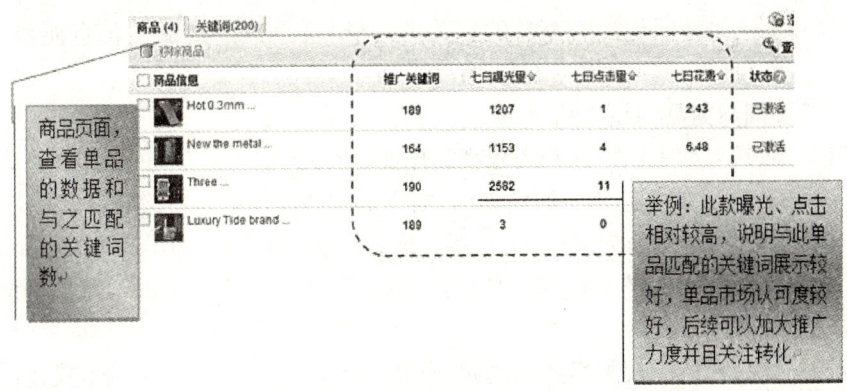

图6-35 查看商品和关键词1

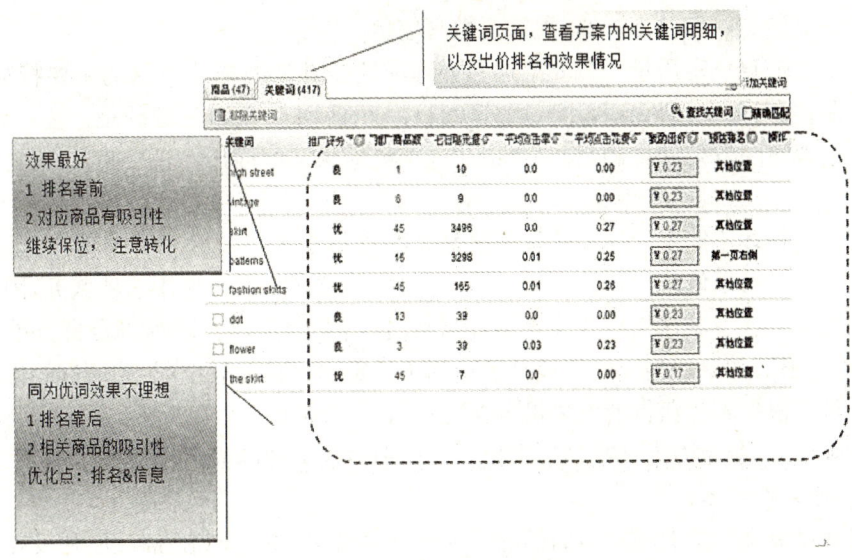

图6-36 查看商品和关键词2

三、转化提升

速卖通直通车的推广效果(点击)主要体现在两方面:曝光和点击率。所以在做推广效果优化的时候,需要分别对曝光及点击率进行优化。

1. 获得更多曝光

(1) 获得更好的排名,在更多关键词下产生曝光,选择推广评分高的关键词进行出价,如图6-37所示。

您的产品	好的出价关键词	差的出价关键词
Mp3 (有 Led 屏幕)	Mp3 Player	Led

小提示:选择系统推荐的相关度为"优"的关键词

图 6-37　关键词出价

(2) 提升所选关键词与推广商品的相关性,同时优化推广商品的信息质量,主要方面如下:

第一,关键词与商品的相关性。

关键词与商品名称中的描述相关程度。比如,商品名称为 cell phone battery,关键词也为 cell phone battery 或与此相关的同义词,则关键词和商品的相关度较好。

关键词与商品类目及属性的匹配程度。比如,商品 nokia 5310 mobile phone,在属性"型号"的中属性值为"5310",而关键词也为"nokia 5310 mobile phone",则关键词和商品的相关度较好。

关键词与商品描述的相关程度。比如,商品 nokia 5310 mobile phone,描述需要围绕该型号的 mobile phone 展开。

第二,商品的信息质量。

注意商品信息的完整度,如属性需要填写完整。

注意商品信息填写质量。简要描述和详细描述能够清晰描述产品的主要特征,能够对于重要产品信息进行着重介绍,尽量用分段且标号的写法。值得注意的是:

一是严禁避免罗列和堆砌,如简要描述或单纯地从详细描述里直接拷贝,这将严重降低相关性。

二是详细描述不能单纯使用图片来代替文字进行描述。及时调整出价,由于速卖通直通车是一个随时可以修改出价的产品,并且有很多卖家同时参与使用这项服务,因此可能由于新用户的加入或者其他用户修改了出价,导致排名发生变化。设置符合自身推广需求的"每日消耗上限",如果您当天的消耗已经达到了设定的每日消耗上限,您所有的推广商品将会下线。可以根据希望获得的效果设定符合自身推广需求的消耗上限,这样可以保证推广商品能持续在线,避免因为预算超过突然下线而白白损失掉曝光机会。

2. 提高商品转化率

可以通过提高所选关键词与商品的匹配程度来解决,主要包括:商品图片及商品标题与关键词的匹配程度等;商品图片及标题的吸引程度;买家搜索的认可程度。

3. 提升推广评分

1) 查看需要提升推广评分的关键词

在推广的关键词中，找出需要提升推广评分的良词（见图 6-38）。

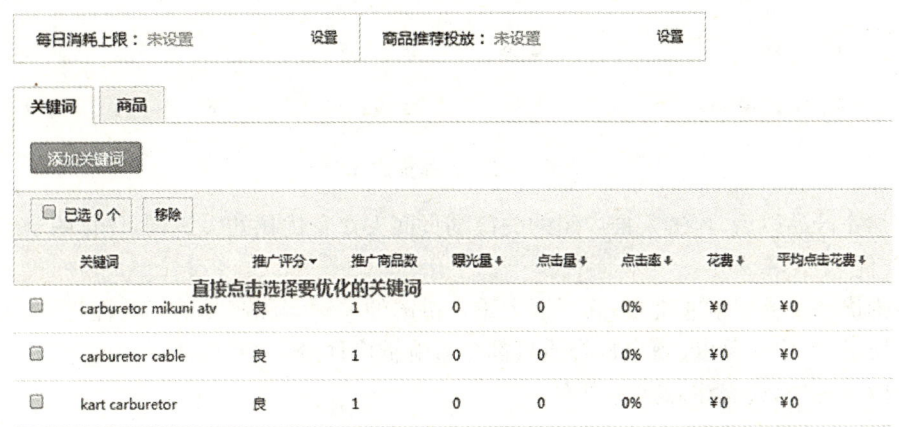

图 6-38　查看需要提升推广评分的关键词

2) 优化方向（重点分析关键词和产品的相关性）

修改现有产品信息。具体步骤如下：直接点击要优化的关键词，这个时候页面会跳转到该关键词对应的产品页面了，如图 6-39 和图 6-40 所示。

图 6-39　修改现有产品信息 1

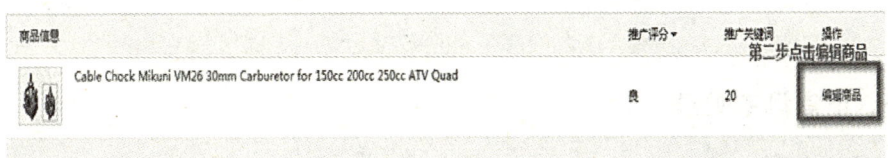

图 6-40　修改现有产品信息 2

3) 优化操作

如实填写商品关键词（见图 6-41），可以加上一定的颜色、型号等形容词，但必须符合英语语法,同时避免堆砌和重复。

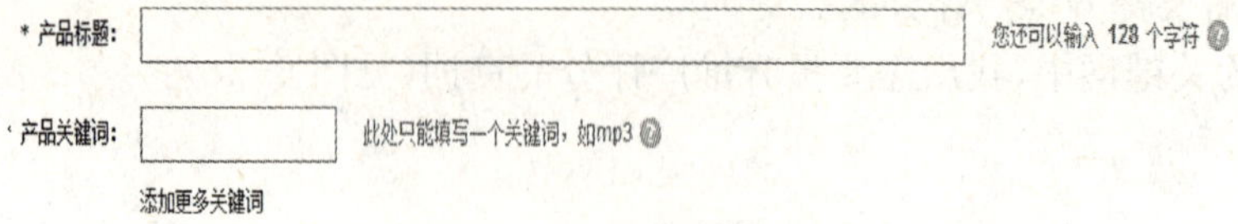

图6-41 填写商品关键词

产品类目一定要填写正确。可以发布一款相关性高的新商品,也可重新发布一个新的产品,按以下操作,再加入P4P的推广组里(见图6-42)。

图6-42 新建推广计划

添加完产品以后,再进入推广组的关键词页面去查看优化的关键词,优化的"良"就有可能变成"优"了。

良推优涉及的因素非常多,除了以上重点讲解的关键词和产品的相关性之外,还有商品的信息质量、买家认可度、商家账号质量都会影响推广评分。所以,在良推优过程中,除了关注以上内容之外,还需注意其他因素。

第三节 订 单 处 理

一、正常订单处理

1. 买家下单

买家选择产品后,在产品详细信息页面点击"Buy Now"(见图6-43),即进入创建订单页面。买家成功填写订单信息并提交后即可生成订单。

技能点:全球速卖通平台订单处理的一般流程

图 6-43 买家下单

作为卖家,可以在"交易"—"管理订单"—"进行中的订单"页面中查询订单信息;在买家未付款之前,卖家可以调整价格。如果买家要求调整价格,在双方达成协商之后,可以在"进行中的订单"页面中选择需要修改折扣的订单,点击"调整价格",进入订单详情页面,对折扣信息进行修改。如果买家已经付款,则卖家无法再调整交易价格(见图 6-44 和图 6-45)。

图 6-44 调整价格 1

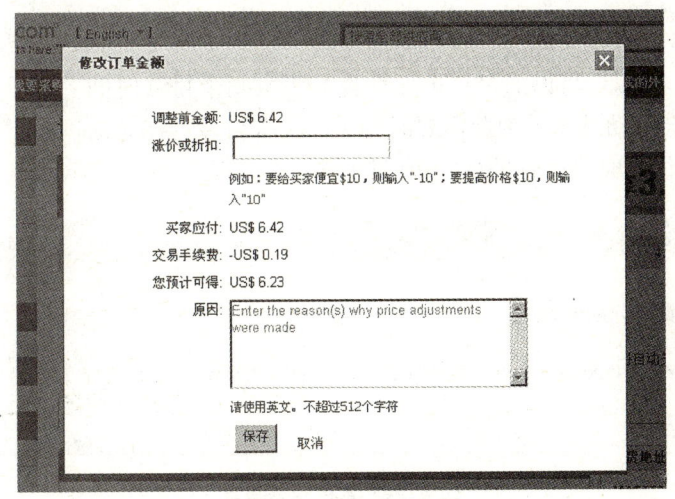

图 6-45 调整价格 2

2. 买家付款

买家创建订单并确认之后，进入买家付款页面，目前平台支持买家通过 Moneybookers、信用卡、借记卡、TT 汇款等多种方式在速卖通平台在线支付货款。买家选择任意一种支付方式后，点击"Pay My Order"即可进入支付页面进行支付。若买家在订单生成后 20 天内逾期不付款，订单将会自动关闭。

如果只设置了人民币收款账户，没有设置美元收款账户，则只能收到买家通过信用卡方式支付的货款。只有在卖家设置了美元收款账户的前提下，买家使用 Moneybookers、借记卡和银行汇款付款方式的货款才能被卖家收取。建议设置美元收款账户，提高成单可能性。

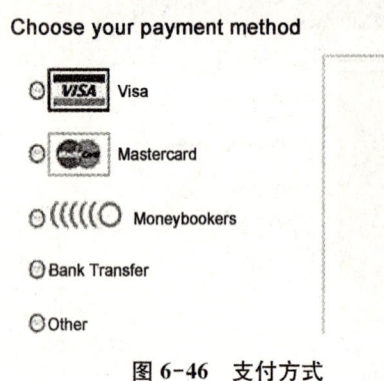

图 6-46　支付方式

1）支付方式（见图 6-46）

2）订单信息

作为卖家，可以在"交易"—"管理订单"—"进行中的订单"页面中查看订单信息。如果买家付款成功，订单状态会显示为"等待您发货"状态，如图 6-47 所示。

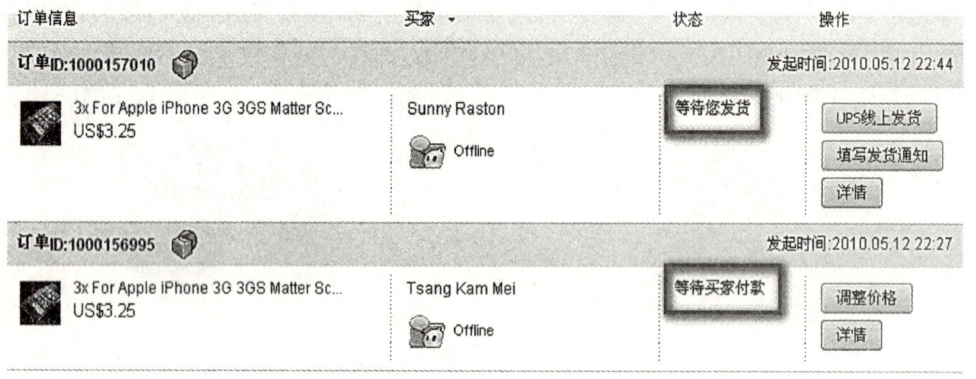

图 6-47　订单信息

如果买家还未付款，可以通过订单详情查看买家剩余付款时间。如果买家逾期未付款（20 天），订单将会自动关闭。为此需要时刻关注买家付款的剩余时间，提醒买家尽快付款，同时注意在买家付款成功过后进行发货（见图 6-48）。

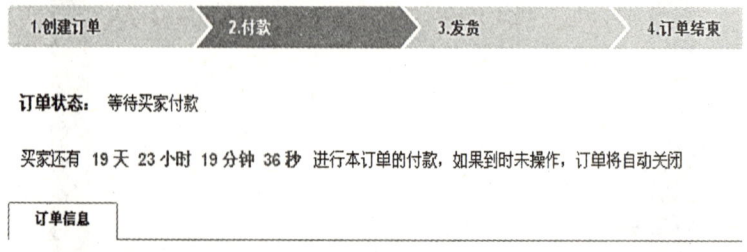

图 6-48　等待买家付款

3. 卖家发货

（1）买家付款成功后，进入"等待卖家发货"状态，可以在"交易"—"管理订单"—"进行中的订单"页面中选择"等待卖家发货"查询订单信息（见图6-49）。

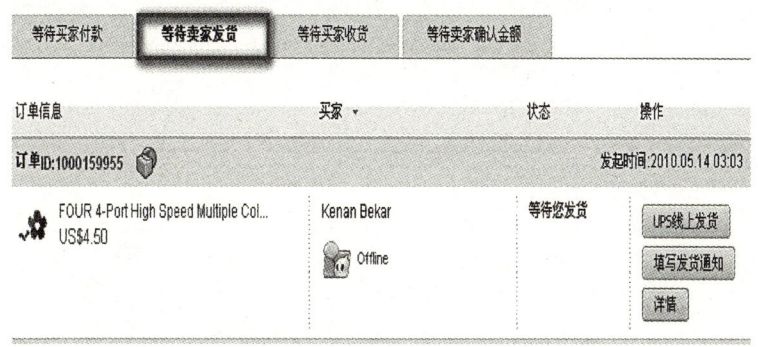

图 6-49　等待卖家发货

（2）卖家可以自己联系货代公司发货，也可以使用速卖通线上发货功能进行发货（学习UPS线上发货和仓库线上发货的使用流程）。在发货页面，可以查看剩余的交货时间（见图6-50）。

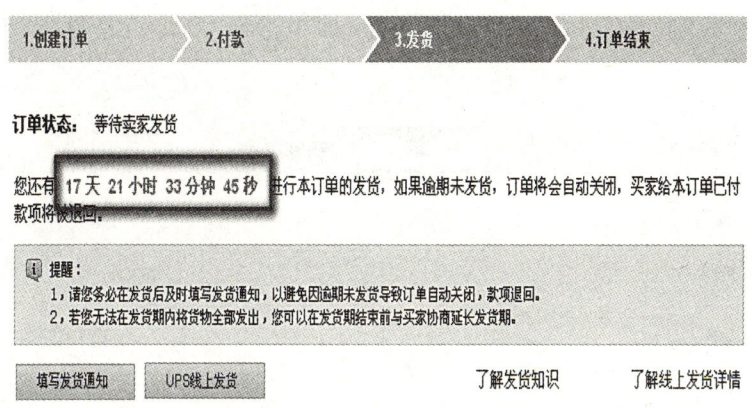

图 6-50　查看剩余的交货时间

如果卖家未在交货时间内将货物发出并填写有效货运跟踪号，订单会自动关闭，订单款项将会退回给买家。这种情况称为"发货超时"，属于卖家"成交不卖"行为，该行为在速卖通平台属于违规行为。当判定卖家"成交不卖"后，平台将根据违规的严重程度，按照全球速卖通卖家"成交不卖"行为规范对卖家进行处罚。

（3）卖家发货后，需将正确的发货详细信息填写到"发货及物流信息"一栏中，包括承运方、货运跟踪号、发货状态等，填写完成后点击"提交"即可（见图6-51）。

如果卖家全部发货则订单状态显示为卖家已发货，等待买家确认；如果卖家部分发货则订单状态显示为部分发货，等待卖家完成发货；在卖家交货时间内，请及时与买家沟通，如果在交货时间截止前确认无法发货，可以在截止时间前要求买家延长发货时间。

（4）卖家发货成功并填写发货及物流信息后，订单进入"等待买家收货"阶段。您可

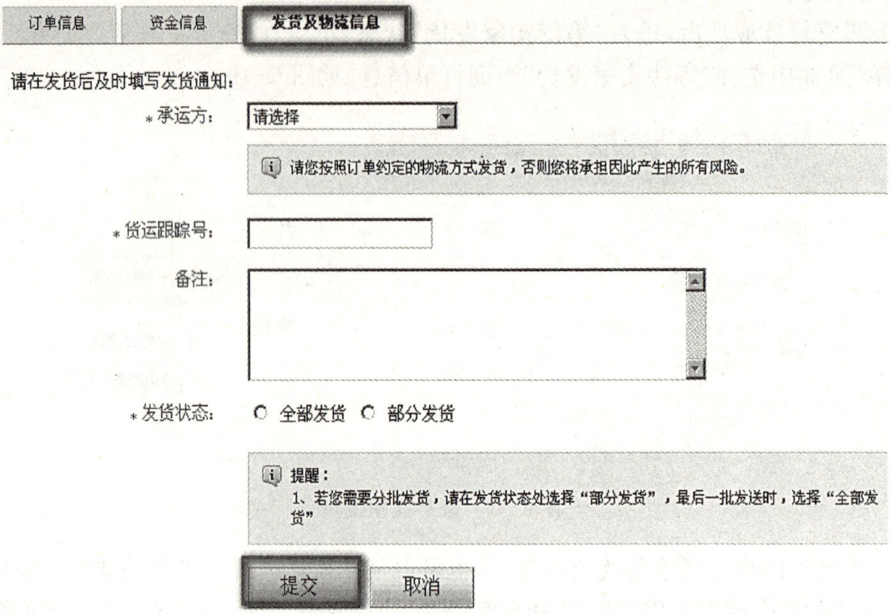

图 6-51　发货及物流信息

以在"交易"—"管理订单"—"进行中的订单"页面中选择"等待买家收货"查询订单信息（见图 6-52）。

图 6-52　等待买家收货

4. 物流服务

做好产品质量、货运质量是获得买家好感信任的前提条件。没有在这些方面打牢基础，再优质的服务也无法将买家转化为忠诚的老买家。买家维护三大基础如下：

（1）发货前要严把产品质量关。在上传产品的时候，您可以根据市场变化调整产品，剔除供货不太稳定、质量无法保证的产品，从源头上控制产品质量。提醒您在发货前注意产品质检，尽可能避免残次物品的寄出，优质产品质量是维系客户的前提。

（2）加强把控物流环节。卖家下单后，及时告知买家预计发货及收货时间，及时发货，主动缩短客户购物等待的时间；国际物流的包装不一定要美观，但必须保证牢固，包装一直是买家投诉的重要原因。对数量较多、数额较大的易碎品可以将包装发货过程拍照或录像，留作纠纷处理时的证据。注意产品的规格、数量和配件要与订单上的一致，以防漏发引起纠纷。注意提供包裹中产品的清单,提高您的专业度。

（3）物流过程与买家及时沟通。在物流过程,买家是最想了解产品货运进展的,及时良好的沟通能够提高买家的交易感受,应注意四个交易关键点和与买家保持沟通的邮件模板。

第一,在产品发货后,告知买家相关货运信息。

Hello Sir/Madam,

It's a pleasure to tell that the postman just picked up your item from our warehouse. It's by EMS,5-7 working days to arrive.

Tracking number is：××××××××××

Tracking web is：×××××××××

You can view its updated shipment on the web,which will be shown in 1-2 business days. Also our after sales service will keep tracking it and send message to you when there is any delay in shipping.

We warmly welcome your feedback.

先生/女士,

非常高兴地告知您,邮递员刚刚取走您所买的产品。您的产品将通过 EMS 的方式,在 7 个工作日后到达您那里。物流单号为××××××××××××,物流查询地址为×××××。

物流信息更新到网页上需要一两个工作日,我们会实时查看物流信息,如果由于物流出现耽搁,我们会及时告知您。

期待您的回馈!

告知买家产品已经发货,并给买家一个初步的交易等待时间区间。如果使用小包或碰到物流堵塞的意外,也可以在这封邮件告知买家,做好产品延迟到达的心理准备。

第二,货物到达海关后,提醒货运相关进展。

Hello Sir/Madam,

This is ××. I am sending this message to update the status of your order. The information shows it was handed to customs on Jan. 19. Tracking number：××××××××××××. You can check it from web：××××××××××××××.

You may get it in the near future. Apologize that the shipping is a little slower than usual. Hope it is not a big trouble for you.

Best Wishes.

您好先生/女士,

我是××。我是告诉您订单的最新进展情况,最新的信息显示,您的产品已经在 6 月 19 日到达贵国海关。物流单号为：××××××××××××,您可以在×××××××查询物流信息。

您将马上收取到您的产品,邮递时间有点耽搁,敬请谅解,希望这不影响您对产品的使用。祝您好运!

在产品入关的时候应告知客户货物的投递进展。如果遇到货物拥堵情况,应对买家表示歉意。如果产品需要报关,可以在此通知买家准备提前。

第三,货物到达邮局,提醒买家给予好评。

Hello Sir/Madam,

This is ××. I am sending this message to update the status of your order. The information shows it is still transferred by Sydney post office. Tracking number：×××× ×××××××××. Please check the web ×××××××.

You will get it soon, Please note that package delivery. Hope you love the product when get my products. If so please give me a positive feedback. The feedback is important to me. Thank you very much.

Best Wishes!

在投递过程中提醒客户注意不要错过投递信息,保持手机开机。同时,可以提醒客户给你留评。这样能有效降低坏评出现的可能性,增加买家对于您服务的好评度。

二、特殊订单处理

1. 未付款订单

未付款订单指买家已经拍下商品,但尚未付款的订单。

买家下单未付款原因:拍下后,无法及时联系卖家对细节进行确认;拍下后,发现运费过高;对同类商品需要再进行比较;付款过程出现问题。

对于未付款订单,建议您采取以下处理建议:

第一,当订单生成后立即给买家发站内信,或者利用 Trade Manager 及时和买家进行沟通,了解他对这些"未付款订单"的意见。

第二,根据买家意见,对价格、运费进行调整,给予折扣,让商品更具竞争力。进一步展示商品,提供图片、细节描述,让买家对商品质量有更深认识。如果买家支付上遇到困难,可以主动帮助买家解决该支付问题。

第三,如果买家 24 小时内仍未付款也未给予任何回复,可以考虑主动调整价格,系统会自动发送调价后的邮件,通知买家重新关注下单商品。

第四,有条件可以跟买家进行电话沟通。

2. 未收货订单

如果买家在收货时间内不能按时收到货物,卖家可适当延长买家确认收获的时间周期,使买家在未收到货物时不至于随意提起退款,保障双方安全及信誉。点击查看如何延长收货时间;卖家发货后可以告诉买家已经发货,请买家注意查收;在买家收到货物之后,卖家应及时与买家沟通验货,进行服务指导,及时跟进买家确认收货和放款;如果买家逾期未确认收货,则订单将自动结束,订单款项将会自动支付给卖家。

卖家发货成功并填写发货及物流信息后,订单进入"等待买家收货"阶段。您可以在"交易"—"管理订单"—"进行中的订单"页面中选择"等待买家收货"查询订单信息(见图 6-53)。

买家收货时间为 27 天,从卖家发货开始计算(即卖家在平台上填写发货信息)。如遇特殊情况,卖家可在后台进行延长收货时间操作,延迟收货次数不限,但是累计延长的时间上限为 90 天(见图 6-54)。

图 6-53 延长收货时间 1

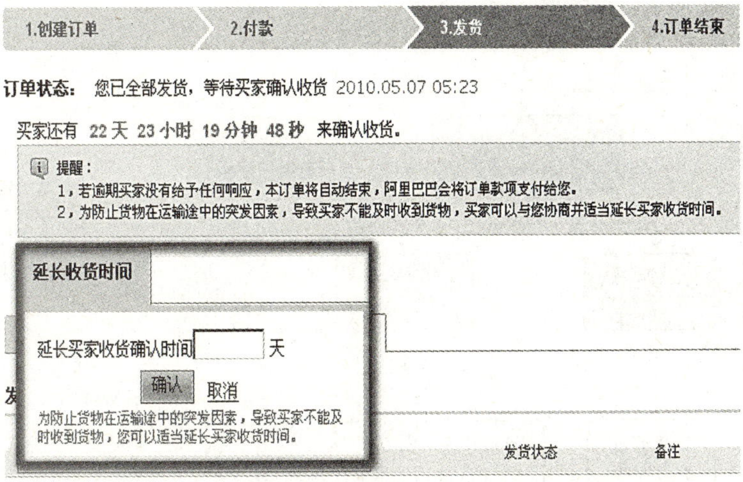

图 6-54 延长收货时间 2

第四节 纠 纷 处 理

一、纠纷提交及协商流程

技能点：订单纠纷处理

交易过程中买家提起退款申请，即进入全球速卖通纠纷阶段，须与卖家协商解决（见图 6-55）。

1. 买家提起退款申请

（1）买家提交退款申请的原因主要有未收到货和收到的货物与约定不符。

（2）买家提交退款申请时间。卖家填写发货追踪号以后，根据不同的物流方式，买家可以在不同的期限内提起退款申请：商业快递（UPS/DHL/FEDEX/TNT），第 6 天至第 23 天；EMS/顺丰，第 6 天至第 27 天；航空包裹发货，第 6 天至第 39 天。

（3）买家端操作。在订单的详情页中，买家可以看到按键"Open Dispute"，点击该按钮就可以提交退款申请，当买家提交退款申请时纠纷即产生。提交后，买卖双方可以就退款申请进行协商解决，协商阶段平台不介入处理。

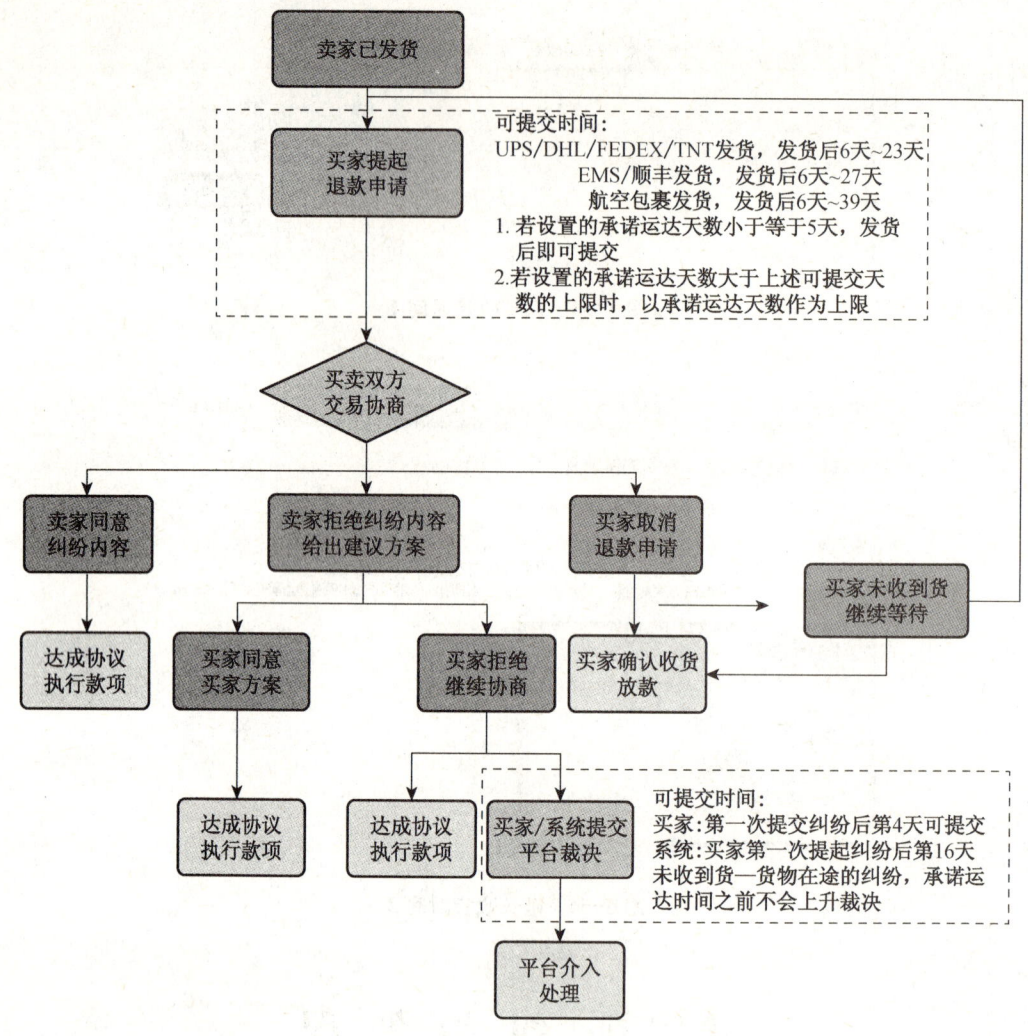

图 6-55　纠纷处理流程

2. 买卖双方交易协商

买家提起退款申请后,需要卖家的确认,卖家可以选择同意纠纷内容进入纠纷解决阶段,或者拒绝纠纷内容与买家进一步协商,页面见图 6-56。

1) 卖家同意纠纷内容

若卖家同意买家提起的退款申请,可点击"同意纠纷内容"进入纠纷解决阶段。买家提起的退款申请分为买家未收到货和买家收到货两种类型:

一是买家未收到货,申请全额退款。卖家接受时会提示卖家再次确认退款方案,若同意退款申请,则退款协议达成,款项会按照买家申请的方案执行退款。

二是买家收到货。

情况一,买家申请部分退款不退货:卖家接受时会提示卖家再次确认退款方案,若同意退款申请,则退款协议达成,款项会按照买家申请的方案执行部分退款及部分放款。确认页面见图 6-57。

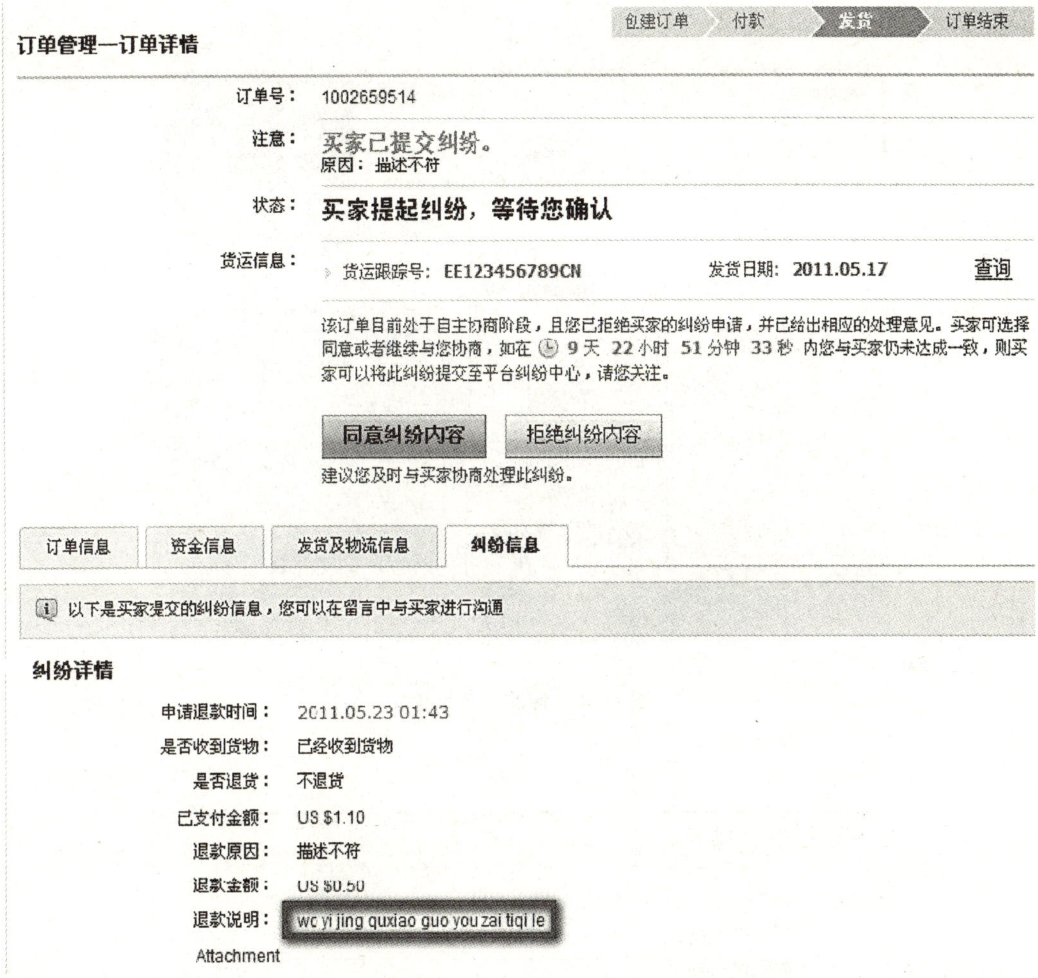

订单管理—订单详情

| 创建订单 | 付款 | **发货** | 订单结束 |

订单号: 1002659514

注意: **买家已提交纠纷。**
原因：描述不符

状态: **买家提起纠纷，等待您确认**

货运信息: 货运跟踪号：EE123456789CN 发货日期：**2011.05.17** 查询

该订单目前处于自主协商阶段，且您已拒绝买家的纠纷申请，并已给出相应的处理意见。买家可选择同意或者继续与您协商，如在 9天 22小时 51分钟 33秒 内您与买家仍未达成一致，则买家可以将此纠纷提交至平台纠纷中心，请您关注。

同意纠纷内容　　**拒绝纠纷内容**

建议您及时与买家协商处理此纠纷。

| 订单信息 | 资金信息 | 发货及物流信息 | **纠纷信息** |

以下是买家提交的纠纷信息，您可以在留言中与买家进行沟通

纠纷详情

申请退款时间： 2011.05.23 01:43
是否收到货物： 已经收到货物
是否退货： 不退货
已支付金额： US $1.10
退款原因： 描述不符
退款金额： US $0.50
退款说明： wo yi jing quxiao guo you zai tiqi le
Attachment

图 6-56　买卖双方交易协商

同意纠纷内容

你同意后，退款协议将即时生效，Escrow将会按照退款协议,退款给买家。
已到账： US$161.25
将退款： US$5.00

同意退款申请　取消

图 6-57　买家申请部分退款不退货

　　情况二，买家要求退款退货：若卖家接受，则需要卖家确认收货地址，默认卖家注册时候填写的地址；若不正确，则点击"修改收货地址"进行修改（见图 6-58 和图 6-59）。

　　卖家确认了收货地址后，需要等待买家退货，买家需在 10 天内填写退货单号，若 10 天内未填写，视买家放弃退货，系统直接放款给卖家。卖家确认收货地址后，到买家填写退货订单号的 30 天内，卖家均可以选择放弃退货，则系统直接退款给买家（见图 6-60 和图 6-61）。

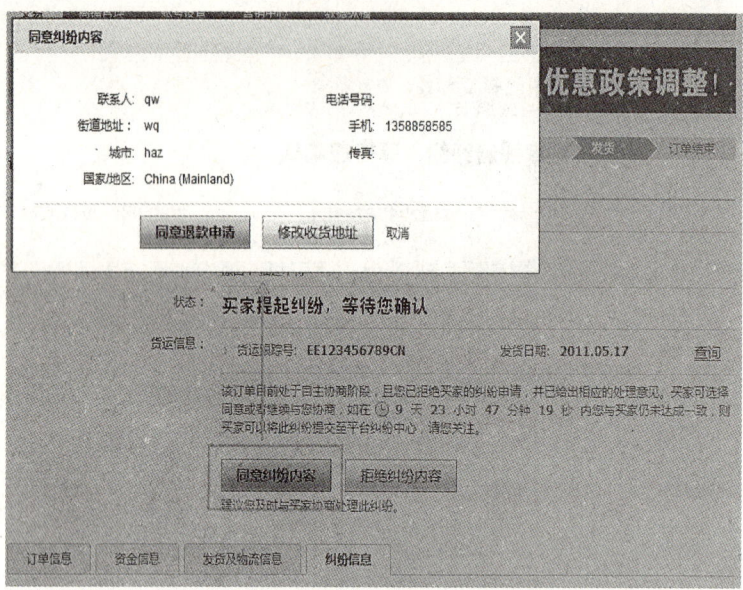

图 6-58　修改收货地址 1

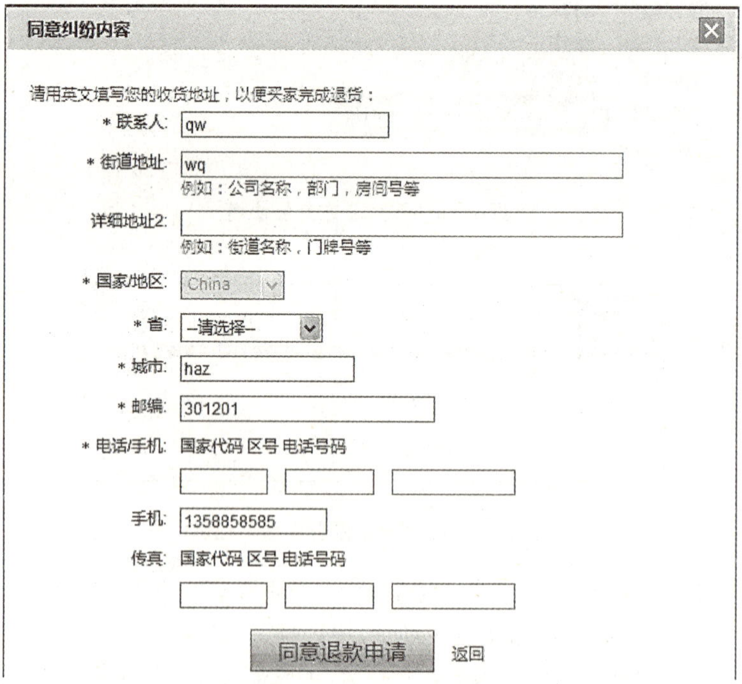

图 6-59　修改收货地址 2

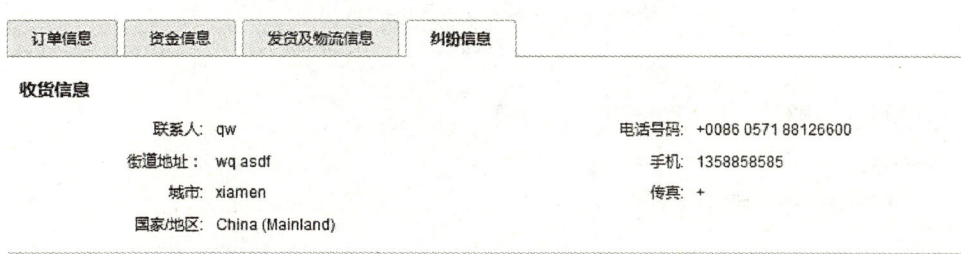

订单号:	1002659593
状态:	**纠纷协议达成，等待买家退货**
提醒:	买家还有 ⏱ 9 天 23 小时 59 分钟 48 秒 将退货发出。若买家逾期未发货，本订单将自动关闭。

放弃退货

订单信息　资金信息　发货及物流信息　**纠纷信息**

收货信息

联系人:	qw	电话号码:	+0086 0571 88126600
街道地址:	wq asdf	手机:	1358858585
城市:	xiamen	传真:	+
国家/地区:	China (Mainland)		

退款协议

申请退款时间:	2011.05.23 01:03
是否收到货物:	已经收到货物
是否退货:	退货
已支付金额:	US $1.10
退款原因:	描述不符
退款金额:	US $1.10
退款说明:	test
Attachment	

图 6-60　向买家退款 1

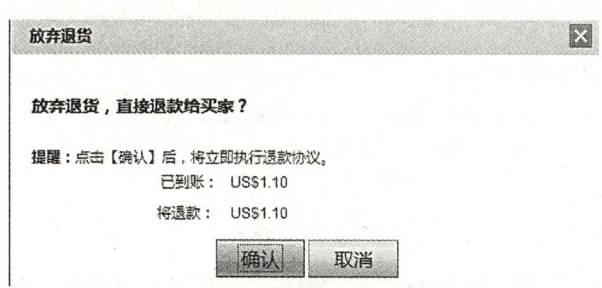

图 6-61　向买家退款 2

若买家已经退货，填写了退货单号，则需要等待卖家确认（见图 6-62）。

卖家需在 30 天内确认收到退货。若确认收到退货，并同意退款，则点击"确定"按钮，速卖通会退款给买家。卖家操作页面见图 6-63。

若卖家在接近 30 天的时间内，没有收到退货，或收到的退货货不对版，可以提交至平台

图 6-62　等待卖家确认

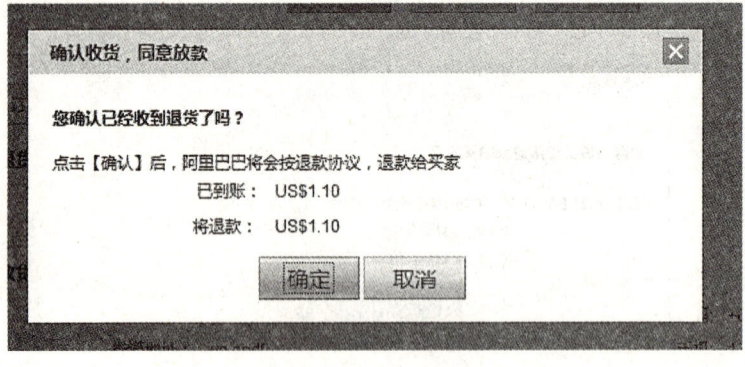

图 6-63　卖家同意退款

进行纠纷裁决。平台会在 2 个工作日内介入处理,卖家可以在投诉举报平台查看状态并进行响应。平台裁决期间,卖家也可以点击"撤诉"撤销纠纷裁决(见图 6-64 和图 6-65)。

　　若 30 天内卖家未进行任何操作,即未确认收货,未提交纠纷裁决,系统会默认卖家已收到退货,自动退款给买家。

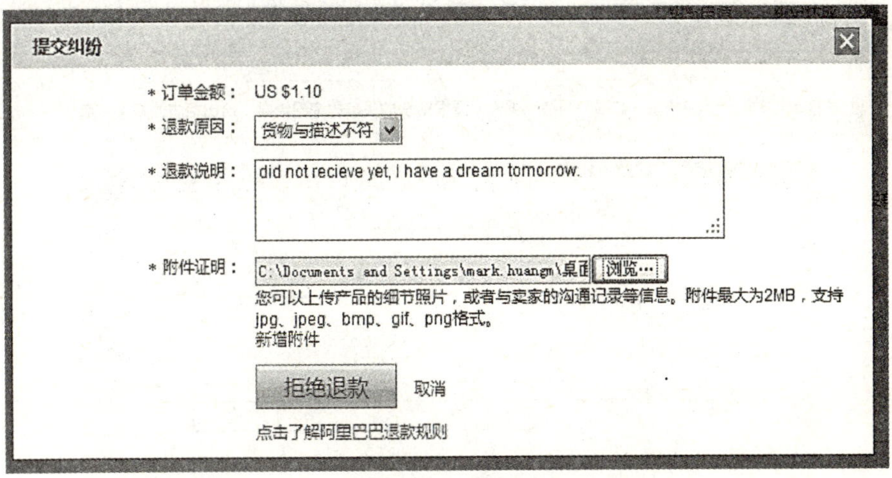

图 6-64 纠纷裁决

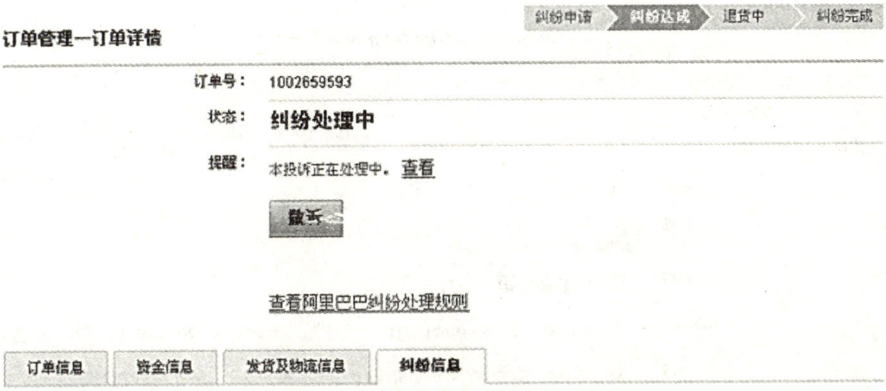

图 6-65 纠纷处理

2) 卖家拒绝纠纷内容

若卖家不接受买家的退款申请,可以点击"拒绝纠纷内容"按钮并填写卖家建议的解决方案(操作页面见图 6-66),所填写的退款金额和拒绝理由均是卖家给出的解决意见,若买家接受,则退款协议达成;若不接受,还须继续协商。

买家若未收到货提起退款申请,拒绝时的附件证明为必须上传,卖家可以提供发货底单、物流公司的查单,物流官方网站的查询信息截图等证据,证明卖家已发货及物流状态;买家提起货不对版的退款申请,拒绝时的附件证明为选填,卖家可以提供产品发货前的图片、沟通记录、重量证明等证据,证明卖家如实发货(见图 6-66)。

拒绝退款申请后,需要等待买家确认(见图 6-67)。若买家接受卖家的方案,则退款协议达成,款项会按照双方协商的方案执行;若买家不接受卖家的解决方案,可以选择修改退款申请,再次与卖家确认,继续协商。

3) 买家取消退款申请

买卖双方协商阶段,买家可取消退款申请,若买家因为收到货物取消了退款申请并确认

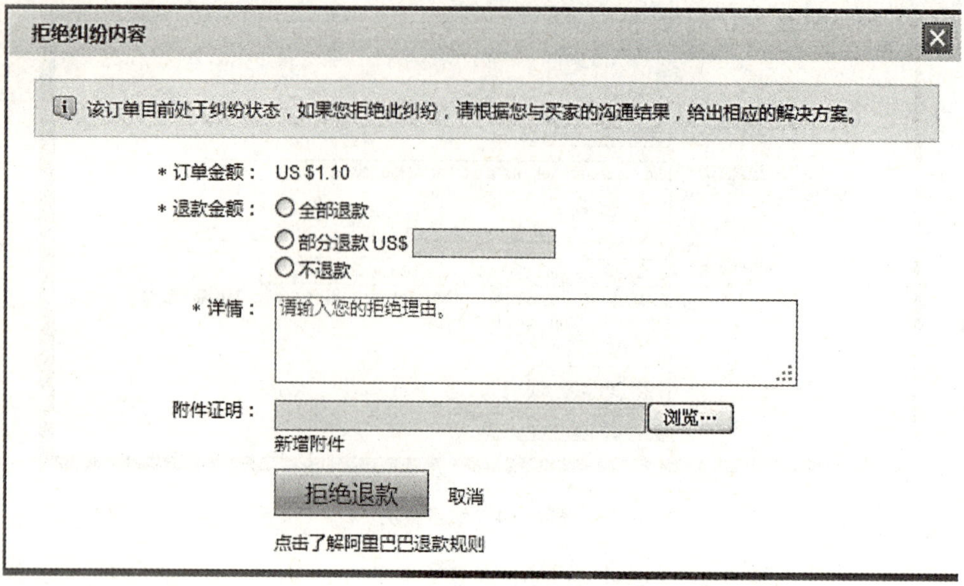

图 6-66 拒绝纠纷内容

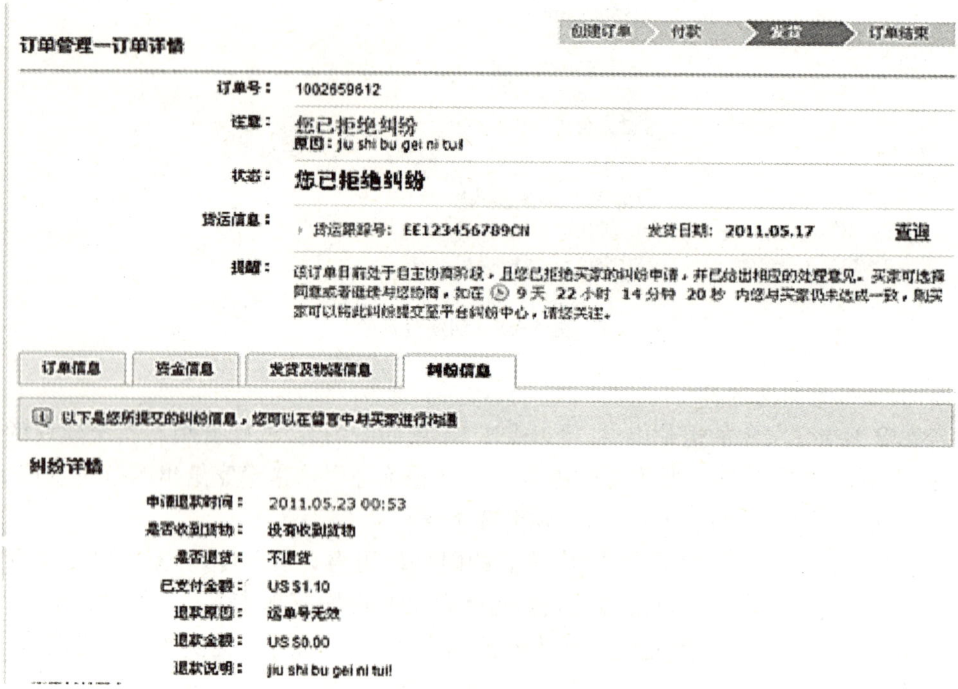

图 6-67 等待买家确认

收货,则交易结束进入放款阶段;若买家因为其他原因取消(如货物在运输途中,愿意再等待一段时间),则继续进行交易流程。

买家第一次提起退款申请的第 4 天若还未达成一致意见,买家可以提交至平台进行纠纷裁决;同时若双方一直在协商中,买家未提起纠纷裁决,从买家第一次提起退款申请的第16天系统会自动提交到平台进行裁决。建议卖家主动积极与买家协商,尽快解决纠纷。

买家提起退款申请后在提交至平台进行纠纷裁决前有取消退款申请的权利。若买家在纠纷中存在一定误解,建议卖家积极与买家沟通,以便于双方达成一致。买家如取消退款申请,则交易继续。

二、速卖通纠纷裁决

1. 纠纷裁决的产生

买家在交易过程中未收到货物或者对于收到的货物不满意可提起退款申请,纠纷便产生,买卖双方可进行协商解决,若无法达成一致,可提交至平台进行裁决。裁决的提交包括以下三种情况:

(1)买家提交纠纷裁决。自买家第一次提起退款申请开始第4天至第15天,若买卖双方无法协商一致,买家均可以提交至平台进行裁决。

(2)系统提交纠纷裁决。自买家第一次提起退款申请开始截至第16天,卖家未能与买家达成退款协议,买家未取消退款申请也未提交至平台进行裁决,系统会自动提交至平台。

(3)卖家提交纠纷裁决。若买家申请退款退货,在买家填写了退货地址的30天内,卖家未收到退货或收到的退货货不对版,可以提交至平台进行裁决。

2. 速卖通纠纷裁决流程

纠纷裁决产生的2个工作日内速卖通会介入处理,参看买卖双方纠纷协商阶段以及提交纠纷裁决阶段提供的证明进行裁决:

(1)若现有证明充足,则直接给出裁决意见后进入申诉期;若证明不足,则联系双方限期提供相应证明,速卖通将根据双方提供的证明给出裁决意见,如果任何一方逾期未提供证明,速卖通会按照已得证明给出裁决意见并进入申诉期。

(2)申诉期内若补充了充足的证明,则根据补充证明进行最终裁决,若未补充有效证明,则根据裁决意见进行最终裁决。

(3)若买卖双方在申诉期内协商达成一致处理意见,速卖通会根据双方意见进行裁决。申诉期内若补充了充足的证明,则根据补充证明进行最终裁决,若未补充有效证明,则根据裁决意见进行最终裁决。

如遇特殊纠纷,速卖通会根据具体情况进行处理并与买卖双方及时沟通,裁决时间可能会相应延长,最长会在速卖通介入后45天内作出裁决(退货案件除外)。对于投诉内容包含信用卡投诉的,则以信用卡投诉处理意见为平台处理依据。

3. 卖家查看及回应纠纷裁决操作流程

全球速卖通纠纷裁决的处理都在投诉举报平台进行,买卖双方都可以在该平台查看纠纷裁决状态及作出响应。具体操作流程如下。

1)登录投诉举报平台(两种方式)

方式一:用速卖通主账号直接登录到。网址为 http://channel. alibaba. com/complaint(或从 Alibaba. com 网站首页入口点击进入,见图6-68)。

登录后到达如图6-69所示的页面,在页面"管理我的投诉"板块下可以选择要查看的纠纷,点击列表右侧的"查看详情"查看该纠纷的情况及进展。

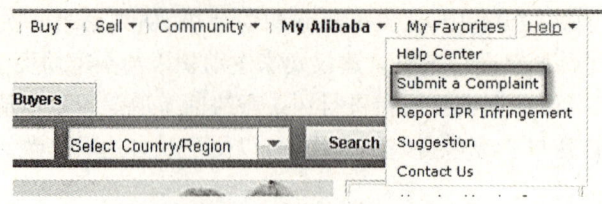

图 6-68　登录投诉举报平台

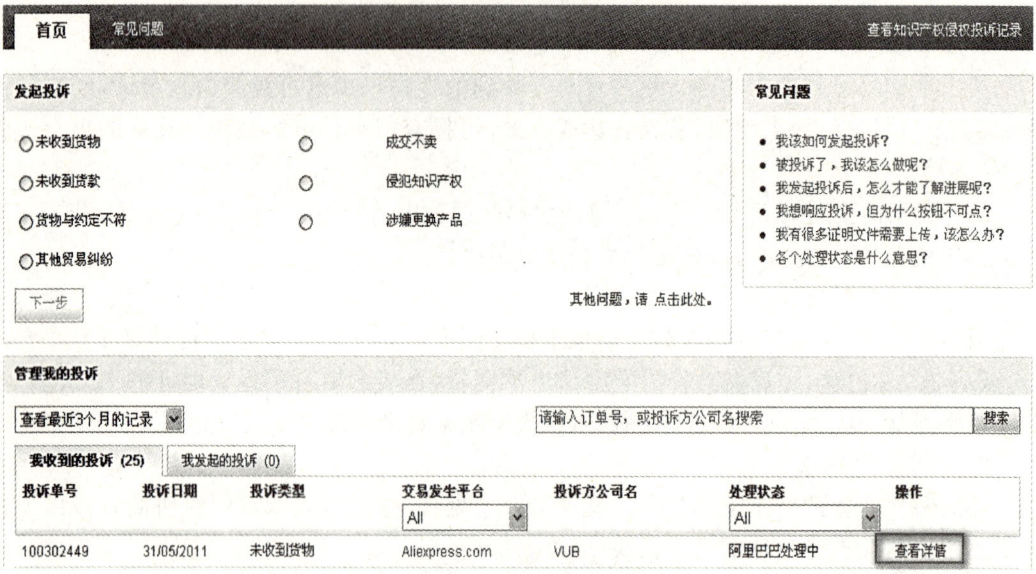

图 6-69　管理我的投诉

方式二:登录"我的速卖通",在具体的订单详情页面点击"查看"直接进入投诉举报平台(见图 6-70)。

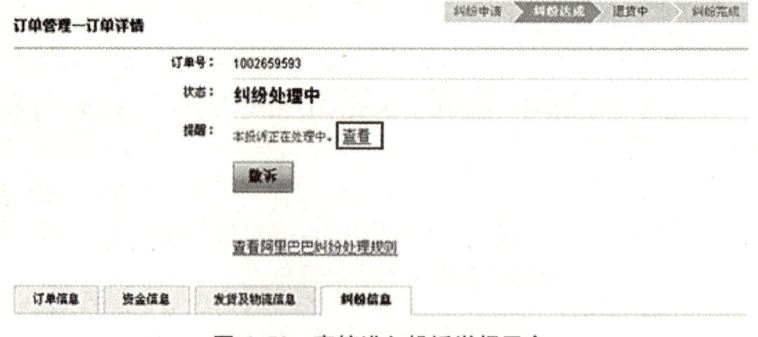

图 6-70　直接进入投诉举报平台

点击查看后进入如图 6-71 所示的页面,可看到该纠纷具体情况及进展。

2) 卖家进入投诉举报平台后的查看

查看速卖通处理意见:点击"最新进展"下"阿里巴巴处理意见"可以看到结果,如:

This case has been crmpleted as of today and we have made a full refund to buyer. The buyer will recive the payment within 7 days. Sincerely, Jane AliExpress Dispute Team

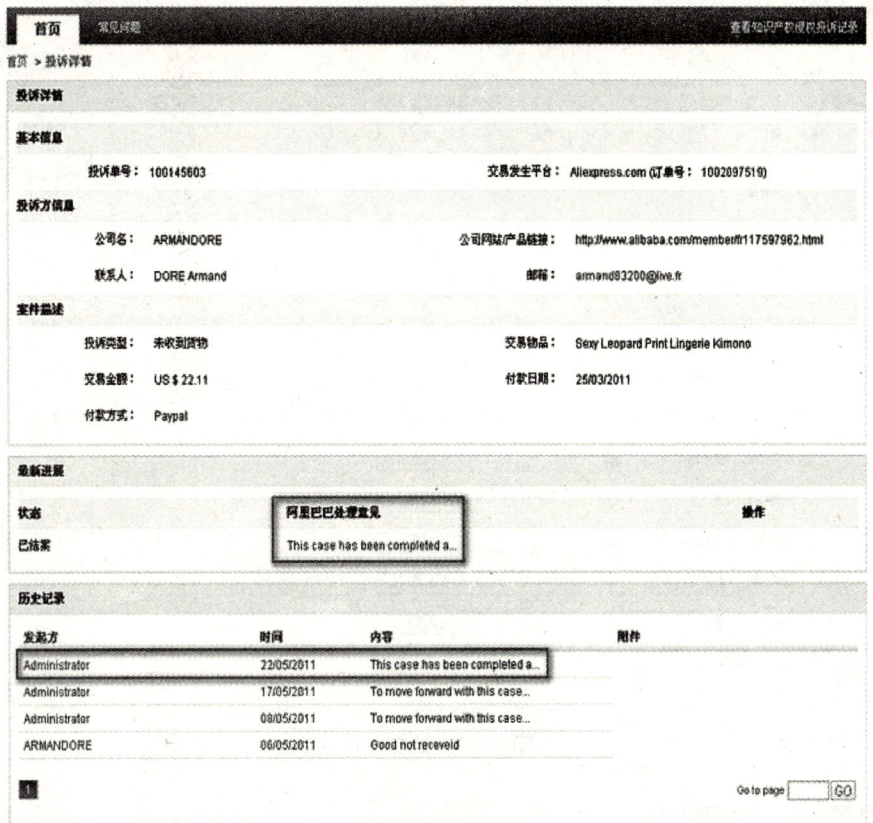

图 6-71　查看纠纷处理情况

查看买家回复内容：点击"历史记录"下买家回复的内容，可查看到原文。

查看各纠纷状态：在投诉举报平台首页（http://channel. alibaba. com/complaint）—"管理我的投诉"板块下可以直接看到各纠纷状态并进行具体操作。

3）纠纷处理各状态定义

阿里巴巴处理中：速卖通正在核实案件情况，会作出进一步判责。

已结案：该纠纷已经处理完成，可点击详情查看处理结果。

待投诉方响应：若买家是投诉方，则案件状态在等待买家的响应；若卖家是投诉方，则案件状态正在等待卖家的响应。卖家如果点击"回应"按钮，可以给出自己的反馈和意见（见图6-72）。

已撤诉：投诉方已经撤诉，速卖通核实后会结束纠纷，则案件状态会变为"已结案"。若卖家为投诉方且需要撤销投诉，则该页面卖家可以选择撤销（见图 6-73）。

点击"撤销投诉"后填写撤销投诉原因（见图 6-74）。

4. 举证说明

纠纷裁决中买卖双方的举证是非常重要的，平台主要根据举证内容来进行裁决，所以双方都要注意证明的收集与保管。关于举证的几点说明如下：

（1）谁投诉谁举证。投诉方在投诉的同时，需要提供支持投诉的有效证明，没有证明支持的投诉为无效投诉，平台会限期要求举证，如不能提供，平台将关闭纠纷。

（2）限期举证。若投诉方举证充分，纠纷即成立，平台会要求卖家进行反举证，速卖通

回应投诉

* 表示必填项

请响应。如果您能提供相关证明，如反通知函、付款凭证、双方来往记录等，将有助阿里巴巴跟进问题。

声明：为了帮助您和对方能更好地沟通，您提交的证明将展示给对方查看。如果您不希望对方查看，请勿在此上传。

* 留言

剩余字符数2000

请将同一类型的多个证明文件压缩成一个文件后再上传。文件格式包括DOC, DOCX, EML, MSG, PDF, RAR, ZIP，JPEG (.jpg), GIF, XLS, XLSX。

证明类别 --请选择-- 浏览...
证明类别 --请选择-- 浏览...
证明类别 --请选择-- 浏览...
证明类别 --请选择-- 浏览...
证明类别 --请选择-- 浏览...

新增证明

Submit

图 6-72 回应投诉

我收到的投诉 (5)	**我发起的投诉 (3)**					
投诉单号	投诉日期	投诉类型	交易发生平台	被投诉方公司名	处理状态	操作
			All		All	
100319746	12/06/2011	未收到货物	Aliexpress.com	THALES	待被投诉方响应	查看详情 撤销投诉
100319744	12/06/2011	未收到货物	Aliexpress.com	Ian Edwards	待投诉方响应	查看详情 回应 撤销投诉

图 6-73 撤诉

首页 > 撤销投诉

如果您确认投诉已解决，请在此提交撤诉。撤诉确认后，本投诉将被关闭。

* 撤诉原因 -- 请选择 --
-- 请选择 --
双方达成一致
卖家已经退款
已经收到货品
其他

* 描述

剩余字符数2000

提交

图 6-74 撤诉原因

会根据双方证明进行裁决,平台将以收集到的有效证明为依据进行裁决,逾期未举证则根据已得证明裁决,希望卖家在限期内完成举证。

(3) 申诉期内及时申诉。若认为裁决意见不符合实际情况,则可在申诉期内与买家进行协商或继续反举证,如果无法与买家达成一致处理意见或提供反证,则按照裁决意见进行裁决。

5. 纠纷仲裁新规则

使用航空邮政大小包发货的订单,存在着长时间无妥投信息或物流信息不全的情况。这一情况已经严重影响了买卖双方交易的正常进行,给买家购物体验造成了极大的影响。因此,速卖通平台纠纷小组将针对使用航空邮政大小包且运输时间过长的未妥投订单,执行该规则。

1) 平台纠纷仲裁新规则

当纠纷订单同时满足以下三个条件时,速卖通平台将认定该笔纠纷订单物流异常(如丢包等):买家以"未收到货"发起的纠纷;订单物流信息不全或不能查询到妥投信息;使用邮政大小包,且距离发货时间超过 60 天。卖家针对这样的纠纷订单,需在速卖通投诉举报平台给定的响应期内提供物流妥投信息或买家收到货物的证明,否则速卖通平台将直接裁定订单全额退款并关闭纠纷订单。

2) 邮政航空包裹风险提示

货运周期较长,较长的货运周期将直接影响到您的回款速度;丢包率较高,丢包将直接导致纠纷产生,可能导致您货款两失;货运追踪信息不全,根据平台放款规则,若追踪不到物流妥投信息平台将不会自动放款,因此使用航空包裹可能会影响到您的回款速度。

因此,各位卖家在使用邮政航空包裹时,务必评估邮政包裹的风险,避免后期产生回款或纠纷等问题,建议使用商业快递(EMS, DHL, UPS, FedEx, TNT)。

知识与技能训练

一、单项选择题

1. 可以看到店铺 24 小时数据情况的功能是( )。

   A. 实时风暴　　　　B. 商铺概况　　　　C. 商品分析　　　　D. 行业情报

2. 下列关于发布新产品的描述中,正确的是( )。

   A. 产品图片要越大越好

   B. 产品属性要填写完整,专业

   C. 产品的类目可以在推荐的 3 个类目中随机选 1 个

   D. 只要关键词设置了,标题中没有也没有关系

3. 橱窗产品跟普通产品相比,具有的特权是( )。

   A. 排名优先　　　　B. 反馈率更高　　　　C. 一定会上首页　　　D. 点击率更高

4. 买家通过( )付款后需要卖家进行验款。

   A. Webmoney　　　　B. Master card　　　　C. VISA　　　　D. T/T

5. 下列标题中,优质的是( )。

   A. 100% cotton underwear

   B. 2010 new party dress bridal dress evening dress

    C. Custom Made Mermaid Satin Sweep Train Wedding Dress

    D. I684G

6. 下列产品中,允许在速卖通平台销售的是(　　)。

    A. 美容针　　　　　　　B. 烟草　　　　　　　C. 鞋子　　　　　　　D. 减肥药

7. 直通车重点推广计划最多可以建立(　　)个。

    A. 3　　　　　　　　　B. 5　　　　　　　　　C. 8　　　　　　　　　D. 10

8. 下列有关商品信息的说法中,正确的是(　　)。

    A. 简要描述可以单纯地从详细描述里直接拷贝

    B. 详细描述可以单纯使用图片来代替文字进行描述

    C. 可以对重要的产品信息进行着重介绍

    D. 可以不分段不用标点

9. 若买家在订单生成后(　　)天内不付款,订单将自动关闭。

    A. 5　　　　　　　　　B. 20　　　　　　　　C. 7　　　　　　　　　D. 10

10. 当买家提交或修改纠纷后,卖家必须在(　　)天内"接受"或"拒绝"买家的退款申请,否则订单将根据买家提出的退款金额执行。

    A. 5　　　　　　　　　B. 3　　　　　　　　　C. 7　　　　　　　　　D. 10

二、多项选择题

1. 产品的有效期有(　　)天。

    A. 7　　　　　　　　　B. 30　　　　　　　　C. 60　　　　　　　　D. 14

2. 卖家后台个人中心展示的内容包含(　　)。

    A. 邮箱验证信息　　　　B. 认证信息　　　　　C. 用户名　　　　　　D. 安全等级

3. 产品发布时需要注意(　　)。

    A. 完整清晰的详细描述　　　　　　　　　　B. 与产品匹配的类目

    C. 完整而又重点突出的标题　　　　　　　　D. 全面准确的属性

4. 对于买家收到货后提起退货的纠纷,卖家应该注意(　　)。

    A. 清关属于收件方责任,一旦货物扣关,导致无法签收,需要提供因买家原因导致扣关的海关文件或者物流公司出具的证明

    B. 买家退货后积极联系物流公司,及时取件,切勿出现包裹到达卖家城市,但是由于长时间未取件而导致退回的现象

    C. 主动提供准确的英文退货地址,确保退货能成功妥投

    D. 收到退货后,尽量保留底单和拆包视频等

5. 对于质量有问题的纠纷,卖家应该注意(　　)。

    A. 如果质量问题(如无法正常工作)是由于买家操作不当,请提交产品正确操作方法的视频

    B. 如发现买家是因为适配器使用不当导致无法通电,请提供正确使用适配器的视频

    C. 积极与买家协商解决问题,达成一致的解决意见

    D. 发货前仔细检查产品,确保产品质量

三、判断题

1. 产品图片是影响曝光到点击率转化的最主要因素。　　　　　　　　　　　　　(　　)

2. 产品详情模板是影响点击到询盘转化率的最主要因素。　　　　　　（　　）

3. 错误的类目不选择会影响曝光。　　　　　　　　　　　　　　　　（　　）

4. 商品属性填写完整、准确,详细描述真实准确有助于买家通过关键词搜索、属性的筛选
   快速定位到您的商品。　　　　　　　　　　　　　　　　　　　　（　　）

5. 发布侵权违规产品会带来扣分处理,但不会引起账号关闭。　　　　（　　）

6. 对于订单状态显示为"买家申请取消订单"的订单,卖家不需要跟进处理。　（　　）

7. 卖家发货时如需更改物流方式,需提前与买家沟通协商,并征得买家同意。　（　　）

8. 如果是因为缺少发票,报关单被扣关或是被海关直接销毁则是卖家责任。　（　　）

9. 一个好的产品描述应该做到标题专业、图片丰富、描述详尽、属性完整、价格合理。（　　）

10. 速卖通直通车是通过大量曝光商品来吸引潜在买家,并按照点击付费的全新网络推广
    方式。　　　　　　　　　　　　　　　　　　　　　　　　　　　（　　）

四、案例分析

1. M先生在速卖通平台上拥有一家出售日用品(衣架、裤夹、衣物洗涤保护袋等)的网店。上周三,M先生收到了一个退款申请。顾客在店铺购买了40美金的物品,在收到包裹后发现其中有部分衣架破损,为此顾客要求部分退款16美金。M先生拒绝了退款申请。顾客向平台提起仲裁。经过平台核实,最后达成了退款10美金的协议。

请你回顾这个案例,谈谈应该如何避免类似纠纷。

2. A公司的网店主营灯具产品。近日,该公司收到一笔纠纷,来自巴西的一位客户投诉其购买的手电筒无法正常工作,要求退款。请你根据学过的纠纷处理的相关内容,给A公司提出一些处理建议。

第七章

eBay 操作技巧

知识目标

1. 了解 eBay 操作流程
2. 掌握 eBay 操作技巧

技能目标

1. 能够开展跨境电子商务订单处理
2. 能够开展跨境电子商务争议处理

关键概念

一口价　拍卖

职业核心能力

自我学习能力　信息处理能力　政策解读能力　跨境电子商务职业素养
解决问题能力

知识导图

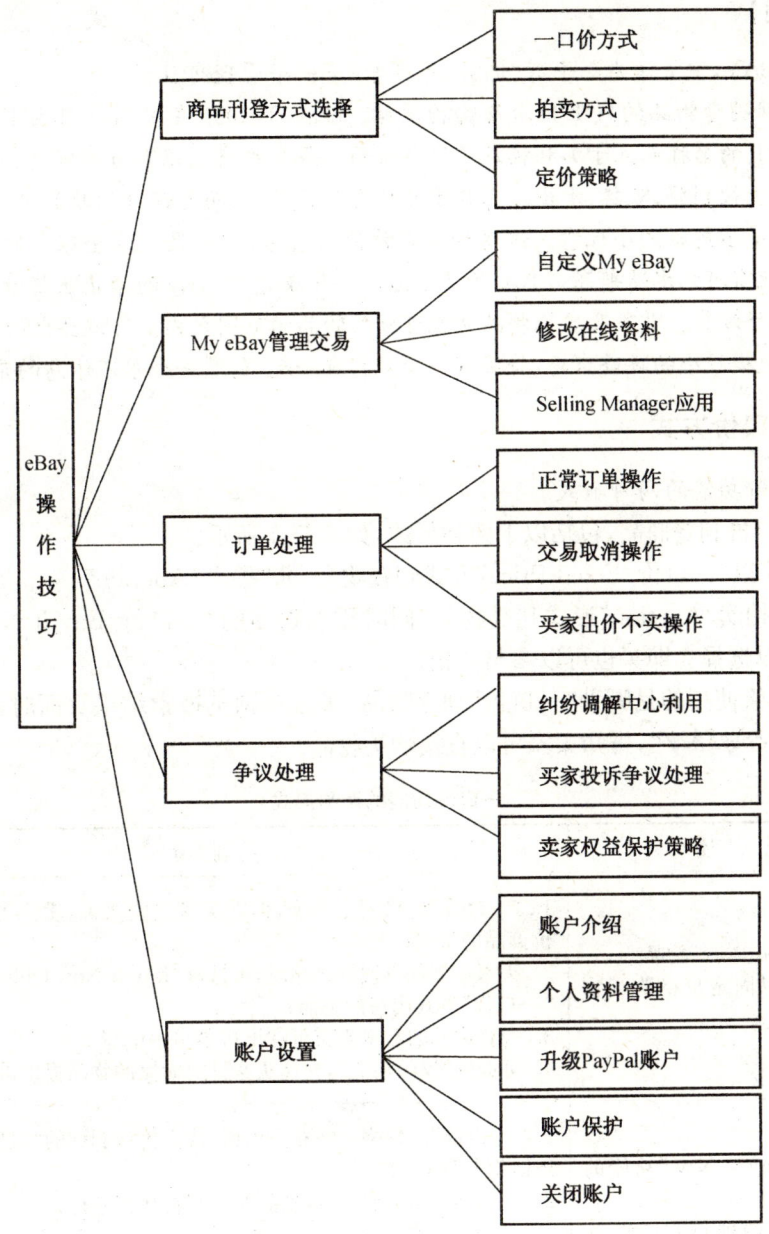

eBay操作技巧
- 商品刊登方式选择
  - 一口价方式
  - 拍卖方式
  - 定价策略
- My eBay管理交易
  - 自定义My eBay
  - 修改在线资料
  - Selling Manager应用
- 订单处理
  - 正常订单操作
  - 交易取消操作
  - 买家出价不买操作
- 争议处理
  - 纠纷调解中心利用
  - 买家投诉争议处理
  - 卖家权益保护策略
- 账户设置
  - 账户介绍
  - 个人资料管理
  - 升级PayPal账户
  - 账户保护
  - 关闭账户

第一节　商品刊登方式的选择

在跨境电子商务中,想要扩大顾客层面,除了基本的本地运送外,不妨考虑同时将商品卖到其他国家,以增加物品的销售机会。目前,在 eBay 中国香港站刊登物品可以将商品卖到亚洲各地;如果想卖到其他欧美地区,可直接将物品刊登于 eBay 美国、英国等站点。

【引例】

eBay(EBAY,中文译为电子湾、亿贝、易贝等)是一个管理可让全球民众上网买卖物品的线上拍卖及购物网站。ebay 于 1995 年 9 月 4 日由 Pierre Omidyar 以 Auctionweb 的名称创立于加利福尼亚州圣荷西。每天都有数以百万的家具、收藏品、电脑、车辆在 eBay 上被刊登、贩售、卖出。有些物品稀有且珍贵,然而大部分的物品可能只是个满布灰尘、看起来毫不起眼的小玩意。这些物品常被他人忽略,但如果能在全球性的大市场贩售,那么其身价就有可能水涨船高。只要物品不违反法律或是在 eBay 的禁止贩售清单之内,即可以在 eBay 刊登贩售。服务及虚拟物品也在可贩售物品的范围之内。可以公允的说,eBay 推翻了以往那种规模较小的跳蚤市场,将买家与卖家拉在一起,创造一个永不休息的市场。

一、一口价方式

1. 一口价功能的两种形式

使用一口价刊登商品,包括以下两种形式,如表 7-1 所示:

(1) 直接以"一口价/Fixed Price"方式刊登物品,非"拍卖/Auction"。

(2) 以"拍卖/Auction"形式刊登物品,同时添加物品的"一口价/Buy it Now"功能,这样买家既可以选择立即买也可以参与竞拍。

当然,不管使用的是哪种"一口价"刊登物品,买家在浏览搜索结果页面时,都可看见物品旁的图示"*Buy It Now*",告知买家可以直接购买物品。

表 7-1　　　　　　　　　　　　一口价功能的两种形式

概　述	特别提示
"一口价/Fixed Price"物品 买家可立即以固定价格购买物品,无需竞拍	1. "一口价"价格固定不变,但在买家未购买前,卖家可以修改一口价商品的价格; 2. 买家在浏览或搜寻物品时,可选择"Buy it Now Only"来专门查看"一口价"方式出售的物品; 3. 刊登物品的数量卖家可在出售表格中填写; 4. 可提供"议价功能",允许买家针对卖家的物品提出讲价
有"一口价/Buy it Now"功能的拍卖物品 给买家提供了两种购买方式,既可直接购买物品,也可出价竞拍	1. "一口价"的价格会在有人出价,或出价达到您的"保底价/Reserve Price"时,便自动消失; 2. "一口价"功能消失后,物品"拍卖"将如常进行; 3. 买家浏览或搜寻物品时,可选择"Auction Only"来专门查看"拍卖"方式出售的物品; 4. 每次刊登物品仅能出售 1 件物品

2. 使用"一口价/Fixed Price"出售物品的条件

eBay 全球各站点对于使用"一口价/Fixed Price"出售商品的要求不尽相同,具体要求请前往各站点"Help"栏目下查看。

目前,在 eBay 美国站以"一口价/Fixed Price"出售物品,没有对"信用评价/Feedback score"的要求,出售物品的最低价格至少为 0.99 美元。

3. 刊登"一口价/Fixed Price"物品

在物品刊登详情页面,"选择出售物品的方式"部分,分为"拍卖"和"一口价"两种刊登形式:

(1) 如要在拍卖物品中加入"一口价/buy it now"功能,请选择"拍卖/Auction"标签并在"一口价/buy it now"选项下输入一口价价格。

(2) 如只以一口价形式出售物品,请选择"一口价/Fixed Price"标签并在相应栏位中输入一口价价格。

4. 修改在线"一口价"物品的信息

物品刊登后,将不能修改物品的出售形式。例如,不能将"一口价/Fixed Price"物品变更为具"一口价/Buy it now"功能的拍卖物品;反之亦然。

不过在特定情况下,可以增加、编辑或移除拍卖物品的"一口价/Buy it now"功能。

(1) 拍卖物品:如果物品结束时间在12小时后,同时刊登的物品仍无人出价竞拍,您便可新增、编辑或移除"一口价/Buy it now"功能。

(2) 一口价物品:如果物品结束时间在12小时后,您便可编辑"一口价/Fixed Price"价格。

二、拍卖方式

以"拍卖"方式刊登物品是 eBay 卖家常用的一种出售方式,卖家通过设定物品起拍价及在线时间,开始拍卖物品,并以下线时的最高竞拍金额卖出,出价最高的买家即为该物品的中标者。

1. eBay 标准"拍卖/Auction"物品的运作方式

(1) 卖家刊登一件或多件"拍卖"物品,并设定起拍价格。

(2) 买家可在物品"拍卖/Auction"期间浏览物品详细信息并出价竞拍。

(3) "拍卖/Auction"结束后,最高"出价者/Bidder"以中标的金额买下物品。

eBay 全球各站点对卖家使用"拍卖"方式刊登商品没有特别的要求,任何 eBay 注册认证过的会员都可以在 eBay 上"拍卖"商品。

2. 刊登"拍卖/Auction"物品

在物品刊登详情页面,"选择出售物品的方式"部分,分为"拍卖"和"一口价"两种刊登形式,如图 7-1 所示。

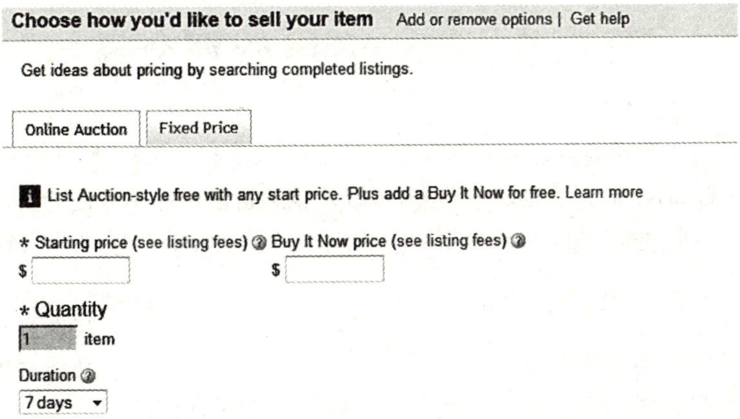

图 7-1 两种刊登形式

（1）选择"拍卖/Online Auction"标签并在"起拍价/Starting price"栏位里输入价格。

（2）"一口价/Buy it Now"功能既可以让买家选择立即买，也可以参与竞拍。可在相应栏位里输入价格，但此功能是一个收费功能。

3. 使用"拍卖/Auction"出售物品的费用

（1）以标准"拍卖"方式出售商品，根据您的起拍价收取较低比率的刊登费，并根据物品最终成交价格收取一定比率的成交费。

> 议一议：如何使用定价策略

（2）特色功能费：如果您同时设置了物品的"底价"，eBay 将比较物品"起拍价"与"底价"并根据较高项的价格收取刊登费，同时"底价"功能也将收取小额的特色功能费。

三、定价策略

1. 熟手定价策略

（1）如果确信刊登的产品肯定能够高价卖出，可以采取 7 天竞标期，1 美分起拍价，无保留竞价的方式。这是掀起竞价狂潮的最好办法。通过无保留的低价吸引竞标者，给出 7 天时间血拼价格，或者采用 3.5 天加速竞价。

（2）根据商品的利润空间和竞争对手的数量和质量，可以考虑更新登录物品，如加粗、高亮字体和具体化商品说明等方法确保商品鹤立鸡群。

2. 新手定价策略

如果是 eBay 的新手，或者想要登录一件不是很热卖的商品，在 7 天的竞标期设置下，可以采取一种安全的，同时也能够赚取利润的策略。

（1）这种策略不需要采取保留措施。不过，与订立一个低起始价，并掀起竞价风潮的策略有所不同。需要订立一个合适的起拍价，再配合订立一个稍高的"一口价/Buy it Now"。

（2）这种做法会给买家压力，促使其放弃观望而用"一口价/Buy it Now"购买。如果买家选择观望，肯定一无所获。而其他买家可能会趁机竞标（低于"一口价/Buy it Now"）或者抢先用"一口价/Buy it Now"拿下该商品。

（3）考虑到自己不会有任何损失，买家就会明白，如果用"一口价/Buy it Now"，自己就能在 7 天竞标期尽早地买下该商品，而不是等着竞价时间结束。

第二节　My eBay 管理交易

"My eBay"可以集中查看、追踪和管理所有 eBay 购买和出售活动。除了管理 eBay 活动外，也可在此查看 eBay 最新消息和重要公告，以及找到自己可能感兴趣的其他物品和卖家。大部分的 eBay 网页都能前往"My eBay"，只要点击页面上方的"My eBay"链接。

一、自定义 My eBay

"My eBay"的功能与使用如下：

> 技能点：My eBay 的功能与使用

（1）查看资料："My eBay"将个人资料分类成不同模块，所有购买活动会归纳在同一区段；另外还有出售活动模块，以及管理最爱的"关键字/Keywords"

商店和卖家的区段。可点击"My eBay"左边菜单栏的链接,查看不同的模块;还可自订"My eBay"的摘要总览页 ,让重要资料显示在概览页上。

(2)建立自定义列表:可将不同区段中的物品纳入不同的列表中,并可为列表自定义名称,如"给妈妈的礼物"或"我最爱的时装店"。

(3)自定义"My eBay"页面:可根据您的喜好,选择需要在页面上完全展示出的资料、选择主题颜色,以及安排版面设置。

(4)处理物品相关事宜:通常每件物品都有下拉式选项,其中含有各种处理动作,包括"重新刊登/Relisting""出售类似物品/Sell Similar Item"、寄送账单、付款,以及透过调解中心解决交易问题等。如果物品有需要即时处理的重要讯息,系统会以醒目的颜色在物品标题上显示。

(5)删除、移除及恢复物品:可在任何"My eBay"区段中删除物品。在大部分模块当中,可以恢复过去 60 日内删除的物品。可以点击查看已删除物品恢复指南。

(6)查看购买或出售的物品状态:物品标题会显示颜色并有相应图示,可对物品的状态一目了然,将光标停留在图示上面,可了解每个图示的含义。

(7)查看赚取或使用的金额—在"总金额"区段,可以查看所有购买和出售交易的总金额,以及在过去 31 日内买到、售出和追踪的物品数目。

(8)链接到最常使用的 eBay 页面:"My eBay"的左边设有"捷径"选项,您可自行设定捷径链接。如要添加最常使用的 eBay 页面链接,或删除链接,请点击"编辑捷径"按钮。

(9)收藏最爱的"关键字/Keywords"和卖家:可将最爱的"关键字"、商店和卖家储存在"My eBay"中,节省时间并提高效率。

(10)排序列表:可将区段中列表以各种方式排序。例如,可按时间或价格排序,或查看尚未付款或等待信用评价的物品。

(11)管理 eBay 信息:在"My eBay"中的"我的信息夹",可利用 eBay 的安全信息,收取来自 eBay 和其他 eBay 会员的重要信息。如要查看信息,请前往"My eBay",然后点击"信息"标签。

(12)管理 eBay 账户:在"My eBay"中的账户模块,可管理个人和财务资料、电邮偏好设定等。如要查看账户资料,请前往"My eBay",然后点击"账户"标签,如图 7-2 所示。

二、修改在线资料

(1)登录"My eBay"。

(2)点击左侧菜单栏中"我的出售纪录"页面,查看目前出售的物品清单。

(3)找出要修改的物品,点击"执行动作"下拉菜单中的"修改物品"链接。

(4)进入"修改物品"页面,并在"修改物品刊登资料"页上作出修改。

(5)修改完毕后,点击"储存及继续"按钮。

(6)预览修改内容,然后点击"储存修改"。

三、Selling Manager 应用

可以免费体验售卖工具"Selling Manager",可以更好地进行物品刊登管理,包括对已结束物品的管理。利用"Selling Manager"中"已结束的物品"页面,可以重新刊登已结束的物品及进行其他管理操作,如图 7-3 所示。

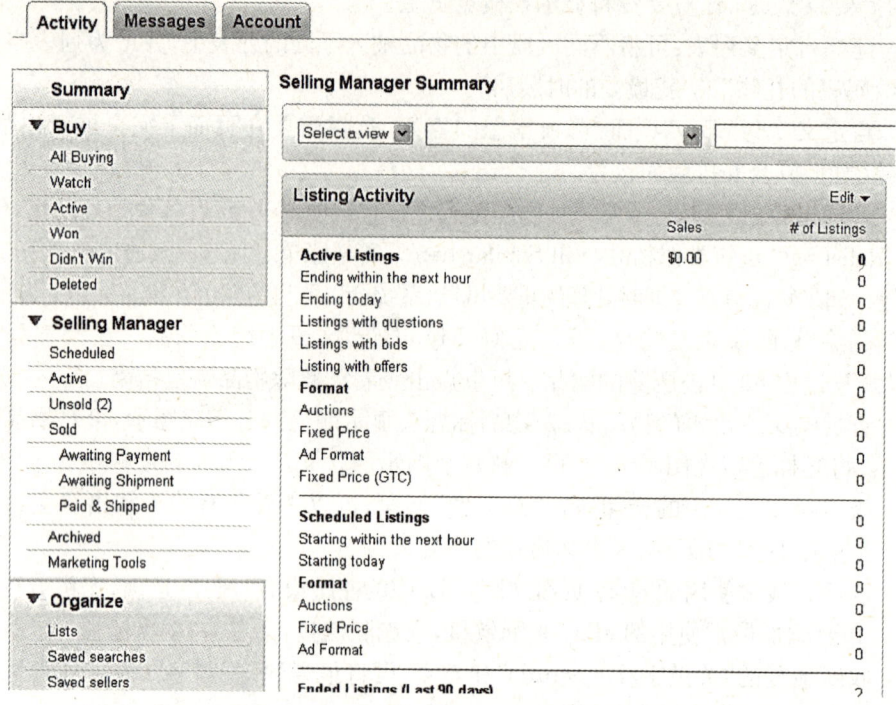

图 7-2　My eBay 界面

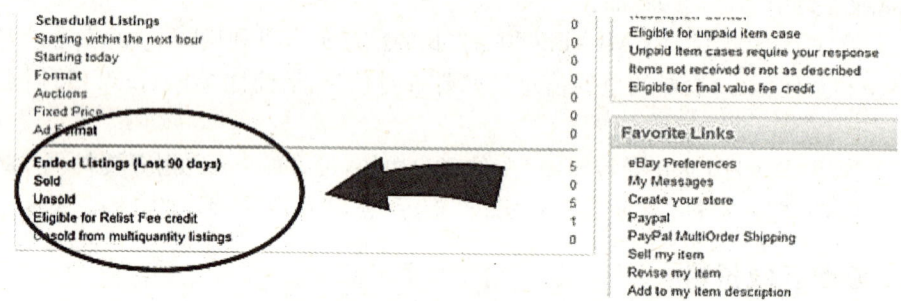

图 7-3　"已结束的物品"页面

1. 在"已结束物品页面",物品右侧"状态"栏会显示卖家是否已经重新刊登该物品(见图 7-4)

(1) 如果状态图示为蓝色,即表示已经重新刊登已结束的物品。

(2) 如果是灰色,则表示物品尚未重新刊登。

2. 在"已结束的物品"页面中,重新刊登一个已结束的物品

(1) 点击执行动作一栏中的"重新刊登"链接。

(2) 对刊登物品的任何部分进行编辑,然后点击"刊登物品"按钮。

(3) 预览刊登物品并点击"刊登物品"按钮。

(4) 如有必要,重复这些步骤,重新刊登其他物品。

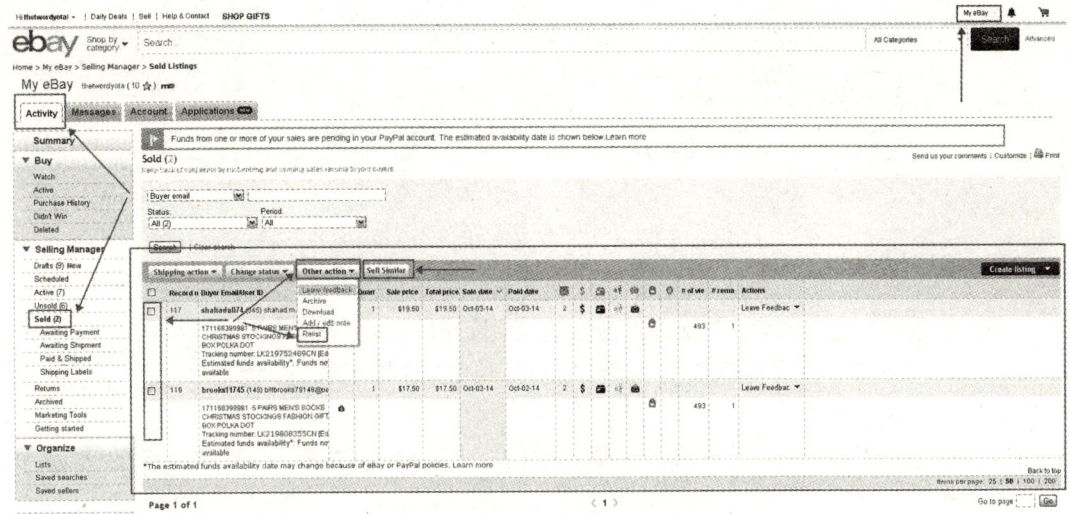

图 7-4　重新刊登已售出物品

3. 在"已结束的物品"页面中，重新刊登多个已结束的物品

（1）勾选想要重新刊登物品旁的方块。如果要选择所有"已结束的物品"，只要勾选列表上方 Title 方块，您就可以一次选取所有物品。

（2）点击"重新刊登"按钮，如图 7-5 所示。

（3）查看刊登物品后，最后点击"送出"按钮。

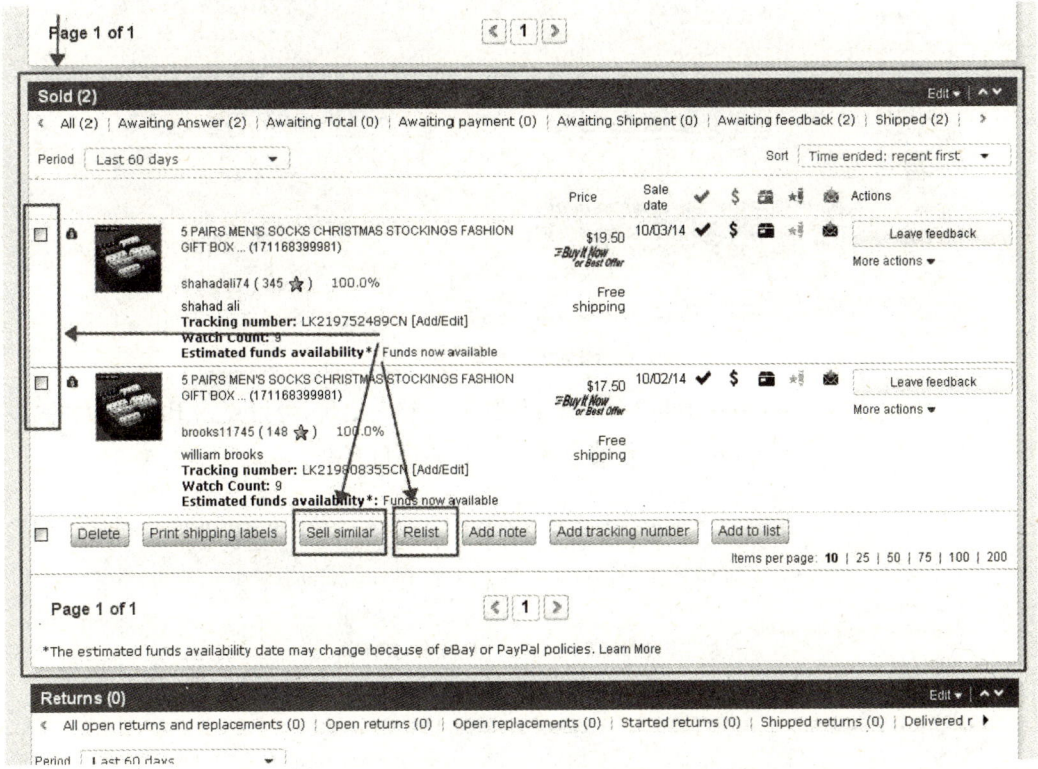

图 7-5　"重新刊登"界面

第三节 订单处理

一、正常订单操作

成功刊登商品之后,接下来就是欢迎顾客上门,开始 eBay 全球交易了。按照以下步骤可以查看订单,处理订单,同时与买家保持良好的沟通。

技能点:订单处理

(1)可以点击"My eBay"中的 Sell 模块中的"All Selling"来查看、管理自己的交易,如图 7-6 所示。

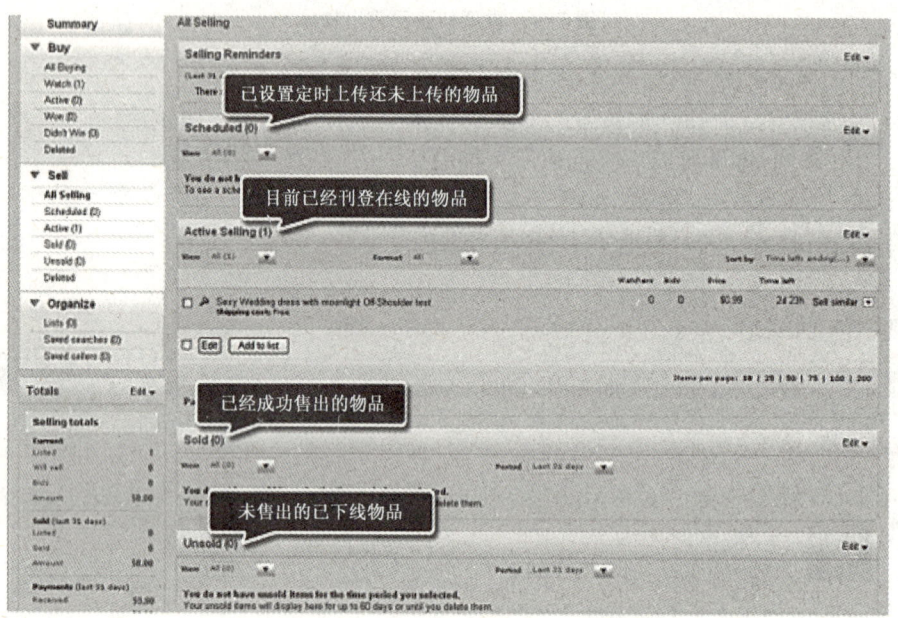

图 7-6　界面一

(2)"拍卖方式/Auction-Style Listing":如果此时有人出价,可以点击 Bids 下面的数字查看竞价详情,如图 7-7 所示,在打开的竞价详情页面进行查看。

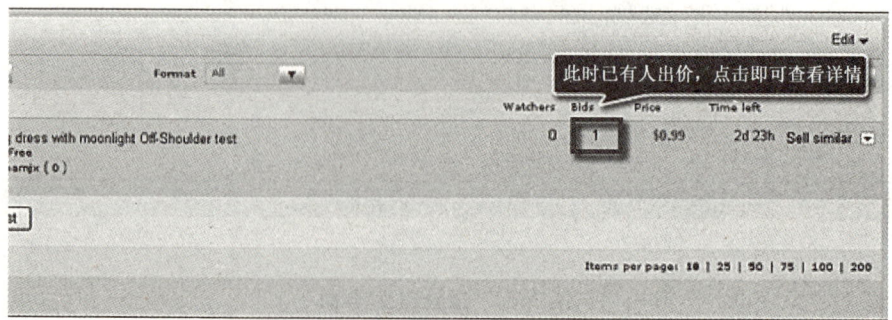

图 7-7　界面二

（3）当物品拍卖结束时，该条物品信息会移至 Sold 中，最高出价者获得该物品。

以"定价方式"刊登的物品如果被买家购买，那么 Sold 中就直接增加了一条销售记录。此时，买家会收到一封提示其成功竞拍/成功购买的邮件，注册邮箱中也会收到一封提醒您发送账单的邮件。返回 My eBay，找到 Sold 中的该成交物品，如图 7-8 所示，点击"Send Invoice"进入账单页面。

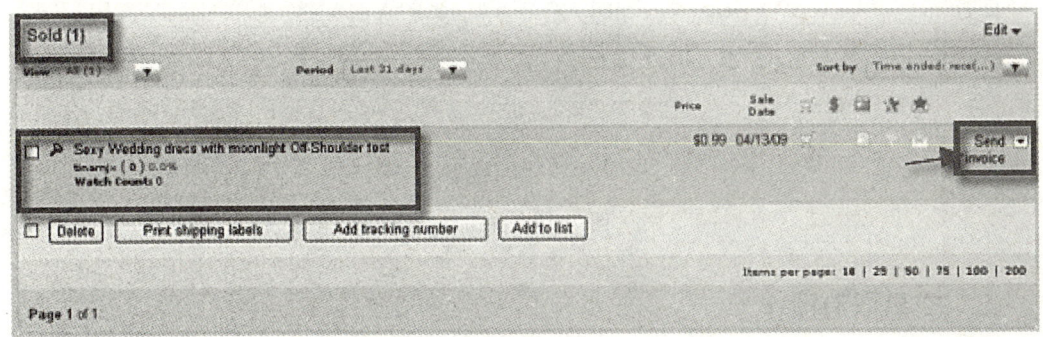

图 7-8　界面三

（4）在账单页面中可以给买家发送您的自定义留言，可以添加感谢买家付款、支付条款、账单说明、货运政策、退换货政策等。同时，可以根据需要（当和买方充分沟通并达成一致的时候）修改运费账单，点击"Send Invoice"即可。具体如图 7-9 所示。

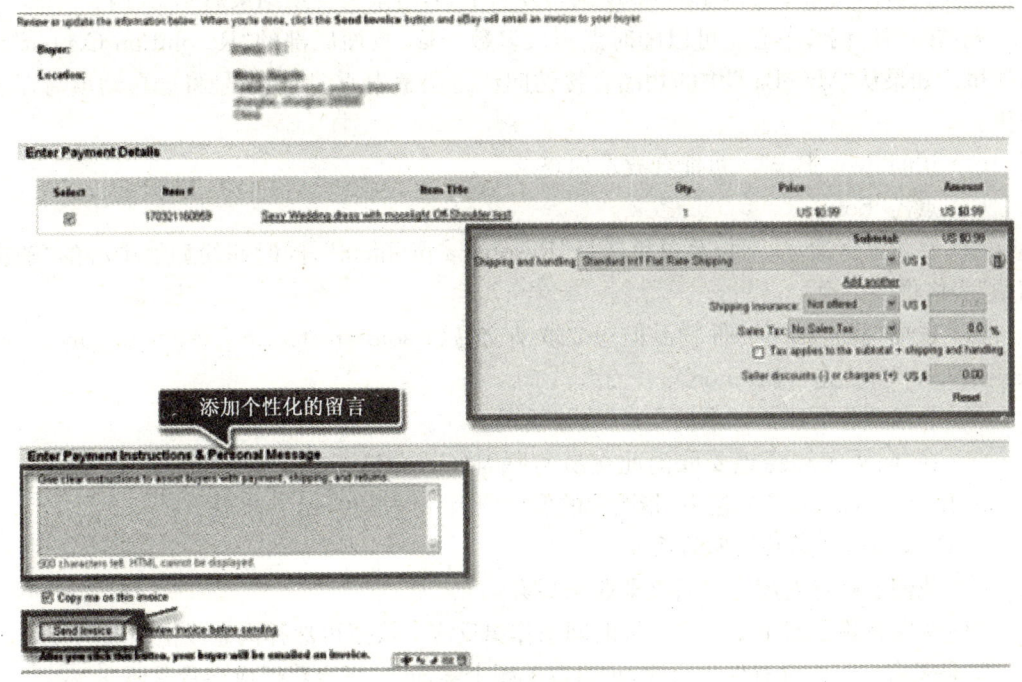

图 7-9　界面四

（5）当买家付款后，会看到货币符号亮起，此时可以去 PayPal 账户确认下该笔款项，如图 7-10 所示。没有问题就可以开始发货了。

（6）最后，点击"Add Note"将包裹跟踪单号、发送日期等货运信息添加进去，以备日后查询。

图 7-10　界面五

二、交易取消操作

如果卖出一件物品因为种种原因无法完成销售,可以在纠纷调解中心(Resolution Center)取消交易,同时还可获得成交费返还。导致交易取消的原因有:物品已经丢失或损坏,刊登物品时有误,或者存在其他不能完成销售的原因。

1. 发起个案

需要在售出物品所在国家的 eBay 网站发起个案,时限为交易结束后 45 天内。

先访问纠纷调解中心。可以随时点击大多数 eBay 页面底部的"Resolution Center"到达那里。如果从"My eBay"中的物品直接访问纠纷调解中心,其物品号将会自动填写在表格里:

(1)访问"My eBay"。可能会要求你登录。

(2)点击"Sold"。

(3)在物品旁边,从下拉菜单里选择"Resolve a problem",同时纠纷调解中心的"解决问题"表格将会出现。

(4)选择"我售出了一件物品但想要取消交易(I sold an item and want to cancel the transaction)"并点击"Continue"。

(5)登录到你的账户,"取消交易"表格出现。

(6)在"向买家解释想要取消此交易的原因(Give the buyer a reason for wanting to cancel this transaction)"一栏下,指明你的取消原因并点击"Continue"。

2. eBay 联系买家后买家的反应

(1)我们会在你发起个案后立即联系买家。

(2)买家在你发起个案后有 7 天时间来作出反应。买家可选择同意或拒绝取消交易。

如果买家 7 天内没有作出反应,你可以关闭个案,同时将会获得成交费返还。

3. 关闭个案

(1)访问纠纷调解中心并登录账户。

(2)选择要关闭的个案。

(3)选择以下选项关闭个案:

一是和买家已经成功完成此交易。

二是想结束和买家之间的交流。

（4）在信息框中输入最后的意见。

（5）点击"Close Case"。

三、买家出价不买操作

按照 eBay 的会员合约以及出价不买处理规则,买家必须对他所承诺购买的物品付款。为了提醒买卖双方尽早完成交易,eBay 会在买家拍下物品时立即发送系统邮件通知买卖双方,并在卖方发送的账单中提醒买家付款。

如果在卖家发送账单数日之后,买家依然没有付款。建议卖家积极联系买家直接沟通获得解决。卖家可以发送邮件或者通过 eBay 讯息匣发送消息提醒买家付款,也可以通过 eBay 提供的"出价不买纠纷处理程序"来与买家进行沟通。

1. 买家不付款的应对措施

（1）联络买家。买家有时会因为急事、生病或是计算机发生故障而未能立即回复。如果买家不回复电邮,可向 eBay 查询他的联络信息,然后电话联络买家。

（2）传送付款提示。在刊登结束后 3～30 日之间,向买家寄出善意的付款提示。

（3）到调解中心提出个案。如果买家仍然没有回复,或认为收款无望,可以在刊登结束后的 4～32 日之内到调解中心提出弃标个案。个案提出后,系统会立即通知买家,要求他回复。如果买家没有在 4 日内回复或付款,或卖家无法与买家达成协议,可结束个案。之后便会收到成交费退款。进一步了解"买家不付款时该怎么办"的说明。

（4）再次出售物品。可透过"卖给其他出价者"功能将物品出售给其他出价者,也可重新刊登物品,便有可能获得刊登费退款。

2. 卖家可以立即发起纠纷的例外情况

（1）卖家和买家双方都希望撤回交易——卖家必须提出相互撤回交易的申请,买方同意后方可。

（2）发起纠纷时买家已不是 eBay 的注册会员——卖家提出申诉后,eBay 核对该买家已不是注册会员,卖家可立即获得该笔交易成交费的退还。

第四节　争　议　处　理

处理买家投诉,包括"未收到物品"或"物品与描述不符"等纠纷的新调解流程已推出并逐步开始在全球各站点生效。新纠纷调解流程将是解决 eBay 交易纠纷的主要依据(如图 7-11 所示)。

技能点:争议处理技巧

一、纠纷调解中心利用

作为 eBay 卖家,要时刻关注纠纷调解中心,对买家发起的投诉要积极回应处理。在解决个案时,尽量通过纠纷调解中心来和买家沟通,这样在 eBay 上会留有双方沟通的正式记

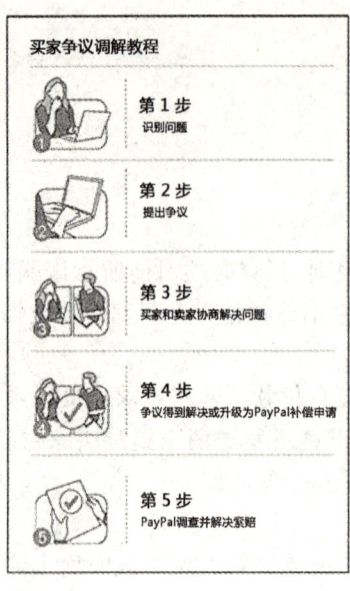

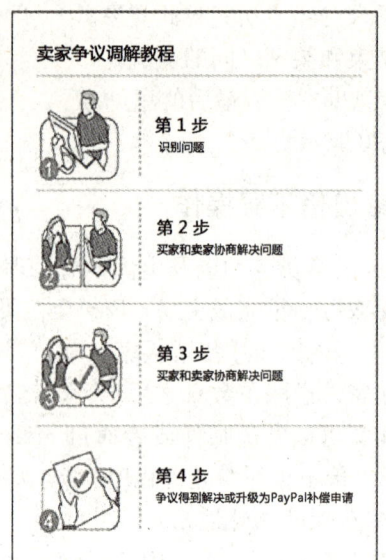

图 7-11　新纠纷调解流程

录,便于 eBay 介入调查。

大部分的问题,都可在买卖双方尽早直接沟通后解决。可以参考交易伙伴沟通贴士,了解如何尽快轻松地解决问题。

通过 eBay 的"讯息/Message"功能,可与任何 eBay 会员联络。

(1)在网站上通过"高级搜索/Advanced Search"来查找会员信息和相关资料,可查看到该会员的信用评价档案。

(2)按信用评价档案页上方的"联络会员"按钮。

(3)页面会显示电邮表格,即让输入要询问交易伙伴的问题。

(4)如要告知对方注册使用的电邮地址,请取消勾选电邮表格中的"隐藏我的电邮地址"核选方块。

二、买家投诉争议处理

议一议:如何处理买家投诉争议

1. 物品与描述不符

物品与描述不符是指买家在收到物品后,发现实物与卖家的物品描述出现严重不符,并通过 eBay 纠纷流程投诉卖家,发起"物品与描述不符"纠纷。

发生物品与描述纠纷,很可能是由于卖家在物品描述时不够真实、准确,特别是对于物品有瑕疵和缺陷,物品是二手物品等信息的描述不够突出,或者是物品不适宜长期跨国运输,导致物品损坏。物品图片过于华丽,尤其是使用商业彩图,也容易让买家产生过高的预期,而最终在收到实物后心理落差较大,对交易产生不满。

2. 物品未收到

物品未收到是指买家付款以后在预设的时间内没有收到物品,进而通过 eBay 纠纷流程向卖家发起"物品未收到"纠纷。因而,在交易中给卖家设置合理的预期收货时间,并通过合适的跨国物流运输方式给买家发货,保证物品能够及时送到买家手里,同时可以通过邮寄挂号包裹,向买家提供物品追踪号供买家自行查看物流状态。

对于卖家来说,一旦收到买家投诉,应先积极与买家沟通协商解决问题,大部分问题都可在买卖双方尽早直接沟通后解决。或者,也可根据 eBay 纠纷调解流程,于 7 天内通过"纠纷调解中心"积极回应买家投诉,并采取相应措施解决纠纷,避免此类纠纷再次发生。

切不可对已产生的纠纷置之不理,这将严重影响卖家表现,当卖家表现低于 eBay 标准时会受到 eBay 惩罚,最终影响自己在 eBay 上的销售与业务的发展。

三、卖家权益保护策略

如果卖家在 eBay 上遇到了麻烦,可以举报恶意买家的不良行为,保护卖家的合法权益,可对照表 7-2 采取相应措施。

表 7-2　　　　　　　　　　　　　　问题及措施

问　题	了解详细信息	处理措施
1. 不当信用评价内容 买家在评价中使用粗俗、亵渎语言或其他信用评价中禁止的内容	了解有关不当信用评价政策,解决信用评价问题,以及如何修改信用评价等更多情况	√举报
2. 操纵信用评价 买家试图恶意诋毁,以损害你的信用度或卖家服务评级(DSR)分数为目的	了解禁止操纵信用评价政策,解决信用评价问题,以及如何修改信用评价等更多情况	√举报
3. 信用评价 买家威胁要求提供不包括在原刊登中的物品或服务,否则留下负面或中评,或在卖家服务评级(DSR)留下低分记录	了解更多关于信用评价的政策信息	√举报
4. 报关欺诈 买家要求你在报关单上提供虚假信息	了解关于怂恿非法活动的更多政策信息	√举报
5. 滥用 eBay 买家保障政策 你通过 eBay 的纠纷处理中心与买家解决问题,但买家滥用了买家保障计划	详细了解 eBay 买家保障政策和买家限制的更多情况	√举报
6. 滥用退货政策 你接受了退货却收到: · 损坏的物品(与退货理由不同的破损) · 不同的物品 · 一个空盒子 或买家因为付了退货手续费而强制开启个案	参考卖家规则,了解更多退货及退货手续费政策	√举报
7. 出价不买 买家拍下物品却没有付款	参看当买家不付款时该如何处理	√如果你无法通过与买家沟通达成一致,你可以前往纠纷处理中心发起投诉

（续表）

问　　题	了解详细信息	处理措施
8. 恶意出价或购买 买家竞拍你的物品,目的在于给你留下中差评	了解有关恶意出价或购买的更多情况	√设置买家要求来阻止未符合标准的买家购买你的商品 √对于"一口价"物品和 eBay 店铺物品,要求买家立即付款 √将某些用户放入你的买家黑名单列表中 √取消买家出价
9. 其他问题 获得其他关于 eBay 交易问题或安全问题的帮助	了解更多关于解决交易问题的情况	√联系 eBay

第五节　账 户 设 置

一、账户介绍

技能点：如何设置账户

　　拥有会员账户之后,便能在 eBay 上进行交易,与其他 eBay 会员沟通,并为贸易伙伴留下信用评价。如果是卖家,可能需要支付与出售活动相关的 eBay 出售费用。

　　1. 新会员账户

　　当注册成为会员时,eBay 会以选取的会员账号,建立一个会员账户,之后就能使用此会员账号及密码登入,并使用 eBay 网站服务。

　　在成为 eBay 会员之后,信用评价档案将会成为账户的一部分。信用评价档案将会包含信用评价等资料。在贸易伙伴留下信用评价之后,会员账号旁边便会出现信用指数。信用评价档案代表了在 eBay 的信誉。

　　在注册之后的 30 日内,账号旁都会有"新会员"。当其他会员查看信用评价档案时,他们就会看到会员账号旁的图示。

　　2. 作为买家的会员账户

　　成为 eBay 会员之后,便可以开始在 eBay 上购物,此外,eBay 注册会员还可享有其他好处。拥有会员账户之后,可以：

　　(1) 在 eBay 上出价并购买物品。

　　(2) 使用"My eBay"来管理账户及购买活动。在"My eBay"中看到的数据均属私人数据,其他 eBay 会员将无法看到这些数据。

　　(3) 建立属于个人的"我的档案"页面。

　　(4) 使用 eBay 的社群资源,包括"讨论区"。

　　(5) 针对账户问题向 eBay 寻求协助。

3. 作为卖家的会员账户

当在 eBay 刊登物品,使用了一些特色功能,或开设了 eBay 商店,eBay 便会收取有关的使用费,也会收到 eBay 寄给你的每月账单。拥有卖家会员账户,还可以:

(1) 使用"My eBay"的"卖家账户"来查看账户状况和账单细节,进行单次付款,或将付款方式设为"自动付款"。设定自动付款方式除了能节省时间,还能避免在收到账单后忘记缴款。

(2) 使用"My eBay"来管理出售活动,并修改在线物品资料,卖家还可设定买家的付款方式。

二、个人资料管理

在 eBay 注册时,必须提供个人基本数据,如地址和电话号码。要顺利使用 eBay,请确保这些数据正确无误。若数据有变更,只需更新数据而无需重新注册。

1. 通过"My eBay"页面更改个人资料:

(1) 注册名称、地址(包括付款及运送地址)和电话号码。

(2) 电邮地址。必须到更新后的电邮地址,才能完成整个注册程序。

(3) 不必重新注册,系统会保留其他账户数据和信用评价档案(包括信用指数)。

(4) 收取 SMS 提示的手机号码。

2. 变更联络资料的步骤

(1) 按 eBay 页面上方的"My eBay"。

(2) 在"My eBay"左边的"我的账户"标题下,按"个人资料"连接,之后,会看到"个人资料"页。

(3) 可以在页面右边按需要更新资料旁的"编辑"或"新增"链接。

(4) 更改数据,然后按"储存"按钮。

三、升级 PayPal 账户

1. 将 PayPal 个人账户升级为高级账户

(1) 登录 PayPal 账户。

(2) 进入账户信息页面后,在姓名下方点击"升级"。

(3) 点击"马上升级"。

(4) 选择"高级账户"。

(5) 点击继续,即可立即升级为高级账户。

2. 如何将个人账户升级为企业账户

(1) 登录 PayPal 账户。

(2) 进入账户信息页面后,在姓名下点击"升级"。

(3) 点击"马上升级"。

(4) 选择"企业账户"。

(5) 点击"继续"。

(6) 填写相关信息,点击"提交"。

3. 将高级账户升级为企业账户

(1) 登录 PayPal 账户。

（2）点击"用户信息"。

（3）在账户信息栏下，点击添加商家信息。

（4）点击"升级"。

（5）输入相关信息后，点击"提交"。

四、账户保护

eBay 注意到有人在使用诈骗邮件的方式骗取 eBay 会员的私人资料。这种被称为假冒邮件的方式，会要求会员在回复邮件中提供账户和个人资料，或诱使一些完全没有防备的会员点击诈骗邮件中的链接，并输入会员账号及密码。

如果曾经遇到过这些情况，要及时采取以下措施来保护账户。

1. 修改个人电子邮箱密码

假如有人能够登陆您的邮箱，他们就有可能获取 eBay 账户。因此，保护邮箱十分重要。并且邮箱的密码必须与 eBay 账户的密码不同。

2. 修改 eBay 账户密码

可前往 eBay 的修改密码页面，进行账户密码的重置。具体步骤如下：

（1）返回 eBay 登入页面，点击"忘记密码/I forgot my password"进入，如图 7-12 所示。

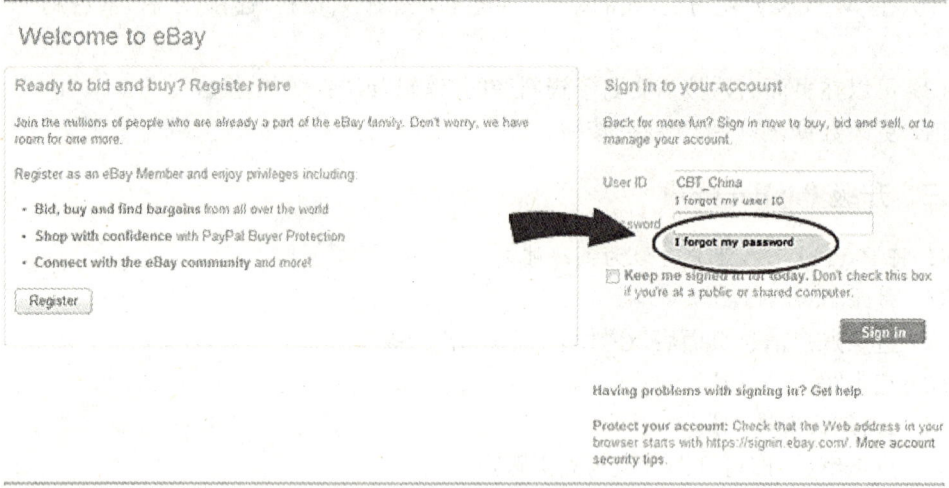

图 7-12 修改 eBay 账户密码

（2）在这个页面输入会员账户之后，需要回答账户相关问题。问题正确回答后，便会收到关于确认密码变更的邮件。

3. 更改 eBay 账户的密码提示

如果未设定密码提示问题，可在完成密码更新后重新设定提示问题。

4. 确认您账户中的个人信息

如果账户已遭到侵扰,账户中的个人信息可能会遭到修改。请立即前往个人信息页面,检查个人信息,出售表格上的数据,以及运送地址等。如果发现数据遭篡改,立即更正。

5. 检查账户中正在进行的出价或刊登物品

可以在"My eBay"中查看正在进行的"出价/Bidding"或刊登中的物品。如果发现任何未经授权的"出价/Bidding"或刊登的物品,通过账户安全实时解答联络 eBay,申请移除这些"出价/Bidding"或刊登中的物品。

五、关闭账户

一旦关闭账户,它将无法重新开启。结束 eBay 账户的方法:

(1) 结束账户前,请先细阅以下详情。

(2) 请确认已缴清所有费用,同时账户的累计金额为零。

(3) 提出结束账户申请,开始结束账户。

结束 eBay 账户常见问题见表 7-3。

表 7-3　　　　　　　　　　　　　结束 eBay 账户常见问题

结束 eBay 账户常见问答	解　答
我的账户会立即结束吗?	不,会有一段缓冲期,方便你完成所有交易。 在缓冲期间,您将无法出价、购买、刊登物品或变更联络资料,但仍可存取自己的账户资料。 缓冲期过后,您会收到确认账户已关闭的电邮通知
以后还能重新开启我的账户吗?	您无法用相同的会员账号或电邮地址重开账户,但可建立新的账户。如果您在缓冲期间改变主意,请与 eBay 联系,取消关闭账户
账户结束后会如何?	您将无法利用已结束账户的会员账号或电邮地址,使用任何必须登录 eBay 的功能,其他会员亦将无法查阅您的信用评价档案
我可以结束已遭冻结的账户吗?	如果账户已遭冻结,您必须先解决所有问题,才能结束自己的账户
账户有未缴的余额该怎么办?	在结束账户前,请先使用单次付款,缴清您账户的累计金额
账户中如有余额该怎么办?	在结束账户前,请先申请退款。结束账户时,账户的累计金额必须为零
我留给其他会员的信用评价会有什么影响?	您留给其他会员的信用评价将不会受到任何影响;如果您是以电邮地址作为会员账号,我们建议您先变更账号,然后再提出结束账户申请
结束账户后,eBay 会如何处理我的个人资料?	eBay 会依据隐私权政策的规定,保留您的个人资料,这是为了符合法律规定、防止欺诈、催收欠款、解决纠纷、排解疑难、协助调查、履行"eBay 会员合约"规定,以及采取其他合法的措施

思考题

1. 搜索结果中,拍卖物品容易显示在前面,还是定价物品更容易显示靠前?

2. 买家竞标成功后,一直不付款,卖家单方面可以取消交易吗?

3. eBay 买家如何取消交易？

知识与技能训练

一、单项选择题

1. 目前,在 eBay 美国站以"一口价/Fixed Price"出售物品,没有对"信用评价/Feedback score"的要求,出售物品的最低价格至少为(   )。

   A. 0.99 欧元　　　　　　B. 0.99 美元　　　　　　C. 0.66 美元　　　　　　D. 0.66 欧元

2. 对于拍卖物品,如果物品结束时间在(   )小时后,同时刊登的物品仍无人出价竞拍,便可新增、编辑或移除"一口价/Buy it now"功能;对于一口价物品,要在物品结束时间(   )小时后,才可编辑"一口价/Fixed Price"价格。

   A. 12;7　　　　　　　　B. 7;7　　　　　　　　C. 12;12　　　　　　　D. 7;12

3. 在 eBay 中,竞标期是(   )。

   A. 工作日 7 天　　　　　B. 7 天　　　　　　　　C. 工作日 5 天　　　　　D. 5 天

4. 可在任何"My eBay"区段中删除物品。在大部分模块当中,可以恢复过去(   )日内删除的物品。

   A. 60　　　　　　　　　B. 30　　　　　　　　　C. 90　　　　　　　　　D. 45

5. 如果卖出一件物品因为种种原因无法完成销售,可以在(   )取消交易,同时还可获得成交费返还。

   A. 纠纷调解中心　　　　B. 卖家平台　　　　　　C. 货物栏目　　　　　　D. 订单详情

6. 需要在售出物品所在国家的 eBay 网站发起个案,时限为交易结束后(   )天内。

   A. 60　　　　　　　　　B. 30　　　　　　　　　C. 90　　　　　　　　　D. 45

7. 为了提醒买卖双方尽早完成交易,eBay 会在买家拍下物品时立即发送(   )通知买卖双方付款。

   A. 个人邮件　　　　　　B. 短信息　　　　　　　C. 系统邮件　　　　　　D. 通知

8. 买家在评价中使用粗俗、亵渎语言或其他信用评价中禁止的内容时,卖家应采取(   )方式解决。

   A. 举报　　　　　　　　B. 警告　　　　　　　　C. 私下解决　　　　　　D. 拉黑

9. 对于争议的处理,不包括(   )。

   A. 纠纷调解中心利用　　　　　　　　　　　　B. 买家投诉争议处理

   C. 卖家权益保护策略　　　　　　　　　　　　D. 卖家后台管理

10. 在"My eBay"中看到的数据均属于(   )。

    A. 私人数据　　　　　　　　　　　　　　　　B. 公共数据

    C. 系统数据　　　　　　　　　　　　　　　　D. 绝对正确数据

二、多项选择题

1. 在物品刊登详情页面,"选择出售物品的方式"部分,分为(   )刊登形式。

   A. 拍卖　　　　　　　　B. 一口价　　　　　　　C. 可议价　　　　　　　D. 根据市场价

2. 定价策略包括(   )。

   A. 熟手定价策略　　　　　　　　　　　　　　B. 市场定价策略

   C. 新手定价策略　　　　　　　　　　　　　　D. 需求定价策略

3. 如果在卖家发送账单数日之后，买家依然没有付款。建议卖家积极联系买家直接沟通获得解决。卖家可以（   ）提醒买家付款。
   A. 通过 eBay 讯息匣发送消息
   B. 通过 eBay 提供的"出价不买纠纷处理程序"
   C. 发送邮件
   D. 直接电话

4. 买家不付款的应对措施有（   ）。
   A. 联络买家   B. 传送付款提示
   C. 到调解中心提出个案   D. 再次出售物品

5. 恶意出价或购买，买家竞拍你的物品，目的在于给你留下中差评，此时可以采取的措施有（   ）。
   A. 设置买家要求来阻止未符合标准的买家购买你的商品
   B. 将某些用户放入你的买家黑名单列表中
   C. 对于"一口价"物品和 eBay 店铺物品，要求买家立即付款
   D. 取消买家出价

三、判断题

1. 物品刊登后，可以修改物品的出售形式。比如，不能将"一口价/Fixed Price"物品变更为具"一口价/Buy it now"功能的拍卖物品；反之亦然。   （   ）

2. eBay 全球各站点对卖家使用"拍卖"方式刊登商品没有特别的要求，任何 eBay 注册认证过的会员都可以在 eBay 上"拍卖"商品。   （   ）

3. 熟手定价策略需要订立一个合适的起拍价，再配合订立一个稍高的"一口价"。（   ）

4. 新手定价策略通过无保留的低价吸引竞标者，给出 7 天时间血拼价格，或者采用 3.5 天加速竞价。

5. 如果卖出一件物品因为种种原因无法完成销售，取消交易后同时还可获得成交费返还。
                                                                    （   ）

6. 按照 eBay 的会员合约以及出价不买处理规则，买家必须对他所承诺购买的物品付款。
                                                                    （   ）

7. 通过纠纷调解中心来和买家沟通，在 eBay 上会留有双方沟通的正式记录，便于 eBay 介入调查。   （   ）

8. 买家投诉时，卖家可以对已产生的纠纷置之不理，只要卖家表现不低于 eBay 标准就行。
                                                                    （   ）

9. 当在 eBay 刊登物品，使用了一些特色功能，或开设了 eBay 商店，eBay 便会收取有关的使用费，但你的每月账单需要自己总结。   （   ）

10. 在 eBay 注册时，必须提供个人基本数据，如地址和电话号码。要顺利使用 eBay，请确保这些数据正确无误。若数据有变更，只需更新数据而无需重新注册。（   ）

四、案例分析

1. 卤蛋爸爸原先在国内经营天珠及珠宝配件的网络拍卖，由于生意很好，加上天珠的浓厚东方味，深受国际市场的欢迎，卤蛋爸爸便开始寻找原石进货的来源，直接到尼泊尔、斯里兰卡、西藏和云南等地寻找原石，进货后再由专人设计，塑造成独特的时尚风格。试分析

卤蛋爸爸在 ebay 上成功的原因。

2. 因为负责人曾经从事警察工作,所以双堂企业自行生产的商品以无线电周边配件为主,包括电池跟耳机等,通过 eBay 平台卖到国外去,买家包括无线电的专业玩家、国外的警察和消防人员,甚至包括用个人名义下单的纽约防爆小组成员!由于产品的特殊性,双堂企业 95% 的订单都是来自国外,除了美国和加拿大等国家外,还包括以色列、伊拉克、丹麦等国家,是不折不扣的跨国达人。跨国卖家的优点在于几乎不杀价,刊登上去的商品按原价卖出的比例高达八成,与国内市场习惯杀价、流血竞争的习惯大不相同。由于跨国生意持续成长,双堂企业已经在加拿大设立发货仓库,画出更大的跨国生意版图!从中你学到了什么呢?

第八章

跨境通操作技巧

知识目标

1. 了解跨境通操作流程
2. 掌握跨境通操作技巧

技能目标

1. 能够掌握跨境通的操作步骤
2. 能够开展跨境通操作技巧

关键概念

一口价　拍卖

职业核心能力

自我学习　信息处理　上机操作　解决问题

知识导图

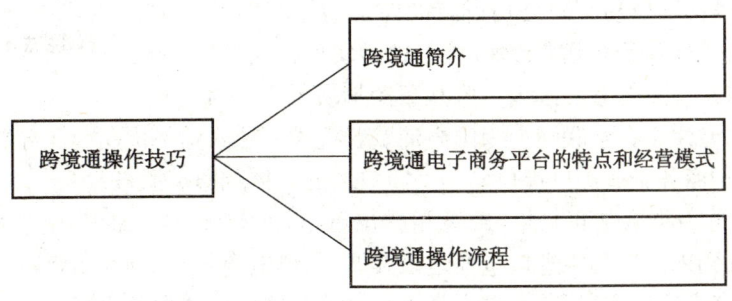

第一节　跨境通简介

【引例】

2015 年 7 月 20 日,上海市政府发布了涵盖 12 项主要任务的《关于促进本市跨境电子商务发展的若干意见》,提出上海市将在跨境电商方面向规模化、标准化、集群化、规范化方向发展,从公共服务、物流、海关等方面提供了一系列优惠政策,并提出在 2020 年实现跨境电商规模位居全国前列的目标。

根据该意见的表述,上海市将依托本市电子口岸,把跨境电商公共服务平台建设成为"单一窗口"平台,为进出口电商和支付、物流、仓储等企业提供数据交换服务,为海关、检验检疫、税务、外管等部门提供信息共享平台,实现"一次申报,一次查验,一次放行",提高口岸监管便利化程度。简化企业申报办理流程,建立公平、开放、透明、高效的对接服务机制。

【引例分析】

过去的 2015 年被称为"跨境电商元年",各自贸区的跨境电商迎来了快速的发展。"剁手族们"不仅有"双十一"和"双十二",还能够通过跨境电商享受全球的好东西。数据显示,2015 年上半年,中国跨境电商交易规模达 2 万亿元,同比增长 42.8%;上海自贸区 2015 年 1 至 7 月跨境电商保税进口总货值同比增长 109 倍。

随着政策预期的逐渐放开,跨境电商逐渐从等政策到修炼内功。在君联资本投资副总裁纪海泉看来,在中澳自贸协定、中韩自贸协定等签订之后,中国的进口关税逐步下降是必然趋势,保税进口这种模式的税收优惠空间进一步收窄,最终将和传统的大宗贸易无异。而海外直邮却是跨境电商可以大展拳脚的领域,然而在海外直邮方面,中国跨境电商的海外供应链建设还刚刚起步。

不管是天猫国际、京东全球购还是上海的跨境通等平台,在海外供应链上,大家还是站在同一起跑线上。海外供应链需要跨境电商具备强大的全球采买能力,才能将全球好货带给中国消费者。

上海跨境通国际贸易有限公司(简称"跨境通公司")于 2013 年 9 月 10 日成立。作为中国(上海)自由贸易实验区首批 25 家入驻企业之一,跨境通是自贸区内一家从事跨境贸易电子商务配

> **技能点:跨境通应用**

套服务的企业,专注于在互联网上为国内消费者提供一站式国外优质商品导购和交易服务,同时为跨境电子商务企业进口提供基于上海口岸的一体化通关服务。

2014 年被称为跨境电商元年,政策相继出台,行业升级不断加码,呈现爆发式发展态势,增长新高峰到来。近几年进口电商迅猛发展,出口电商相对低调,出口占比也有所下降,但出口电商拥有广阔的市场空间,在未来仍会扮演跨境电商的主角。

打造"跨境电商综合生态圈"。跨境通全面深度转型,经营重点全面转向跨境电商领域。

出口电商环球易购的规模已达行业前三,产品包括服装、电子配件、汽车配件、日用品等多个品类,未来将进一步丰富;公司业务已遍布六大洲,现主要集中在欧美。在深耕区域,开始建海外仓。公司重金搭建跨境进口电商体系"五洲会海购",以"进口+出口"的跨境电商多维布局,实现进出口业务能力和渠道资源的优势互补;同时与参股公司跨境易、易极云商的一站式供应链综合服务业务形成协同效应,共同增强跨境进口领域的竞争能力,完成向跨境进口业务市场的快速切入。

跨境通秉承正品保证、税费透明、售后保障、价格适中、物流便捷、支付方便的经营宗旨为消费者营造良好的购物体验。跨境通的合作商户和所卖商品都经过了海关、检验检疫部门的备案,避免了消费者买到假货的风险,所有出售的商品都有相应的售后服务保障机制。跨境通网站上的每件商品都以中文进行说明,克服了海淘中遇到的语言障碍,并清楚地标明商品本身的价格、进口关税和物流费用,使消费者对支付的价格结构有清晰的了解,而且消费者只需支付人民币,省却了海淘中兑换外汇的麻烦,完成订单后跨境通网站还会提供缴纳进口关税的缴税凭证;线下,跨境通于浦东机场自贸区内搭建了跨境贸易电子商务的专业仓储设施,为合作商户各类商品的进境流程提供仓储服务和报关报检服务,并与国际、国内知名物流企业开展合作,确保快递配送服务质量。

第二节　跨境通电子商务平台的特点和经营模式

一、特点

跨境通电子商务平台看起来就像是一个电商网站,分门别类展示着各种商品。平台上,合作商户都经过海关备案,避免了买

议一议:跨境通电子商务平台的特点

到假货的风险,而且对出售的商品都有服务保障。而平台上每件产品,都会标明商品本身的价格、进口关税和物流费用,使消费者对自己的支付价格组成一目了然,避免商家在价格上"打闷包",消费者还能获取相应缴税凭证,购物渠道更规范透明,商品来源更安全可靠。确定购买、生成订单后,由于消费者是经过实名认证的,确认商品符合海关规定的个人物品合理自用数量及金额限定后,就可以网上付款。

随着自贸试验区的发展,这一跨境电商平台将吸引更多的境外知名品牌电商入驻,并有望形成仓库到个人的直销模式,降低消费者的购买成本,虽然不能保证这里的商品比所有网站上的不规范代购更便宜,但商品绝对正品,有海关备案,而且采样比较来看,同样的国际品牌商品,价格也要比国内实体店低约三成。这种价格优势得益于自贸试验区的便利,未来各大境外品牌商户可以在试验区内设立保税仓库、保税展示基地等,便于品牌商进行货物物流调配的高效管理。这里成为跨境通的物流中心、运营中心。只要国内的消费者下单购买,事先备货在试验区内的商品可以很快运送到消费者手中。

通过与平台的对接,通关系统将采用全程电子化,海关形成对"信息流""资金流""物流"三维信息的合一比对,实时监控,实现商品的有效查验,即进口业务在交易过程中所有申报数据可控、可视、可追溯。

二、经营模式

跨境通平台有自贸模式和直邮模式两种模式。

1. 自贸模式

（1）海外商预先将商品运至跨境通自贸区保税仓库，通过跨境通平台销售。

（2）消费者通过跨境通平台在线订购。

（3）跨境通根据订单以个人物品进行入境申报。

（4）清关后由第三方物流快递给消费者。

2. 直邮模式

由海外商家直接发货，通关入境后直接快递给跨境通上购买商品的消费者。

第三节　跨境通操作流程

一、注册/登陆

技能点：跨境通操作流程

1. 新用户注册

点击首页顶部"免费注册"进入注册页面后输入用户名、密码、邮箱及验证码，按照提示完成注册，如图 8-1 所示。

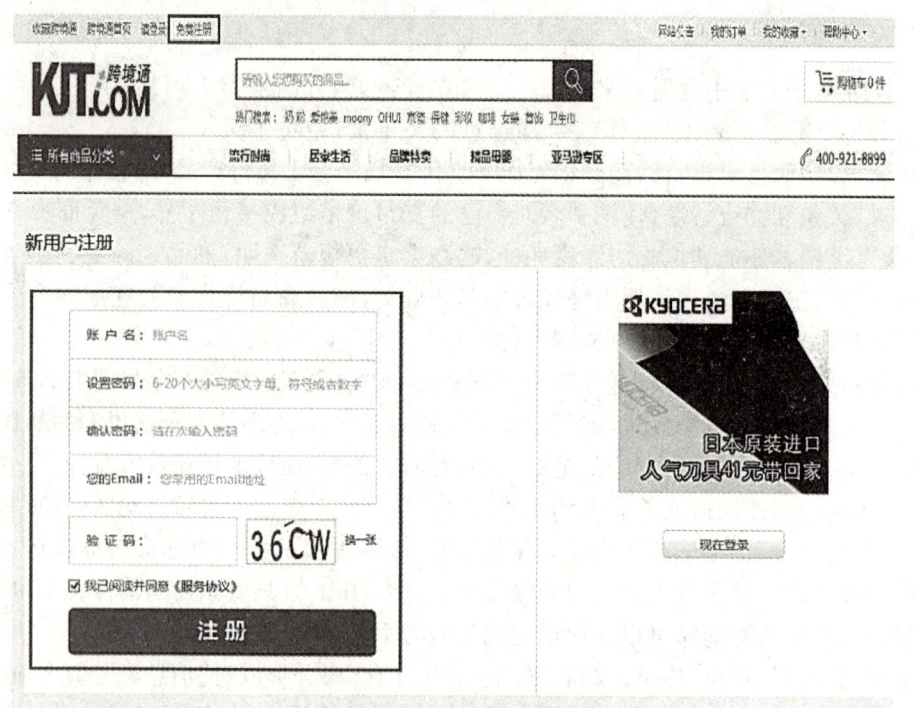

图 8-1　新用户注册

2. 老用户登录

点击页面顶端"请登录",输入用户名和密码,点击"登录",如图 8-2 所示。

图 8-2　新用户注册和登录

二、查找商品

1. 分类浏览

通过跨境通的分类导航栏来找到您想要的商品分类,根据分类找到商品,如图 8-3 所示。

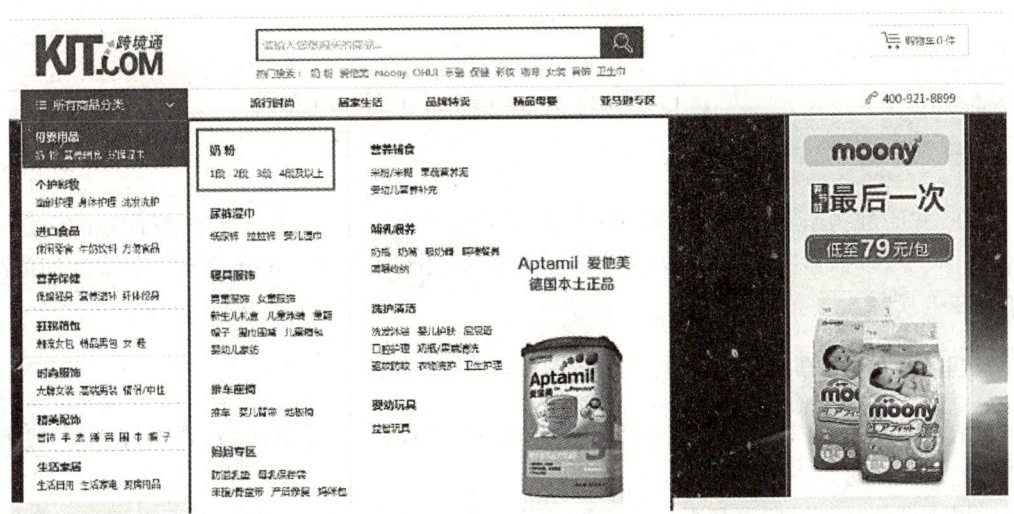

图 8-3　分类浏览

2. 搜索商品

通过首页"搜索栏"输入关键字的方法来搜索要购买的商品,如通过关键词搜索未找到商品,可以减少关键词再次搜索,如图 8-4 所示。

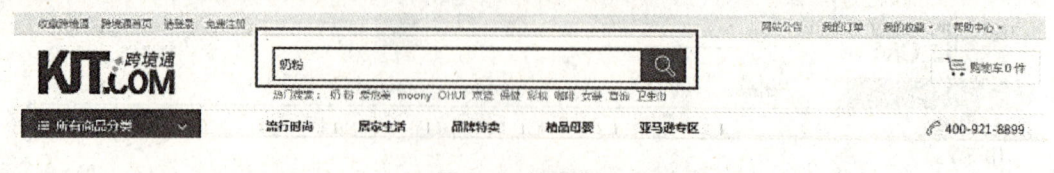

图 8-4　搜索商品

3. 放入购物车

挑选商品后,在商品详情页面点击"加入购物车"按钮,将商品放入购物车,如图 8-5 所示。

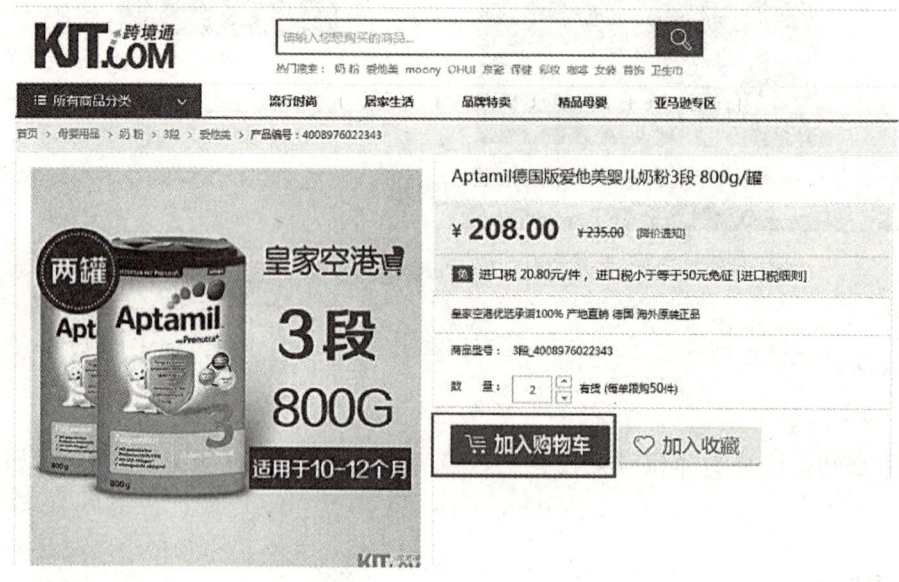

图 8-5　放入购物车

三、结算

在"我的购物车"中,购买数量为系统默认的最小购买数,如果想购买多件商品,可修改"数量",也可以操作"清空购物车",重新选择商品,还可以操作"继续购物",继续添加商品,如图 8-6 所示。

四、提交订单

填写正确的收货人姓名、收货人联系方式、详细的收货地址和邮编;否则,将会影响您订单的处理或配送。

提交订单时需要填写个人身份证号,用于订购货品入境申报,跨境通承诺用户的身份证信息将仅用于入境申报,并对此严格保密,绝不泄露。

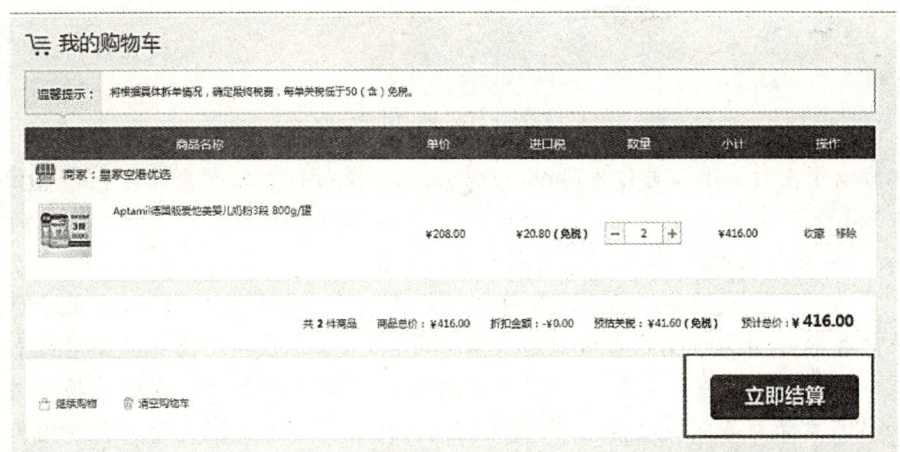

图 8-6　结算

若订单包含多件商品,因海关个人物品保管规定,在提交订单时可能会自动将一张订单拆分成多张订单。

根据海关总署公告 2010 年第 43 号:

(1) 寄自或寄往其他国家和地区(非我国港、澳、台)的物品,每次限值为 1 000 元人民币。

(2) 若包裹中含多件(大于 1 件)商品,则总额不可超过 1 000 元人民币。

(3) 若为单件不可分割商品,经海关审核属个人合理自用的,则不受此金额限制,自贸专区和直海外邮的商品不能出现在同一张订单上。

> **请注意：**
>
> 　　根据海关总署公告 2010 年第 43 号:"个人寄自或寄往港、澳、台地区的物品,每次限值为 800 元人民币;寄自或寄往其他国家和地区的物品,每次限值为 1 000 元人民币。"单个包裹若含多件商品,非港、澳、台地区包裹金额不超过 1 000 元人民币,港、澳、台地区包裹金额不超过 800 元人民币;若为单件不可分割商品,经海关审核属个人合理自用的,可不受该金额限制,但是外汇管理局对于跨境电子商务外汇支付有单笔订单金额不超过 1 万美元的限制。

五、支付货款

跨境通当前提供银联在线、东方支付、财付通、微信支付、网银支付等支付方式,后续还会提供更多的支付方式方便用户。

在消费者和第三方海外卖家进行的商品交易中,由跨境通提供在线交易保障服务,保障已支付的货款安全。

支付成功后,在您验收货物并完成"确认收货"操作后,跨境通才会与卖家结算。售后退换货服务由国内的公司实体(受海外商家委托,且已备案)来提供,保障了消费者的售后权益。

知识窗：

东 方 支 付

　　东方电子支付有限公司作为国内企业公共电子支付行业的领先品牌，在 B2B(企业对企业)和 B2G(企业对政府)的电子支付业务领域拥有强大的技术力量和丰富的行业经验，并首批获得人民银行颁发的《支付业务许可证》。

　　2007 年 12 月，在国务院和各地政府部门政务电子化进程的推动下，由上海市政府与海关总署牵头，上海市信息投资股份有限公司、北京东方口岸科技有限公司及上海亿马物流系统有限公司共同出资，成立了东方电子支付，面向全国的口岸通关物流供应链金融和 B2B 电子商务领域，为企业提供"安全、快捷、便利"的在线支付解决方案和相关金融增值服务。我们所运营的东方电子支付系统从全国意义上实现了关税电子支付模式的统一，旨在成为各贸易口岸关税支付的重要工具。

六、查看订单状态

　　查看"我的订单"，点击订单，查看订单状态，如图 8-7 所示。

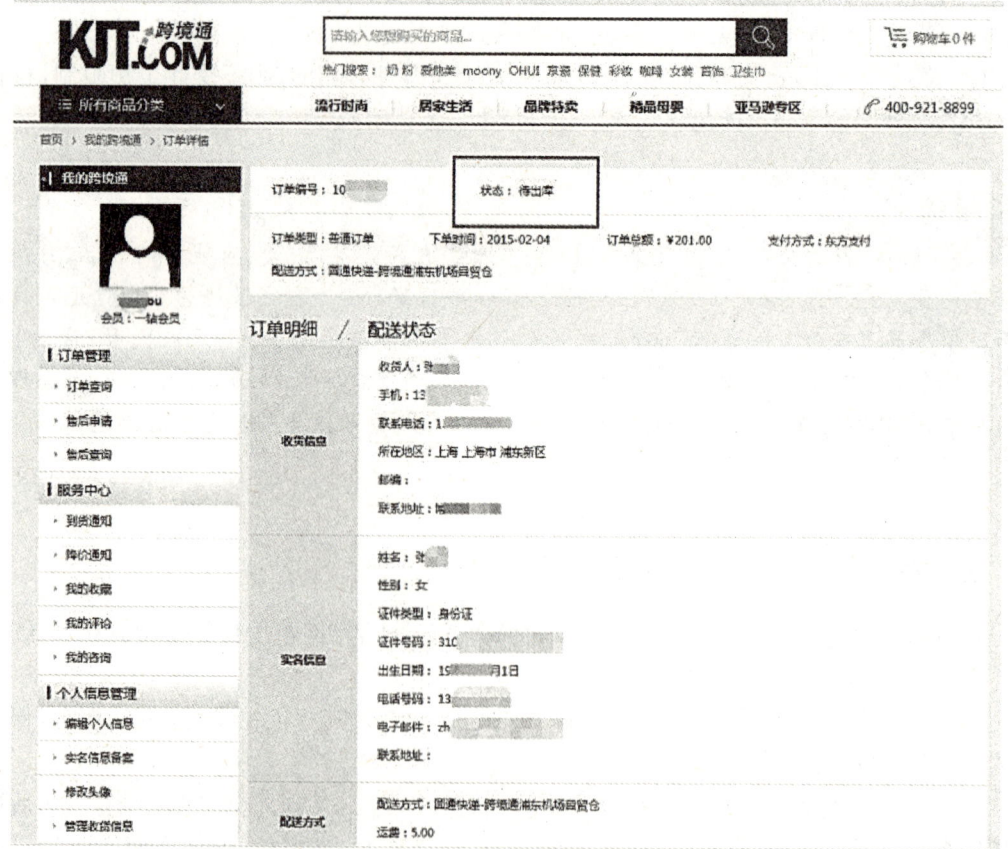

图 8-7　查看订单状态

七、完成收货

1. 自贸模式

一般 2~7 个工作日内从跨境通仓库发出快递给消费者,海外商家先备货到跨境通上海自贸区的仓库,消费者订购后,由跨境通进行清关出库发货。

2. 海外直邮模式

一般两周内可以完成清关从自贸区发货(特殊情况除外,消费者订购,由海外商家通过国际物流公司发货)。

八、自贸订单签收的注意事项

为保障消费者的权益,避免带来不必要的损失,在签收前,检验包裹的外包装是否完好,如包裹外包装已破损、变形、受潮,以及有拆开的痕迹等异常,可直接拒收,并与送货人员一起在包裹单上注明拒收原因。包裹拒收同时,请当场致电发货方,以便能迅速得以处理、解决,如表 8-1 所示。

表 8-1　商品错漏发及破损举证标准(仅限自贸订单)

举证图片标准	是否需提供相应举证			具体说明
	商品错发	商品漏发	商品破损	
包裹全貌	是	是	是	用于核实包裹的外包装箱是否完好,是否为运输途中造成商品破损、遗失等情况,便于快递核实具体原因
包裹封条局部	是	是	是	用于核实包裹的外包装箱的封箱胶带是否为跨境通所专用胶带,胶带是否有被拆开重新粘贴过的痕迹
物流面单	是	是	是	用于核实包裹的配送信息是否正确,判断是否存在快递公司送错包裹等现象
商品图片	是	是	是	需直观查看到商品的实际情况,如实收商品颜色、型号、规格等;如遇漏发情况,则需将订单中所收到的商品置于包装箱内进行拍照举证
商品条形码	是	否	是	用于核实客户实收商品是否为跨境通自贸仓所发出

九、跨境通商家的入驻

商家主体为境外注册的公司实体,且必须提供一家境内的公司承担售后服务并受到政府监管。

(1)商家可提供由境外生产商、经销商等提供的品牌授权等材料,证明产品采购来源。

(2)需提供一家境内实体公司作为受委托方,运营店铺并提供售后服务(自贸模式要求受委托公司为上海自贸区内注册)。

目前,中国政府允许的跨境电商进口商品品类包括日常消费类商品,主要类别为:服装服饰、婴幼儿用品、食品、保健品、数码产品和箱包用品等(烟酒、药品不在许可范围内)。

跨境通有权根据包括但不仅限于品牌需求、公司经营状况、服务水平等其他因素退回客户申请;同时跨境通有权在申请入驻及后续经营阶段要求客户提供其他资质;跨境通将根据国家相关规定,结合各行业发展动态及消费者购买需求,不定期更新招商标准。

另外,跨境通对于海外知名实体卖场或者 B2C 网站和未进入中国市场的海外知名品牌实行优先入驻。

十、行邮税的缴纳

行邮税是行李和邮递物品进口税的简称,是海关对入境旅客行李物品和个人邮递物品征收的进口税。由于其中包含了进口环节的增值税和消费税,故也为对个人非贸易性入境物品征收的进口关税和进口工商税收的总称。课税对象包括入境旅客、运输工具、服务人员携带的应税行李物品、个人邮递物品、馈赠物品,以及以其他方式入境的个人物品等。

目前在跨境通的交易仅限个人消费者自用,全部以行邮税的方式缴纳税收,在消费者支付订单的同时缴纳。

知识与技能训练

一、单项选择题

1. 上海跨境通国际贸易有限公司(简称"跨境通公司")于( )成立。
   A. 2013 年 9 月 10 日 　　　　　　B. 2015 年 7 月 20 日
   C. 2016 年 1 月 6 日 　　　　　　D. 1995 年 9 月 4 日
2. 一般情况下,跨境通海外直邮模式( )完成清关。
   A. 一周　　　B. 两周　　　C. 14 天　　　D. 30 天
3. 海关对入境旅客行李物品和个人邮递物品征收的进口税又称( )。
   A. 增值税　　　B. 消费税　　　C. 关税　　　D. 行邮税
4. 跨境通公司重金搭建跨境进口电商体系"五洲会海购",以( )的跨境电商多维布局,实现进出口业务能力和渠道资源的优势互补。
   A. "进口"　　　B. "进口＋出口"　　　C. "出口"　　　D. "内销"
5. ( )年为跨境电商元年。
   A. 2011　　　B. 2012　　　C. 2013　　　D. 2014
6. 跨境通网站上的每件商品都以( )进行说明,克服了海淘中遇到的语言障碍,并清楚地标明商品本身的价格、进口关税和物流费用,使消费者对支付的价格结构有清晰的了解。
   A. 中文　　　B. 英文　　　C. 德文　　　D. 法文
7. 如通过关键词搜索未找到商品,可以( )关键词再次搜索。
   A. 增加　　　B. 更换　　　C. 减少　　　D. 清除
8. 商家主体为境外注册的公司实体,且必须提供一家境内的公司承担售后服务并受到( )监管。
   A. 政府　　　B. 检验检疫局　　　C. 海关　　　D. 贸促会

9. 售后退换货服务由（　　）来提供，保障了消费者的售后权益。
   A. 跨境通平台　　　　B. 国内的公司实体　　C. 国外自贸区　　　　D. 卖家本身
10. 提交订单时必须要填写（　　）。
   A. 个人身份证号　　　B. 家庭住址　　　　　C. 性别　　　　　　　D. 政治面貌

二、多项选择题

1. 平台上每件产品，为了使消费者对自己的支付价格组成一目了然，避免商家在价格上"打闷包"，应标明（　　）。
   A. 商品本身的价格　　B. 进口关税　　　　　C. 物流费用　　　　　D. 保险费
2. 海关形成对（　　）三维信息的合一比对、实时监控。
   A. "信息流"　　　　　B. "资金流"　　　　　C. "物流"　　　　　　D. "技术流"
3. 提交订单时，应填写正确的（　　）；否则，将会影响订单的处理或配送。
   A. 收货人姓名　　　　B. 收货人联系方式　　C. 详细的收货地址　　D. 邮编
4. 跨境通平台的模式有（　　）。
   A. 自贸模式　　　　　B. 直邮模式　　　　　C. 代购模式　　　　　D. 包邮模式
5. 当包裹外包装出现（　　）异常时，可直接拒收。
   A. 已破损　　　　　　　　　　　　　　　　　B. 变形
   C. 受潮　　　　　　　　　　　　　　　　　　D. 有拆开的痕迹

三、判断题

1. 近几年进口电商迅猛发展，出口电商相对低调，出口占比也有所下降，但出口电商拥有广阔的市场空间，在未来仍会扮演跨境电商的主角。　　　　　　　　　　（　　）
2. 跨境通贸易中，消费者需用美元支付。　　　　　　　　　　　　　　　　（　　）
3. 跨境通平台有自贸模式和直邮模式两种模式。　　　　　　　　　　　　　（　　）
4. 跨境通有权根据包括但仅限于品牌需求、公司经营状况、服务水平等其他因素退回客户申请。　　　　　　　　　　　　　　　　　　　　　　　　　　　　　　（　　）
5. 行邮税是行李和邮递物品进口税的简称，是海关对入境旅客行李物品和个人邮递物品征收的进口税。　　　　　　　　　　　　　　　　　　　　　　　　　　　（　　）
6. 课税对象包括入境旅客、运输工具、服务人员携带的应税行李物品、个人邮递物品、馈赠物品，以及以其他方式入境的个人物品等。　　　　　　　　　　　　　（　　）
7. 商家主体为境外注册的公司实体，但不需要提供一家境内的公司承担售后服务并受到政府监管。　　　　　　　　　　　　　　　　　　　　　　　　　　　　　（　　）
8. 在消费者和第三方海外卖家进行的商品交易中，由跨境通提供在线交易保障服务，保障已支付的货款安全。　　　　　　　　　　　　　　　　　　　　　　　　　（　　）
9. 对于各种商品，税率是不变的。　　　　　　　　　　　　　　　　　　　（　　）
10. 同一原材料的制品，税率相同。　　　　　　　　　　　　　　　　　　　（　　）

四、案例分析

　　2016 年 1 月 23 日，是上海自贸区官方合作伙伴——跨境通全新改版后上线一周年的生日。这一年来，作为上海跨境电商行业的龙头企业，起到模范作用，受到了来自不同行业的赞誉。目前合作商家已达到 500 多户，品类多达上万种，尤其是母婴产品，在妈妈圈形成了良好口碑。

　　2015 年对跨境电商行业来说,是关键转型之年。由于国家政策的支持,由于消费者的海淘需求巨大,中国跨境电商呈现井喷式增长趋势,跨境通正是在这样的背景下诞生的。跨境通一上线即面临着激烈的市场竞争,强大的竞争对手,如天猫、京东等,不容小觑的竞争对手,如洋码头、网易考拉等,都在争夺跨境市场的蛋糕。跨境通的商品不求全,只求精。跨境通先从对进口奶粉和纸尿布的年轻妈妈们着手,用优质和低价赢得妈妈们的心,也为网站带来了巨大流量。跨境通针对消费者的需求相继上线了安卓和 APP 客户端,这样更方便了移动端的消费者们。跨境通在 2015 年开展了各种电商大促,极大地提高了知名度,仅双十一首次参与电商盛典,就历史性地突破 8 万笔订单。目前跨境通已分别在上海浦东机场综合保税区、外高桥保税区、洋山保税区、松江出口加工区、嘉定出口加工区等地给数百家企业和数百万消费者提供了跨境购物的服务。跨境通正是从母婴产品开始一步步地扩大产品种类,慢慢地由小到大,夯实基础。

　　值得一提的是,2015 年 9 月,跨境通首次尝试参加了上海旅游节系列活动,在为期 1 个月的线下展示活动中与消费者进行互动,让消费者有机会面对面了解什么是跨境通,什么是自贸区,对宣传上海本土跨境电商起到了很好的示范。此外,跨境通与伊禾国贸、天天果园联手生鲜和水果产品的跨境电商业务,在上海购物节期间还联合举行了电子跨境商务生鲜推介会,扩展了跨境电商平台的经营范围,为江浙沪地区消费者购买进口生鲜提供了新渠道。

1. 讨论跨境电子商务与跨境通平台如何实现有机统一? 展望跨境通的发展前景。
2. 登录跨境通网站,选择自己喜欢的商品,完成一次购物操作。

第九章

跨境电子商务的营销推广

知识目标

1. 了解搜索引擎优化的方式方法
2. 了解卖家促销的主要方法
3. 掌握平台促销的方法

技能目标

1. 能进行搜索引擎优化
2. 能进行卖家自主促销与平台促销

关键概念

搜索引擎优化　站内推广　自主促销　平台促销

职业核心能力

搜索引擎优化能力　卖家自主促销能力　平台促销能力

知识导图

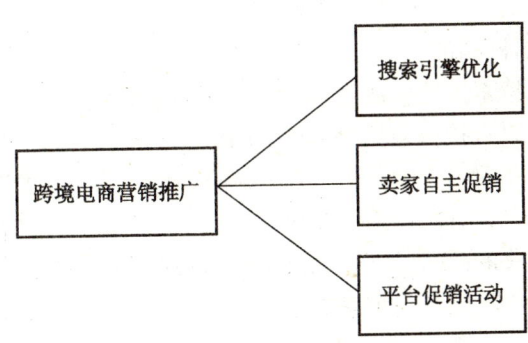

第一节　搜索引擎优化

【引例】

红星美凯龙是中国家居业第一品牌。2012 年 8 月,红星美凯龙旗下红美商城宣布开始公测,逐步投入运营。商城的业务主要分为三大体系:包括以家居建材产品为主的在线 B2C 平台业务,以家纺家饰及小件家居用品为主的线上闪购业务和家居用品的团购业务,分别对应页面顶端的"商城""抢购""团购"三个入口。

不过,据报道,在上线运营的半年内,红美商城交易额仅为 4 万元左右,但先期投入已达 2 亿元。2013 年 1 月,红美商城被传发生人事震荡,原电商负责人于 2012 年年底离职。随后,2013 年 3 月份红美商城全新改版,正式更名为星易家,由红星美凯龙体系的领导全权负责,同时把线上销量纳入线下商城的考核体系,让线下商城共同参与电商业务。而红星美凯龙之前在红美商城花费的一系列推广费用几乎全都打了水漂。

思考问题:

红星美凯龙失败的主要原因是什么?

分析提示:

红星美凯龙线上业务的失败,主要原因是线上、线下没有实现很好的联动和融合,线下品牌的优势以及供应商资源无法在线上得到很好的利用,从而对消费者的吸引力不够,这也许是红星美凯龙短时间发生如此重大调整的直接原因。究其根本原因,还是公司对电子商务业务认识不足,战略规划不清晰所致。

一、站内推广

(一) 站内搜索引擎

站内搜索是指对网站内部信息的精确检索和资源挖掘,它为用户提供全面、准确、快速的站内信息检索服务,是网站的核心竞争力之一。通俗地说,站内搜索引擎就是一个提供给网站用户的软件,方便他们搜索网站中的信息从而得到想要的内容。

(二) 站内搜索引擎在电子商务网站中的重要地位

1. 站内搜索效果的好坏直接决定着网站商品的销量

对于电子商务网站,网站的每一条信息都具有商业价值,而有限的页面是不可能反映所有信息的价值的。站内搜索因此而成为电子商务网站发展的关键,是网站的核心服务之一。站内搜索效果的好坏可以直接决定网站商品的销量。2008 年 6 月 24 日,中国互联网络信息中心(CNNIC)发布了《2008 年中国网络购物调查研究报告》。报告中的调查数据显示,站内搜索对用户最重要,影响也最大,有 43.8% 的用户习惯通过站内搜索浏览商品。如果消费者无法搜索到他们想要的商品,那么他们就会转移到其他网站。因此,拥有高质量的站内搜索引擎对于在线销售收入是至关重要的。

2. 站内搜索引擎是研究网站用户行为的一个有效工具

站内搜索引擎同时也是研究网站用户行为的一个有效工具。通过对网站用户搜索行为的分析，了解他们浏览商品的习惯对于网站有针对性地改进网页布局，进一步制定更为有效的网络营销策略以及改善网站服务质量都具有重要价值。

（三）站内搜索优化策略

1. 优化搜索框

1）搜索框位置

搜索框应该放在访客所期望的位置：右上角或上面中间位置。避免以"搜索"文字链向导航菜单的形式作为搜索功能，因为大多数访客喜欢用搜索框的形式进行搜索。还应避免将邮件注册、邮件订阅等输入框，放在搜索框应该出现的位置，那样会误导访客。如果非得将邮件输入框与搜索框放在临近的位置，可以在框内显示"请输入邮件地址"或"请输入搜索关键字"提示。

2）搜索框大小

搜索框必须足够长去容纳搜索词，至少可见 30 个字符，以便访客在点击"搜索"按钮前，能够查看到搜索词的大部分内容，确认是想要的搜索词。

3）搜索范围

范围限定搜索，可以使得用户在特定区域进行搜索，如书籍、音乐、DVD 等。理论上听起来不错，但并不是全部通用。雅各布·尼尔森用 10 年多的可用性研究揭露了这个问题。例如，用户选择了错误的分类进行搜索，或者用户没有意识到正在限定范围内进行搜索，而不是整站（尤其当搜索范围默认为某特定区域时）。

因此，可以采用亚马逊的方式，默认全站搜索，然后通过结果分类导航，进行结果筛选、精确检索。

有种情况例外，当商品信息与其他信息融合在主站搜索栏时（软件行业站点较普遍），使用范围限定搜索反倒是个好主意。比如，对讨论区、合作信息、产品信息等各区域搜索的限定。

2. 优化搜索小工具

1）自动提示

另一项限定搜索的措施是自动提示，不仅能减少错误输入，还能帮助我们推荐产品与产品分类，避免"无搜索结果"的情况。

值得学习的是，苹果站点 Apple. com 的搜索栏，不仅能提供范围限定检索，还通过图文并茂的形式，自动展示搜索结果，非常强大。

2）自动纠错

与"无搜索结果"相比，显示点结果总会减少些访客跳出。强化搜索工具的错误输入处理功能，减少访客一次次的换词搜索，展示它智能的一面，能让我们的搜索工具获得不少自信。

然而，自动纠错也有失效的时候，比如"zun"与"zune"两个含义完全不同的词，却相互输错了。与其让访客认为搜索功能出错了，不如提示没有关于×××的结果，建议搜索类似的词语，并展示对应的结果。

3）您要找的是不是

如果有许多搜索词的写法相近，那么我们可以提供"您要找的是不是"选项，而非自动纠错。

4）相关搜索

与自动提示相似,相关搜索能帮访客找到更加精确的搜索词,还能给访客一些未想到的搜索提示。

5）在结果中搜索

在结果中搜索,这个可以有,但不强求。通过它用户可以很容易地返回与精确搜索。不建议使用此功能,因为访客容易将"在结果中搜索"的输入框,当作主要搜索框;如果输入的是不相关的搜索词,则他们或许不会获得搜索结果,并可能离开网站,如图9-1所示。

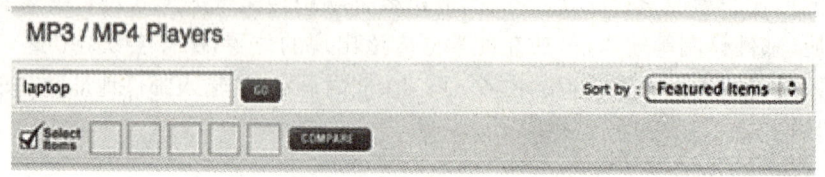

图 9-1　在结果中搜索

6）排序方式

十分推崇用这种按照访客喜爱的方式重新排序的方法,萝卜青菜各有所爱,有些人关注最畅销的、有些关注最新上架的、有些关注评价最好的,而其他的可能对价格更敏感,如图9-2所示。

图 9-2　排序方式

7）过滤导航

通过过滤导航,可按照产品的属性,如颜色、价格范围、品牌、适合性别、大小、分类与子分类、风格、折扣等,将客户引导至具体的产品页面。这种方式没有限制,可以根据实际情况,自由设置过滤导航项,如图9-3所示。

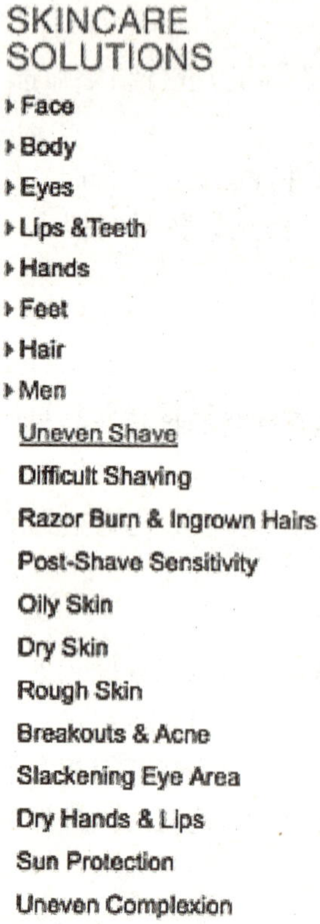

在每个子导航项后面,以括号的形式显示符合条件的结果数量,也是不错的做法。

这一点值得学习的是 ASOS.com,如图9-4所示,通过衣服几个属性的同时过滤筛选,通过 AJAX 技术,无须刷新即可加载展示符合条件的衣服。

图 9-3　过滤导航

一些在线商城,用过滤方式对商品类别进行过滤,而不是针

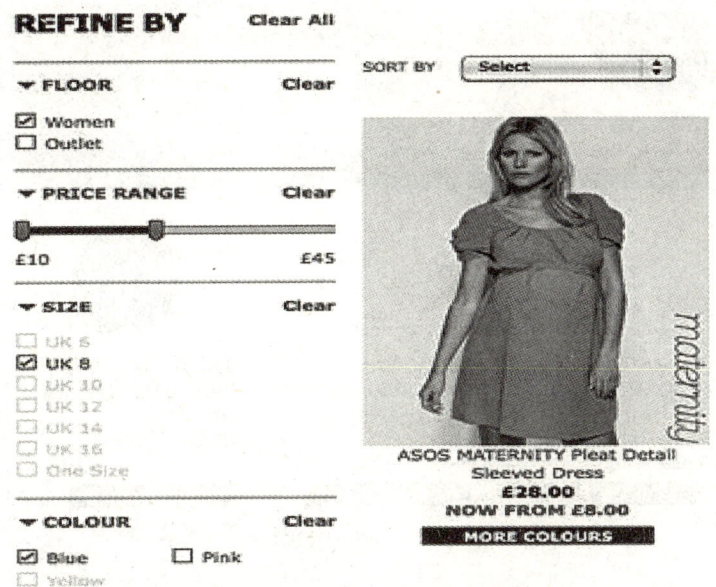

图 9-4　衣服不同属性的同时过滤筛选

对搜索结果的,不值得采取。

8）高级搜索

如果有好的过滤导航,高级搜索对很多站点来说都是不必要的。如果确实需要高级搜索,那么有以下值得注意的地方:

（1）除非行业要求,否则叫"高级搜索"不是必须的,最重要的是利于引导用户搜索。

（2）对于怎么使用与能达到什么效果,提供简要的说明。

（3）搜索流程测试,确定是否是最佳的搜索步骤。

（4）不要将确认按钮、取消按钮、重置按钮设置成一样的风格。

（5）设置明确的按钮标签,让用户知道点击按钮后的结果。

（6）让用户清楚必选/填项,可选/填项,必要时分两块区域;必选项用单选按钮选中,可选项用复选框。

（7）不要使用太多"Go"按钮,以免混淆,减少按钮数量,合理使用"提交"和"搜索"等命名,按钮的颜色、形状与大小都会影响转化。

（8）各类别商品属性有差异,考虑每种类别设置不同属性的高级搜索。

（9）用户测试,以 A/B 测试、多变量测试等验证其可用性,发现不足打造成功的高级搜索。

（10）搜索条件保存,对于购买周期较长的 B2B 网站,显得尤为重要。

3. 优化搜索结果

1）无搜索结果展示

如何能使无搜索结果展示页面,变得更有意义？Drugstore. com 的做法是,当客户搜索 Bumble 品牌与产品,无搜索结果可提供时,它选择了推荐类似品牌的产品,如图 9-5 所示。

Sears 的做法是为搜索客户提供免费电话、在线咨询与邮箱等联系方式,以及与当前搜索相关的最流行产品。

Victoria's Secret 意识到无法提供"Linda Bustos"的搜索结果时,提供了"您要找的是不

图 9-5　无搜索结果展示

是"的可能搜索（企图猜测正确答案）、最热搜索 TOP10（猜测失败后推荐），以及帮助方式（推荐失败后弥补）。

当然，如果与品牌形象相符的话，来点小幽默，也无伤大雅。

2）查看全部

与其一页一页地浏览搜索结果页，不如提供"查看全部"链接来得实用，因此每个网站最好将它作为居家必备功能。

3）网格 VS 列表视图

一些有心的站点，提供访客网格与列表视图切换。例如，Home Depot，如图 9-6 所示。

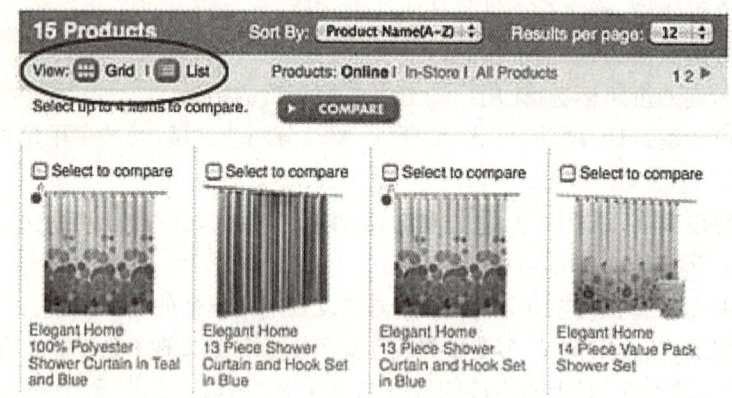

图 9-6　网格与列表视图

4）搜索推销

搜索结果页的推销广告展示，可由绑定的搜索关键词来引发，也可以由其他特征来引发。例如，符合搜索词的产品中的畅销产品。

我们可以自主控制搜索结果展示的排名。通过一些工具，可以为产品统计加权分。例如，相关性（40%）、利润（20%）、库存水平（20%）、销售速度（10%）、客户评价（10%）。纯相关性排名渐渐远去，但它却能提供更好的搜索结果，尤其是当使用热门搜索词搜索返回一大堆结果时。

5）产品展示

怎样展示产品列表,对点击次数有巨大影响。每个链接展示越多相关信息,客户就越好判断哪个产品是他想查看的。

新单就不错,有很好的软件产品展示方式——包含诸多浏览要点:支持的操作系统O/S、系统要求、退货制度,附带"ADD TO CART"添加到购物车按钮与价格/运费等信息。

电子产品网站 Radio Shack 的做法是包含简短的产品描述、星级评定、库存情况,以及添加到购物清单按钮。

但是具体如何展示,得依靠产品的卖点。软件产品与化妆品、书籍、衣服等都不同。人们购买服装时更注重视觉效果,服装网站 Gap 搜索结果中一组清晰的靓图胜过了千言万语的描述。

而 Land's End 服装站点,在搜索结果中为每个搜索结果提供了颜色板,供客户查看产品不同颜色的效果。

QVC 化妆品站点,它搜索结果展示的亮点是视频内容、对比工具、独特的"Try Me Price"促销价,以及极具诱惑力的"Over 1 Million Sold"与"Custormer Favorite"导购信息。

Endless 商城提供的是红色标注的促销价格、有效期内免运费等诱惑信息,如图 9-7 所示。

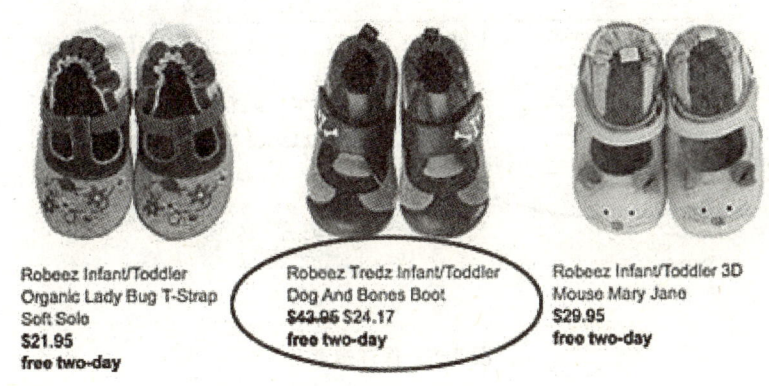

图 9-7　Endless 网站的产品展示

有许多方法可使我们的结果展示更具吸引力,只要有可能,就可以在结果中包含:价格/销售价格、图片信息和星级评定等。然后,扪心自问:我的结果展示方式,是否依据产品特征、常用诱惑信息进行布置的?

6）快速预览

快速预览,让客户无须离开搜索结果页面,即可查看产品详细信息,如图 9-8 所示。

实质上,它应该是一个功能全面的、弹出框形式的产品页面。

7）自动追加

除了一页页查看与查看全部结果,还有一种可选方式,是当用户查看到一屏结束后继续

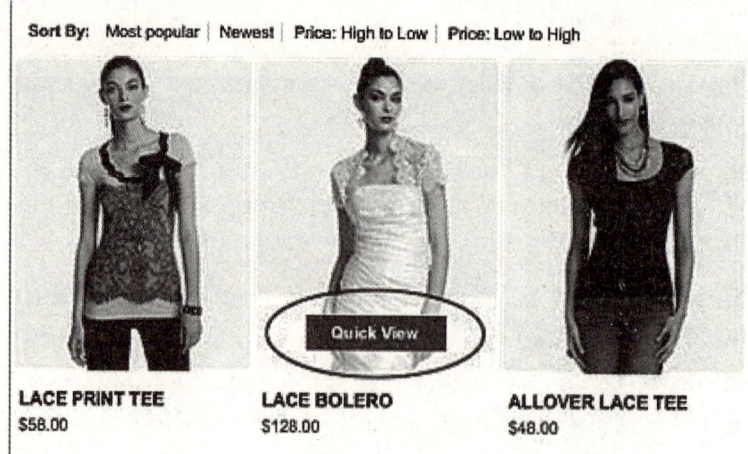

图 9-8　快速预览

往下查看时,在下面自动追加搜索结果显示,如 google 图片搜索展示。这种方式不需要点击,但返回顶部比较费劲。

8) 保存搜索

对于一些站点,保存搜索是个绝佳的功能;对于 B2B 与需要产品配置的复杂销售,显得尤为重要,如图 9-9 所示。

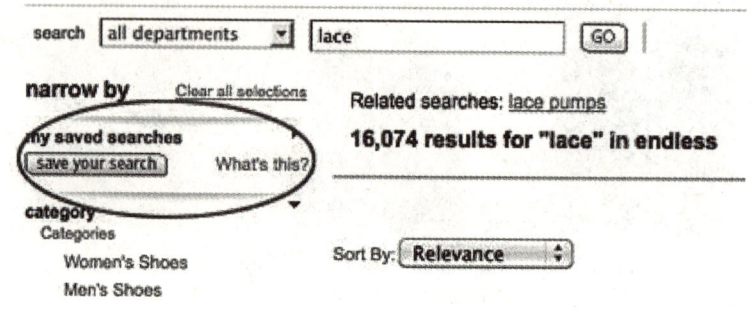

图 9-9　保存搜索

9) 讨论信息

Apple. com 与 Sears 在产品搜索结果页,整合了产品支持与社区内容;这样虽然使得页面混乱、减少点击率,但却能显示网站内容的深度,坚定用户购买的决心(前提是好评够多)。

10) RSS 订阅

一些站点,如新蛋和易趣,允许访客用 RSS 订阅自定义搜索结果。这对于那些新上架长尾产品在搜索结果中频繁地忽隐忽现的商城,尤其有帮助,如易趣。

11) 店铺查询

多渠道销售商 BarnesandNoble,允许客户在搜索结果页面,根据邮编号码等查询当地线下实体店的位置。

二、站外推广

1. 含义

站外优化是对站内优化的促进和补充,站外优化做得好可以加速关键词排名,而且网站导入链接的数量和质量是搜索引擎判定网站排名的重要因素之一,这点对实力单薄、内容较少的企业网站尤其重要。当然外链越多越好,但还要看外链的质量,如果大多是垃圾外链,还是不要交换的好。

2. 主要站外推广方式

1) 搜索引擎和分类目录推广

在对网站站内的优化后,便可开始全方位的外部推广,即开始向国内外搜索引擎及各大分类目录网站提交收录,目前国内网站80%以上流量来自于各大搜索引擎,在等待各大搜索引擎收录的同时,主动向中国搜索联盟、一搜等提交网站搜索申请,争取更多的搜索来源,并根据发展的不同阶段,分阶段对各个搜索引擎进行提交收录,但注意提交的内容必须规范,包括网站地址、图片logo、描述等。

准备工作完毕后,亦可以针对各大搜索引擎网站进行搜索引擎排名推广,这种估价只能是看针对哪个搜索引擎进行投资,其中百度、谷歌、雅虎是最有效果的三种网络广告投入方式,客户可针对三种网络广告进行咨询,有针对性地选择有效推广方案。通过搜索引擎和分类目录推广可以有效地使网站快速的被搜索引擎和各大分类目收录,从而增加网站的知名度。

2) 软文推广

所谓"软文",就是指通过特定的概念诉求.以摆事实讲道理的方式使消费者走进企业设定的"思维圈",以强有力的针对性心理攻击迅速实现产品销售的文字模式。在传统媒体行业,软文之所以备受推崇,第一个原因就是硬广告的效果下降、电视媒体的费用上涨;第二个原因就是媒体最初对软文的收费比硬广告要低好多,在资金不是很雄厚的情况下软文的投入产出比较科学合理。所以,企业从各个角度出发愿意以软文试水,以便使市场快速启动。

软文具有产品传播的贴近性功能。软文貌似新闻又不是新闻而是广告,明明是广告又让人瞧起来像新闻。因为新闻是无偿的,广告是有偿的,软文的定义应该是广告,更准确的名称应该是软文广告。软文广告一般多适用于医药保健品行业,对其他行业也未必没有效果,只是那些行业还没有把它当成一种营销利器。软文并不仅仅像某些门外汉或某些心怀歹念的人所理解的那样,是一种贩卖企图的伪装,这个世界上没有人规定广告一定要是"硬"的。软文的真正价值在于,它可以使用各类文体大篇幅地表达,即"说得多,才能说清,才能卖得多"。我们读一篇声情并茂的文章或一篇论证充分的文章,会与看几句简单文字的感觉一样吗?回答肯定是"不一样"。软文以报纸、杂志、小册子等作为载体,就可以说无不尽,正好弥补了电视广告的不足,费用又少,又可长久保存,让消费者反复阅读,清楚了解产品的功效、原理,因而受到了企业的大力推崇。更重要的是,其投入产出比相当高,风险性小。

软文推广的作用在于提升品牌,从而带动流量的提升,让更多对公司网站内容感兴趣的人们更好地了解公司,进而成为公司的实在客户,为公司带来更多的订单。

3）博客推广

Bolg 推广是在各大博客网站建立 Bolg 空间,作为 B2B 平台宣传的渠道之一,并作为发布各种宣传性文章的平台。时下有很多博客群建的工具,也有一定的效果,此类推广方式需要有技巧性手动结合软件的方式来达到推广效果。

博客的内容永远都是博客的灵魂,大家上网要么是查找信息,要么是休闲娱乐,好的内容才能吸引住网民,当然能有自己的特色更好,可以吸引住不少流量。

博客名称和地址要好记,名称放置在首页最明显的位置,再加上简单的注释。名称最好能跟各个栏目或者文章风格有一定的关联。栏目分类应清晰,不同的访问者有不同的喜好,把文章分类整理,方便别人浏览的同时也方便自己管理。好的博客托管网站:空间好,访问速度快,别人才愿意多点几篇文章看看,同样自己维护也快。

交换友情链接:选内容主旨跟自己相近或互补的博客或者网站做友情链接,不要浪费时间选择比你知名很多的 Blogger 申请交换。博客的友情链接功能还可以用来推广网站用,做锚文字链接,效果还是很显著的。当然博客还是要结合百度搜索风云榜与百度指数进行综合评估分析,这样才能将效果最大好,纯粹的建博客只会达到反效果,故建议,此类推广需要有专业人员操作进行。另外加入博客目录也是一种常见的方式。可以通过博客推广达到让很多网民在博客中了解到公司的性质和经营范围,从而间接地成为公司的潜在客户。

4）邮件广告推广

调查表明,电子邮件广告是一种有效的广告方式,每天只有不到 30％的网民上网浏览信息,却有超过 70％的网民要使用电子邮件。企业管理人员更是如此,他们上网主要是为了使用电子邮件交流,浏览所花的时间很少,而且主要是上一些专业性比较强的站点。电子邮件广告针对性比较强,成本低,广告内容也不受限制。

可以通过收集电子邮件地址,购买没有分类电子邮件地址,购买分类电子邮件地址等三种方式来得到大量的用户的邮件地址。之后可以通过电子邮件的推广方式,让一些电脑用户和"网虫"们能够看到公司的信息,从而来了解公司,也就成为了公司的潜在客户了。

5）论坛推广

现在社会论坛是大量网民用户们集结的地方,而且有很多种类的论坛,现在要讨论的是怎么选择论坛来推广公司的网站:

（1）选择论坛:有自己潜在客户在;人气旺;有签名功能;有链接功能;有修改功能。

（2）论坛导航:为了方便使用。

（3）专业设题:一个精彩的专题,可以引起看帖人的好奇心,很自然地就会进入你的主题。

（4）内容要有争议性:内容有争议性才会有人来讨论。

（5）转帖:对一些关注量大的热帖要积极地转载。

（6）长帖短发:尽量做到长帖短发,目的是简洁。

（7）巧妙的发广告:在你发一些宣传性质的广告时要注意方法,要做到巧妙。

（8）用好头像和签名:因为一个好的头像和签名可以吸引更多的人来浏览你的帖子。头像可以专门设计一个,宣传自己公司的品牌,签名可以加入自己网站的介绍和连接。

（9）发帖要求质量第一:发帖是为了让更多数人看,变相地宣传自己的网站,追求的是最终流量。

（10）利用回帖功能：利用回帖功能来推广公司的网站。

通过论坛的方式来让大量的论坛用户们来慢慢地发现网站的内容，从而在他们有需要和感兴趣的前提下来浏览公司的网站，从而为公司的网站带来浏览量。

6）贴吧推广

贴吧及部分交流群推广包括百度贴吧、百度知道、雅虎知识堂、新浪爱问、QQ 交流群等及时性的推广渠道。百度贴吧的人气是任何一个网站论坛都无法比拟的，是目前网络推广比较好的一种方法，但是操作不当带来的副作用也是很危险的。贴吧发帖的一个作用是能带来 IP，还有一个作用就是反向链接，在做贴吧推广的前提下要做到以下几点：

（1）选择合适的贴吧，主要是适合自己公司网站的内容的宣传。

（2）选择合适的帖子，帖子要注意质量。

（3）专业回复帖子，在恢复帖子的时候要做到专业，同时要站在公司的利益上。

（4）经常关注回帖，来看看贴吧用户们是不是对你的帖子感兴趣。

（5）不要推广整站，需要结合最有价值点，推广公司最亮点的地方。

（6）起一个好的标题，还是那句话：好的标题可以更好地吸引人们的眼球。

（7）选择合适的时间，在时间的选择上也要多斟酌。

我们做贴吧推广的目的就是通过贴吧的帖子来为网站带来浏览量，从而让更多的人来了解公司，在他们需要的前提下成为公司的客户，为公司带来实在性的收益。

7）友情链接推广

友情链接策略：网站链接的相关性是网站提升网站 PR 值，提高网站 Alexa 国际排名的重要指标。另外还有利于网站在搜索引擎中的排名。特别是对于 Google 来说，大量的有效外部链接或是反向链接将更加容易让蜘蛛程序找到我们的网站。而友情链接并不是说越多越好，必须把握好一定的尺度。

千家联盟、万家推广，作为 B2B 平台长远规划中最广泛的推广及营销模式之一，结合友情链接及合作伙伴策略，依托对用户和行业精准理解和把握的优势，平等地将下线渠道网站、终端网站，以及友情伙伴网站专业的网站内容、流量等进行有效的整合，形成一种具有极速品牌特色互助互利的多元化推广网络体系。

交换友情链接的前提是要找到和自己公司网站内容相关或者是相近的网站，最好是交换权重比较高的网站，这样都可以为对方带来反向链接和增加一定的流量。

通过友情链接推广的方式来让更多和公司内容相关和相近的公司来和公司网站交换友情链接，从而通过这些公司为网站带来流量，让浏览这些网站的网民们在不经意间点击公司的网站，从而浏览公司网站的信息，进而成为公司的客户，为公司带来收益。

8）新闻编辑推广

通过各大品牌网站，在里面注册登录，发布一定的重要新闻，认行内人士得到赞同，让有需要的客户更加容易找到你，这就是通过一些建立新闻的模式达到的推广效果。通过这种方式让很多有需要的客户更加容易找到公司的网站，既方便了他们，也能为公司带来收益，还可以增加公司网站的反向链接。

9）辅助软件推广

通过相关的一些软件达到辅助作用，帮助各大推广方法快速进行。

第二节　卖家自主促销

促销是企业快速扩大市场份额的重要方法和手段。电商卖家自主促销是指利用现代化的网络技术向虚拟市场传递有关商品和服务的信息,以激发消费者的需求和欲望,进而引起消费者购买行为的各种活动的总称。

技能点:卖家自主促销的方式有哪些

电商自主促销突出地表现为以下三个明显的特点:

第一,促销是通过网络技术传递产品和服务的存在、性能、功效及特征等信息的。它是建立在现代计算机与通信技术基础之上的,并且随着计算机和网络技术的不断改进而改进。

第二,促销是在虚拟市场上进行的。这个虚拟市场就是互联网。互联网是一个媒体,是一个连接世界各国的大网络,它在虚拟的网络社会中聚集了广泛的人口,融合了多种文化。

第三,在全球统一大市场中进行。全球性的竞争迫使每个企业都必须学会在全球统一大市场上做生意。

一、打折促销

重点与难点:优惠券

1. 含义

折价亦称打折、折扣,是目前网上最常用的一种促销方式。因为目前网民在网上购物的热情远低于商场超市等传统购物场所,因此网上商品的价格一般都要比传统方式销售时要低,以吸引人们购买。由于网上销售商品不能给人全面、直观的印象,也不可试用、触摸等原因,再加上配送成本和付款方式的复杂性,造成网上购物和订货的积极性下降。而幅度比较大的折扣可以促使消费者进行网上购物的尝试并作出购买决定。目前大部分网上销售商品都有不同程度的价格折扣,如8848、当当书店等。

2. 打折促销方式

1) 数量折扣

一般情况下,是否给予价格折扣,给予程度有多大,应视顾客的购买数量而定。顾客购买的数量越多,给予的价格折扣幅度就越大。如果顾客仅仅是零星购买,不应给折扣。

2) 功能折扣

依据顾客的身份或功能灵活使用。如果顾客是本产品的经销商,企业就应给予他相应的折扣,以刺激他提高销售本产品的积极性,与本企业形成利益共同体。

3) 季节折扣

根据顾客购买行为发生的时间来确定是否给予和给予多少折扣。如顾客由于较早购买了或是在规定时间购买了某种商品,就可得到这种折扣。

另外,许多商品的销售量都存在着季节性变化,根据所谓销售的"旺季"和"淡季"之分来给予相应折扣,也属于这种类型。

4）现付折扣

这是对顾客提前支付账单或货款而给予的一种优惠，以提高企业资金回笼速度。

5）交易式折让及促销性折扣

交易式折让发生在消费者购买新产品时，将自己用旧的产品卖给厂商作为新产品的部分价格抵销。

6）现金回扣

这是指消费者将购物证明及现金回扣券寄至原制造厂商，厂商收到后将若干现金给购买者的做法。

7）差别调价

根据不同的顾客类别、产品形式、销售地点、销售时间等情况进行价格调整。

8）促销折价

为达成某种促销目的，对目标商品作暂时性及短期性的降价。

9）特价吸引品

即将少量产品的价格定得非常低，但绝大多数产品价格仍保持不变（有的甚至调高），其目的在于以少量"特价商品"为"诱饵"，吸引消费者光临卖场和积极试用，同时也寄期望于消费者在购买"特价商品"的同时，会购买一些其他正常价格的产品，以赚取正常的利润。

10）特殊事件折价

利用一些特殊的时间和事件，大张旗鼓地进行商品的促销活动。

11）心理折价

这是依据消费者心理上对产品的知觉和价值来调低价格的一种方法。其做法形式虽多样，但主要还是在数字上的文章，如把整数减为非整数。

12）其他价格促销方式

比如，购买产品时提供低息贷款、免费维修等优惠方式，商品包装上的折扣信息也可含在价格促销之列。

3．打折促销技巧

1）错觉折扣——给顾客不一样的感觉

人们普遍认为打折的东西质量会差一些，而如果换一种叙述方式：注重强调商品的原价值，让买家觉得花了更少的钱，买到了更超值的商品，效果往往大不同。

比如，"花100元，换购价值130元商品"和"全场7.7折，99元任选！"这两种描述，实际上都是在价格上的让利，但是给买家的感觉是完全不一样的。第一种，顾客会觉得自己赚了，而第二种，顾客只会想当然地认为这个商品只值这么多。

2）一刻千金——让顾客蜂拥而至

"一刻千金"的促销方案就是让买家在规定的时间内自由抢购商品，并以超低价进行销售。看似亏本，实际上却带来了急剧的人气提升和很多的潜在客户，并且实际上，在较短的一段时间内，客户是很难挑选自己完全满意的商品。

3）超值一元——舍小取大的促销策略

超值一元，就是在活动期间，顾客可以花一元钱买到平时几十甚至上百的商品。这个其实和方案二有异曲同工的地方，就是以微小的代价来吸引大量的流量，而且那一元只是他需要购买的一部分，很有可能会购买其他的商品。

4) 临界价格——顾客的视觉错误

所谓临界价格,就是在视觉上和感性认识上让人有第一错觉的那个价格,比如,以100元为界线,那么临界价格可以设置为99.99元或者是99.9元。这个大家已经用的很频繁了。

5) 阶梯价格——让顾客自动着急

所谓阶梯价格,就是商品的价格随着时间的推移出现阶梯式的变化。这样给顾客造成一种时间上的紧迫感,越早买越划算,减少买家的犹豫时间,促使他们冲动购物。当然阶梯的方式有很多,店家可以根据自己的实际情况来设定。

6) 降价加打折——给顾客双重实惠

降价加打折实际上就是对一件商品既降价,又打折,双重实惠叠加。相比纯粹的打折或者是纯粹的降价,它多了一道弯,但是不要小看这道弯,它对顾客的吸引力是巨大的。

价格是除了质量、性能和款式之外决定买家是否购买的关键因素,因为不同于实体店铺,产品的质量,性能这些都体现在产品的描述上面,所以产品发布就显得尤为重要。

4. 打折促销的注意事项

1) 打折要有一个让人信得过的理由

一分钱一分货,道理消费者都明白,无理由的打折,总令人怀疑是真打折还是假打折,是真货还是假货,因而很难让人信得过。所以,要想收到打折的预期促销效果,商家必须要有一个真诚的态度,把打折的真实原因如实地告诉消费者。

2) 折扣率要适当

折扣率过低,引不起消费者的购买欲,而过高的折扣率又往往让消费者把打折商品与伪劣商品挂起钩来。正确的正常打折,其折扣率在原价的20%~30%较为适宜。当然,一些过时货或一些将超过使用(食用)期的商品,折扣率可再大些,但一定要向消费者如实告知理由。折扣率适当,又讲出折扣的理由,顾客没有不认可的道理。

3) 打折商品要保证质量,而且正常的售后服务也少不得

一些商家可能认为,一些商品打折,不就是因为质量不好吗? 这话没有错,有些商品打折,确实是有这方面的原因,但商品质量不好,有千差万别的原因。有些是消费法规允许的,有些则是绝对不可以出售的。比如,有些服装、布匹有瑕疵,或褪色,这些缺陷并不危害使用者的人身安全,这当然是可以容忍的质量问题。而另外一些商品如家电、食品、药品等,如有质量问题就会造成人身伤害,这一类商品,如明知有问题,还要打折出售,其后果就十分严重,也是法律所不允许的。这一点,商家应十分清楚。

此外,就是打折商品售后服务问题。在现实生活中,很多商家都在销售打折商品时申明:售后不退,或售后不负责"三包"及相关规定。这其实是在违反《中华人民共和国消费者权益保护法》及相关规定。由此而引发的投诉及诉讼常见于报端,大多是商家败诉。道理很明显,打折商品也是商品,既然是你销售出去的商品,你就要负起责任来,推卸是毫无道理的。对商品负责任的打折或售后优质的服务是,你不但"卖出了今天",更重要的是你赢得了明天,因为你赢得了消费者信赖。

5. 打折促销操作

1) 限时折扣设置(以速卖通为例)

(1) 登录用户后台,进入"营销中心",点击"店铺活动"后,您可以开始创建活动,如图9-10所示。

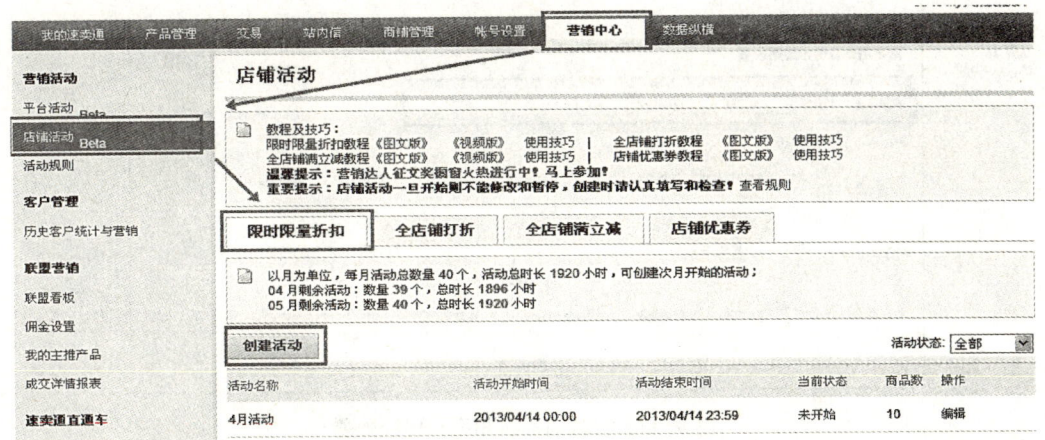

图 9-10　限时折扣设置

（2）点击"创建活动"按钮进入到创建店铺活动页面，如图 9-11 所示。活动开始时间为美国太平洋时间。打折商品 12 小时后展示给买家，请提前 12 小时创建好活动。

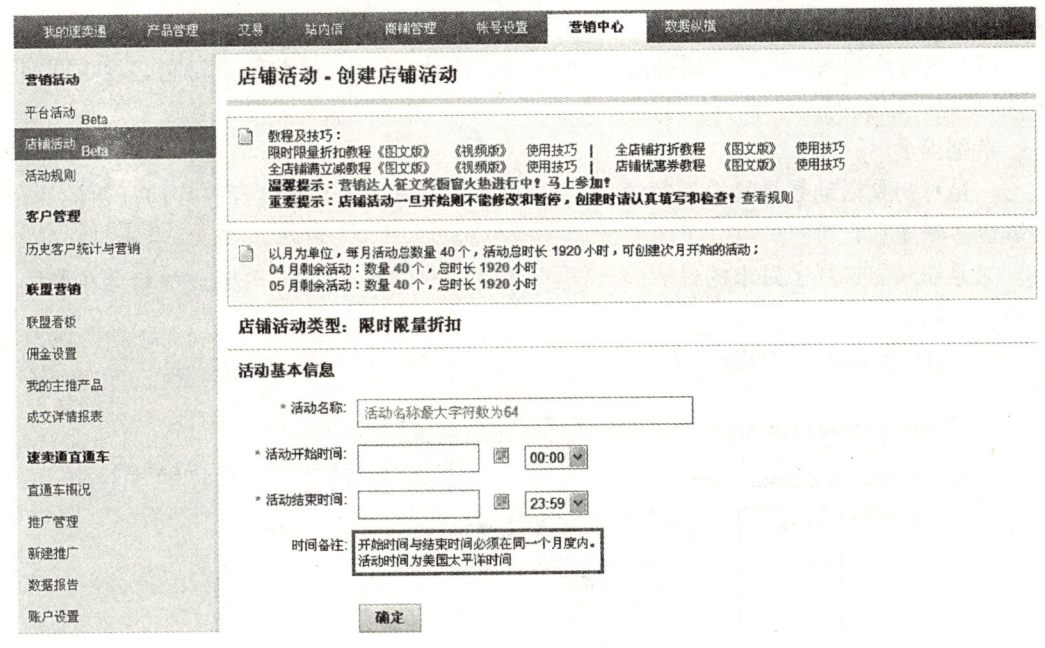

图 9-11　限时折扣设置

（3）创建好店铺活动后，选择参与活动的商品，每个活动最多只能选择 40 个商品。

（4）设置商品折扣率和促销数量。可批量设置折扣库存，也可单独设置，如图 9-12 所示。

（5）点击"确定"后即完成设置，活动将处于"未开始"状态，此时可以进行修改活动时间，增加和减少活动商品等操作。活动开始前 6 小时将进入审核状态，活动状态将变成"等待展示"，活动开始后将处于"展示中"状态。"等待展示"和"展示中"不可编辑，也不可停止，请卖家谨慎设置。

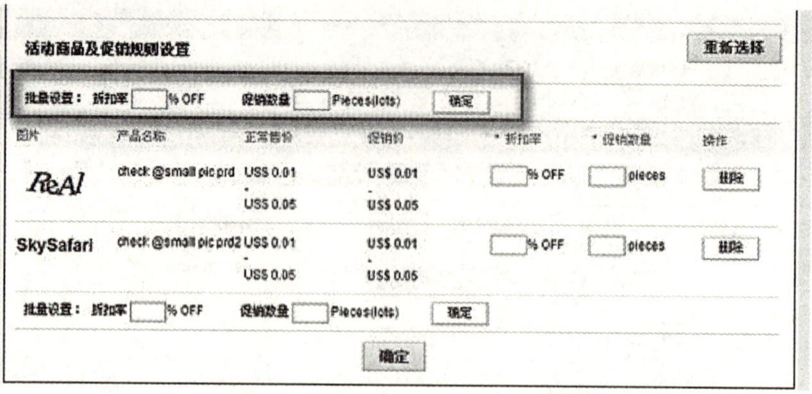

图 9-12　设置商品折扣率和促销数量

特别提醒：限时限量折扣活动一旦创建，商品即被锁定，无法编辑，只能下架。也可以选择退出该活动，退出活动后可编辑。请大家在创建活动前编辑好活动商品信息。

2）全店铺打折（以速卖通为例）

（1）登录"我的速卖通"，点击"营销中心"，在"店铺活动"中选择"全店铺打折"，点击"创建活动"。

（2）填写活动基本信息。请提前 48 小时创建活动，活动开始和结束时间必须在同一个月内，但是可以提前创建下一个月的活动。

特别提示：

一是月初是活动数量最少的时候，卖家们应该抓住机会，提前设置好月初开始的活动，争取更多曝光和订单！

二是如果您选择了月末的最后一天，需要再选择时间是 23：00，否则该活动会在最后一天的 0 点就结束了。

（3）填写促销规则，如图 9-13 所示。

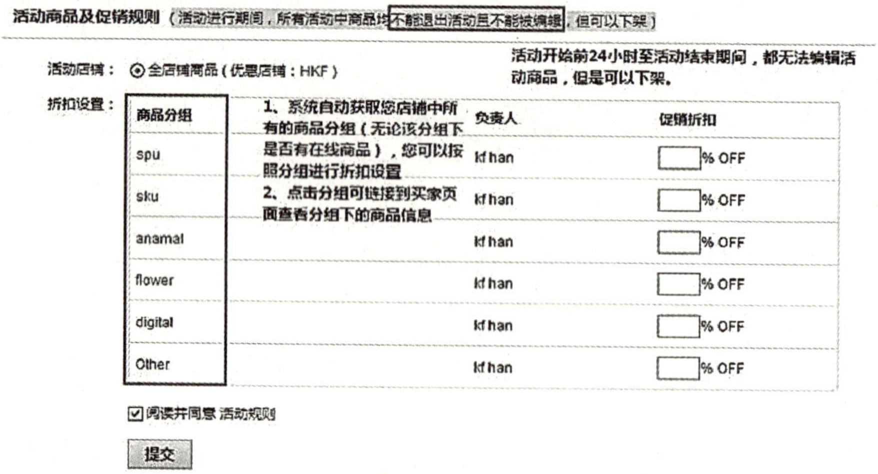

图 9-13　填写促销规则

填写范例，如图 9-14 所示。

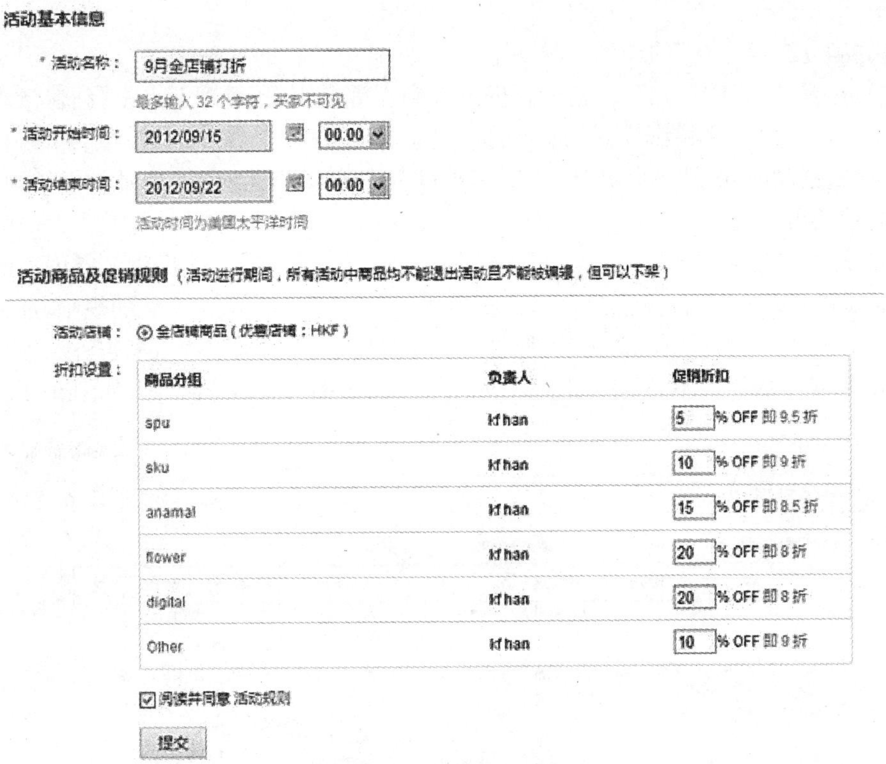

图 9-14　促销规则范例

特别提示：

（1）当活动处于"等待展示"和"展示中"状态时，活动商品不能被编辑，折扣信息也不能被修改。活动开始前的 24 小时将处于"等待展示"阶段。

（2）当"全店铺打折"活动和"限时折扣"活动时间上有重叠时，以限时限量折扣为最高优先级展示。例如，商品 A 在全店铺打折中的折扣是 10% off（即 9 折），在限时折扣中是 15% off（即 85 折），则买家页面上展示的是限时限量折扣的 15% off。

二、满立减

1. 满立减含义

满立减是购物网站最近几年因为商家搞一些促销活动推出的新名词，其含义就是凡是购买商品满足多少数额、数量后立刻减价多少。这个词条是产生在购物行业的，所以现在淘宝、拍拍、百度有啊等大型网上商城都可以见到这样的词语。不少商家还把"满立减"作为一个专门的自主促销活动来搞，指定某些商品定期举行满立减活动。比如某购物网站的商家推出：满立减活动，满 100 减 50，其意思就是，我参与此商家的活动中，购满 100 块后就可以减去现金 50，相当于我只需要 50 块就可以买到价值 100 块的东西。

例如，"满立减满立送"是拍拍网为广大卖家提供的店铺自主促销工具，通过"满立减满立送"活动，您可以在店铺里创建类似"满 200 减 50，满 300 送××礼包"这样的促销活动，提升店铺流量，让买家在您店铺买的更多。同时，凡是设置了"满立减满立送"活动的店铺，都有机会被拍拍网"满立减满立送"官方活动自动推荐，得到大量的曝光机会。

2. 满立减操作

使用"满立减满立送"的操作步骤如下：

第一步，登录"我的拍拍"—"营销管理"—"满立减/送活动管理"，点击"创建活动"。

第二步，设置"满立减满立送"活动的相关促销规则（注：最多可同时启用三个促销规则）。需设置活动时间（注：开始时间不能早于设置当天）、促销形式及启动的促销规则，以满足多重促销的需要。

例如，规则一是满 100 减 20 元，规则 2 是满 200 减 50 元，进一步优惠。您创建的规则会自动叠加，即"多买多送，上不封顶"。若您只启用了一个"满 100 减 20 元"的规则，那么买家如买了 200 元，则会自动减 40 元。另外，您可为活动填写一个"活动说明"，来告诉买家一些需注意的事情，避免造成双方不必要的误会。如"包邮仅支持中国大陆地区"等，如图 9-15 所示。

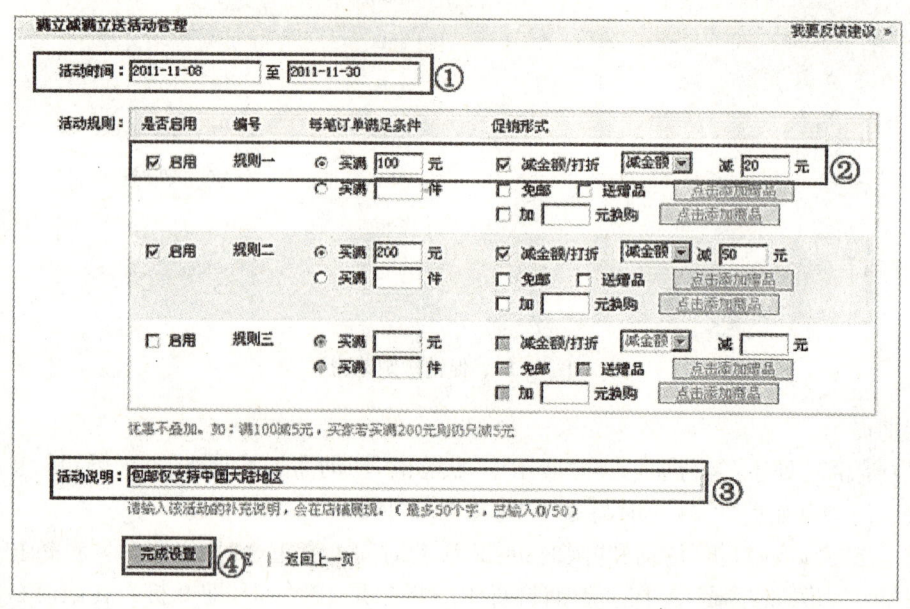

图 9-15 满立减活动的设置

第三步，在促销规则填写无误后，点击"完成设置"，活动即可创建成功。创建成功后，系统会自动将店铺中的所有商品设置成参加活动（注：默认是全店参加活动），需 1 小时左右才会生效，请耐心等待。在此期间请不要重复操作"满立减/送活动管理"和"商品促销管理"。

若有部分商品不想参加此活动，可进入"营销管理"—"商品促销管理"中，选中不想参加活动的商品，点击"设置满立减满立送"按钮，再选择"不参加满立减活动"，即可将这些商品排除在活动之外。

三、优惠券

1. 优惠券的起源及发展

"优惠券"起源于 19 世纪 20 年代末的法国，但是"优惠券"得到广泛应用和发展是在美国。1894 年，可口可乐的创始人手工书写了第一批优惠券用于促销。由于其效果显著，优惠券作为一种促销工具被商家及厂家逐渐的认识并采用。美国目前有数百家优惠券专业公司,已经细分为传媒公司(专为用户发行优惠券)、咨询公司(专为厂商设计优惠券)和硬件供应公司等。2011 年,美国每个家庭使用优惠券 300 张,优惠券发行量数千亿张,其普及程度由此可见一斑。

时至今日,随着科技的不断进步,承载优惠券的平台日益电子化,电子优惠券、手机优惠券和银行卡优惠券等取代了传统的单页派发式优惠券,成为新型优惠券形式,其使用率大大高于传统优惠券,带来的收益也日益显现。传统优惠券除了为之付出打印派发人员等成本以外,商家还必须面临着由于所印制优惠券信息出错而必须承担的风险。此外,由于人工派发的范围有限,对于用户来说,获得这种优惠券的渠道和机会就具有较大的偶然性,重复获取的难度相对较大。因此本书主要介绍新型优惠券。

2. 优惠券的分类

1) 按照介质分类

优惠券按照介质不同,可分为电子优惠券、纸质优惠券、手机优惠券和银行卡优惠券。

2) 按照使用分类

(1) 现金券,消费者持券消费可抵用部分现金。

(2) 体验券,消费者持券消费可体验部分服务。

(3) 礼品券,消费者持券消费可领用指定礼品。

(4) 折扣券,消费者持券消费可享受消费折扣。

(5) 特价券,消费者持券消费可购买特价商品。

(6) 换购券,消费者持换购券可以换购指定商品。

(7) 通用券,拥有以上所有功能。

3. 电子优惠券介绍

电子优惠券是优惠券的电子形式,是指以各种电子媒体(包括互联网、彩信、微扑wepull、短信、二维码、图片等)制作,传播和使用的促销凭证。电子优惠券有别于普通纸质优惠券的特点,主要是制作和传播成本低,传播效果可精准量化。目前国内已有的电子打折券主要分为用手机短信搜索下载、互联网搜索下载和终端机打印纸质三种,以短信搜索下载最为方便。同时,通过利用一种最新型的信息传输工具和通道的微扑 wepull 技术[其中微扑包含了对网络内容的实时扑(捕)取和将内容实时传输到移动终端的两大主要功能],用于实现电子优惠券简单、快捷的传输使用,是当下比较新颖的应用模式。

1) 电子优惠券发放注意事项

电子优惠券作为优惠券的特殊形式,目的是帮助商家在一定的短时期内,对消费者(或购买者)以让利形式进行促销,所以商家在发放时必须注意满足一般优惠券的发放规律。主要考虑以下几个方面:

(1) 优惠券的成本。如果商家需要为优惠券下载数量向第三方公司缴费,就需要对实际销售额度进行有效承诺;否则,各种电子优惠券传播速度很快,只求数量不求质量会造成商家很多无效的市场投入。而且让利的幅度必须适度,从而达到增加销售的目的。也就是说,让利幅度需要足够大才能吸引消费者,但也不可过分打折而损害总体销售利润。如果让利带来的新增利润(即新增客户身上的利润)不能弥补在老客户身上损失的利润,销售总体利润就会下降。这样的让利,对于商家来讲就不叫让利,而叫割肉了。所谓让利,应该是在单位数量的货品或服务上让利,但销售总利润至少应该不减少。

（2）优惠券的渠道。如果商家无需为优惠券的发放付费,则宜选择多渠道合作。既然没有成本,就多多益善了。

（3）优惠券的传播方式。如果商家希望抓取的是更多的自然客流和周边人群,那么选择优查的短信搜索和下载方式最好。如果商家希望抓取的提前订餐的客人,选择饭统网的方式比较好。如果商家希望抓取更多的货比三家型的客人,则选择点评网较好。如果商家最希望拿到的是淘券族,那么酷鹏较好。

（4）优惠券发放的时间。让利必须是短期的,发放优惠券也是有时限的。商家必须让消费者对这一点有清楚的预期;否则,如果消费者把促销当成了降价,让利就从短期变成了永久让利。以后商家再想把价格提升回原有的水平就不可能了,因为消费者已经把降下来的价格当成了理所应当。这样,商家的经营就变成了不促不销了。这样维持不了正常销售的进行,而永久性的必须靠促销才能完成销售的状态。同时,优惠券中所给出的折扣必须是真实的、最低的。这样才能达成消费者对产品的购买欲望和购买力度。如果给出的折扣是一般折扣,没有把促销的底线折扣报出来。那么做多多的宣传还是不能吸引消费者。

2）电子优惠券分类

电子优惠券按计价形式分为两种:

（1）打折券,一般指消费(或购买)发生时,消费者(或购买者)可以凭打折券证在商家公开的清单价格基础上,按打折券证所规定的比例折扣计价。比如,2折优惠就是在清单价格基础上打20％的折扣。

（2）代金券,一般指载有一定面值的促销券证。比如,100元代金券,指的是消费(或购买)时使用该券证,可以抵用100元现金。

4. 优惠券的价值与优势

1）优惠券的价值

新型优惠券,如电子优惠券的存在,是因为电子媒介制作成本低和方便传播。利用互联网的电子优惠券,一般需要用户上网到某些打折网站或自己的电子邮箱,找到商家的优惠券,打印下来,然后凭打印凭证在消费时获得优惠。有的网站也会提供手机下载优惠券的方式,直接利用手机媒体的形式电子打折券则只需要用户以短信的方式把目标商家的名称(或名称中的部分关键字)发送到一个特服号码,然后由自动回收到该商家的优惠券。比如,发"东直门,俏江南"到106615665,就可以在几秒钟之内收到商户列表,从列表中找到合适的门店把序号回复短信,如果该目标商户正在发放电子打折券的话,该打折券和商户名称地址电话就会一同下发回来。这样可以直接以手机短信搜索和下载,不需要消费者使用电脑和互联网。这样的短信打折券,在国内只有优查网提供,而且是免费的。

比较国内很多提供电子优惠券的公司,如优查网、点评网、饭桶网等,以优查网的服务最具有优势,并且对消费者和商家都是免费提供的。商家和消费者都不需要付费,方便又快捷。另外商家还可以用短信实时上传优惠券,这样可以随时按情况取消和增加项目。比如,当俏江南东直门店发现当晚预定已满时,可以短信通知当晚的电子优惠券暂停发放。

以上短信搜索优惠券的功能,在点评网等其他网站是没有的。而且其他网站大多还就发放优惠券向商家收取佣金。这样增加了商家的成本。电子打折券是商家出让利给消费者。这些商家的让利是消费者使用该网站的主要原因。这就成了商家让利帮助网站粘住用户,同时网站再利用这样粘住的用户向商家索要额外的佣金。

2）优惠券的优势

网络的出现可以说使社会的发展及人民的生活向前推进了一大步。那么,电子优惠券的出现,无疑也带来了很多好处,使广大消费者的购物更加便捷,它以其自身独特的魅力而深受消费者的喜爱。因此,与传统的优惠券相比,电子优惠券具有不可比拟的优势。

首先,电子优惠券更加灵活方便。与传统的优惠券相比,它突破了时间、空间、地点的限制,只要通过网络就可以找到自己需要的优惠信息,而且它面对的消费者群体更为广泛。这是传统优惠券不能比拟的,因为传统的优惠券不一定能够发放到每一个需要它的消费者手中。

其次,电子优惠券节约了纸质成本,却提高了使用效率。任何消费者想获得电子消费券必须用心地在网上查找,而且凡是到网上寻找优惠券的消费者都是有消费愿望的人。因此,在顾客付出了时间与精力获得的电子消费券往往要比传统的优惠券利用率高。

再次,电子优惠券对于商家而言,是一种新型的网络宣传手段。商家可以利用电子优惠券,对自己的经营业务、所在地址、联系方式等进行一并宣传,使更多的人了解,从而为自己挖掘了很多潜在的顾客。

最后,电子优惠券获取的方式比较便捷,深受年轻人的欢迎。网络已经成为生活中非常便捷的工具,作为喜欢新鲜感的年轻人更喜欢从网上搜索到自己需要的优惠券。

5. 电子优惠券设置（以速卖通为例）

（1）登录"我的速卖通",点击"营销中心",在"店铺活动"中选择"店铺优惠券",点击"添加优惠券"。每月总共有 5 个活动,活动开始和结束时间必须在同一个月内,但是可以提前创建下一个月的活动。

温馨提示:请提前 48 小时创建活动,活动开始前可关闭活动,活动开始后则无法修改和关闭。

（2）填写活动基本信息。活动开始和结束时间表示买家可领取优惠券的时间,买家可使用该优惠券的时间在"优惠券使用规则设置"中的"有效期"设置,如图 9-16 所示。例如,活动时间为 11 月 13 日至 11 月 30 日,有效期为 7 天,买家在 11 月 20 日领取的优惠券,领用后可立即使用,最晚使用日期为 11 月 27 日。

（3）填写优惠券领取和使用规则,如图 9-17 所示。

活动基本信息

* 活动名称:	圣诞大促1126
	最多输入 32 个字符,买家不可见
* 活动开始时间:	2012/11/13　00:00
* 活动结束时间:	2012/11/30　23:00
	活动时间为美国太平洋时间

图 9-16　填写活动基本信息

可以发放的优惠券类型有两种:不限制使用条件的优惠券;订单需满足一定条件后才能使用的优惠券。

优惠券领取规则设置

领取条件:	☑买家可通过领取按钮领取Coupon
* 面额:	US$ 2
每人限领:	1　　每人限领指每个买家最多领取n张优惠券,可选范围1~5
* 发放总数量:	100　　发放数量暂时只支持99~999之间的数值。

图 9-17　填写优惠券领取和使用规则

第一,不限制使用条件的优惠券可以大大提升买家的购买率,但需要考虑自身可承受范围,面值和数量上可以做一些控制。

第二,限制使用条件的优惠券,限制条件需要结合自身客单价来设置,条件设置比客单价略高即可。例如,客单价为 20 元,设置条件为 30 元是合理的,但设置成 100 元就会没效果了。

第三节　平台促销活动

以互联网为平台,以网络资源为工具,以网民为消费对象的网络销售平台具有多种形式。

技能点: 平台促销方式有哪些

1. 购物平台

随着国内电子商务的蓬勃发展,许多人开始通过个人商品交易平台尝试网络销售,他们在淘宝、易趣和拍拍等购物平台开设了自己的店铺,使这种新型的购物方式得到了许多人的接受和认同,这些店铺在购物平台上进行经营活动,必须遵守网站制定的各种交易规则,熟悉网站的交易操作和流程。与传统销售的模式不同,网站会根据网店店主的经营业绩和网站的信用评价体系,显示相应的信用级别,这是买卖双方对交易的综合评价,交易次数越多,累积评价就越多,这些以往交易的评价就是一家店铺的口碑,顾客可以通过这些评价来判断店铺的可信度,决定是否购买他们的商品,而传统销售模式使顾客很难了解到该店以往的经营情况。

购物平台除了制定各种交易规则来约束买卖双方以外,还不断在各种媒体上进行广告宣传,以吸引更多的人气,为网站带来更大的人员流量,这些被网站吸引来的消费者形成了一个庞大的顾客群,在购物的同时,有一些人也会兴致勃勃地尝试自己开店。

重点与难点: 平台促销

由于大家销售的商品类别不同,会员之间就会有各取所需的购物行为。所以,在购物网站上,卖家群体本身就有着巨大的消费潜力。

2. 个人博客

现在已经有越来越多的企业在利用博客做营销,就个人卖家来说,利用博客来销售商品的方式对宣传推广的要求较高,需要有一定的人脉基础,因为他们必须要通过自身的宣传来吸引所有的顾客。所以,对于利用博客进行销售的店主来说,宣传推广能力一定要比在购物平台上开店的卖家强;否则,很难打开局面。

3. 专业论坛

互联网上有各种专业性很强的论坛,如摄影论坛、数码论坛等。一些很早以前就活跃在这些论坛上的朋友,会选择在这些载体上销售商品,有些人甚至会有大群的 fans 追捧;也有人通过在这些论坛发帖认识了一些志同道合的伙伴,大家在技术上取长补短,一起从事某类商品的销售,这些店主依靠自己在论坛上的人气,以及丰富的专业知识,赢得了消费者的青睐,从而成功地销售出商品。

4. 独立网站

随着电子商务的普及,很多个人和企业都在互联网上建立了网站,这些网站也是网店经营的一种方式,有的是隶属于某一个大型商业网站的,使用二级域名,有些则是自己购买空间和域名来建站。利用独立网站做销售同样需要店主具有很强的宣传推广能力,或者加入一些广告联盟来提高网站的流量,如百度广告联盟、Google 广告联盟及阿里巴巴网站等,当然,也可以申请成为阿里巴巴的诚信通会员,这样可以争取到更多的展示机会,也可能为网站带来一些批发的生意。

5. 聊天工具

使用聊天工具进行销售的以年轻人居多,他们一般是群里的活跃分子,在群里有着很好的群众基础,最初可能是从分享和代购商品开始涉足网上销售,逐渐开始形成一个忠实的顾客群体,买卖双方通过长期的接触一般都能成为很好的朋友,由这些朋友再介绍其他的朋友来,通过口碑宣传,逐渐扩大和巩固自己的顾客群。

一、参加促销活动的原则

实施促销方案,提升产品销量,必须要把握以下几大原则。

1. 让利性

消费者消费的最基本需求就在于物质利益的满足,所以促销的最重要一点就是要让消费者感觉到实惠,企业可以采取多种方式,如价格优惠、赠送礼物等方式,让消费者获得更多的利益。

2. 实用性

用实物进行促销,所赠送的礼物也需要突出实用性,如此才能够引起消费者的青睐,如电视机、冰箱、沐浴露、洗发水等这些对消费者来说实用性比较强的东西,都是很好的促销赠送礼品。

3. 计划性

很多企业进行促销,最后所收获的效果甚少,这是因为缺乏计划性。企业在进行促销之前,就要先明确促销的目的、方式、时间、地区,以及人员和财务等方面计划。没有计划的促销很容易受到外界因素影响而导致活动停止,最终只是徒劳无功。

4. 娱乐性

现代人越来越注重精神上的消费,也就是说明对于消费者来说,他们要的不仅仅是物质上的满足,他们更加重视精神上的满足。所以,进行促销也要在一定程度上让消费者能够得到精神上的满足,从而对产品产生好的印象。

5. 系统性

不要仅仅认为促销活动的实施可以简单了事,它可以是一种高效的战略行为,由多样的形式、多个发展阶段和多个促销活动所组成的,仅仅靠单一的促销活动是无法实现销售提升的。促销活动也重在形式和阶段性。

6. 目的性

不同的促销方式就会有不同的促销效果,在制订促销方案要先明确促销的目的,再制定促销的形式和实际,如此才能够保证达到预期的销售目标。但也有一部分企业在操作促销活动时,其目的非常模糊,都只是为了提升销量,并没有明确的目的,那么整个促销活动就会很容易无法控制,从而无法达成预期的效果。

二、如何参加促销活动

1. 平台促销准备

1）确定目标市场

所谓确定目标市场，其实就是确定产品或服务针对的消费者。在潜在市场中，哪些人需要你的产品，哪些人在使用你产品过程中受益，那么这部分人就是你的目标市场所在。只有认准了潜在客户，才能采取最有效的促销手段，与他们进行营销沟通，并在沟通过程中传达最适合于他们的营销信息。

2）确定网络促销目标

所谓促销目标，是指企业促销活动所要达到的目的。

例如，一家公司是一个做产品代销的电子商务公司，目前主要的销售区域是面向广州和上海，现在广州淘宝上开设有两家网上商店，在上海也有人员和仓库。从这里可以看出公司的规模是比较小的。经过1年时间的努力，公司进入了快速发展阶段。现准备投入100万元进一步发展公司规模。因此促销的目标是，在一定时期内，在全国知名城市，如北京、天津、深圳等地，激发消费者的需求，扩大企业的市场份额。

3）确定网络促销信息

所谓促销信息，实质上就是企业在与目标市场沟通时用以吸引目标市场所采用的文字和形象设计。当在与目标市场进行促销沟通时，必须在促销信息中以充足的理由向潜在的客户表明，为什么他们应该对你所传达的促销信息作出反应。企业所提供的产品能够给用户带来的最大的益处是什么，这是促销信息中最关键的内容。

（1）代销企业所制定的促销信息必须具有真实性，不可以以虚假的信息欺骗顾客达到销售的目的，价格相比较之下确实是很实惠的，因为作为一名聪明的消费者往往是希望能够买到价格实惠而质量又好的商品，尤其是对于价格优惠敏感的女性消费者来说。

（2）促销信息具有吸引力，促销信息的处理以及图片的设计要有创意，时尚、幽默风趣、图文并茂的促销信息更加能够吸引消费者的眼球。

4）选择网络促销手段以及网络促销组合

作为信息的发送者，代销企业必须选择最有效的促销手段，以便准确传达促销信息。由于企业的产品种类不同，销售对象不同，促销方法与产品种类和销售对象之间将会产生多种网络促销的组合方式。企业应当根据自己产品的市场情况、消费者情况，扬长避短，合理组合，以达到最佳促销效果。

网络广告促销（旗帜广告促销）：

（1）网络广告形式与网络促销功能。旗帜广告特点在于尺寸通常较小，其表面承载的信息量小，因此旗帜广告的动机往往是出于将网民吸引到广告主的广告内容上，并千方百计促成交易的完成。而促销信息本来就相对精炼，常只包含产品图像、价格、时间，因此很适合用旗帜广告来展示。

（2）网络广告时效与网络促销。由于消费者在网页上的停留时间并没有受到限制，因此从某种程度上说，网络广告在产品、服务的促销方面比有严格播放时间安排的传统电视节目广告更具有优势，如表9-1所示。

表 9-1   网络广告与传统媒介广告相比

项目 \ 媒体型态	时效性	成本	互动性	更新速度	传播范围	观众选择性
网络广告	无时差	低	高	随时	全世界	自主
平面媒体	延迟	中	低	延迟	区域	被动
广　播	无时差	中	中	延迟	区域	被动
电　视	无时差	高	中	延迟	区域	被动

（3）网络广告的评价与网络促销。网络广告的效果可以通过点击率、点进率等多重指标来衡量。同时，由于网络广告在较大程度上"可选择接受性"，那些点击观看网络广告的消费者一般是具有需求或者潜在需求的消费者，因此，通过对于网络广告的受关注程度作出的统计往往更能准确反映其达成促销目的的效果。

5）确定网络促销预算

（1）必须明确网上促销的方法及组合的方法。

（2）需要确定网络促销的目标。

（3）需要明确希望影响对象。

6）评估网络促销绩效

对促销总体方案作出评估和调整，其目的不仅仅是为了调整那些效果不佳的促销手段，同时也是为了使以后的促销总体方案能够更有效地为实现促销目标服务。

网络评估主要有以下几种业绩评估的方法：

（1）对促销前、促销中、促销后的各项工作进行检查。

（2）前后比较法。即选取开展促销活动之前、中间与促销后的销售量进行比较。

（3）消费者调查法。例如，设计在线调查问卷。

（4）观察法。观察法主要是观察消费者对促销活动的反应。

促销效果评估主要包括：促销是否选择了消费者真正需要的商品；是否给消费者增添了实际利益；是否帮助供应商处理积压商品等信息。

供应商的配合状况评估主要包括：供应商对促销活动的配合是否恰当和及时；供应商是否作出促销承诺，而且切实落实促销期间供应商的义务及配合等相关事宜。

2. 参加开展促销活动的方法

1）促销氛围很重要

卖家应该都知道适时的装修更加可以刺激买家的购买欲望。在网店内要打出促销的广告，而且网店装修也要恰到好处，网店是我们向买家展示的第一窗口，一个网店的装修风格直接影响到是否吸引买家的眼球，如何让买家及时地收到你的促销信息，怎样才能吸引买家从而引起买家购买的欲望，着实是需要在促销装修上下一番功夫。

2）促销需主题鲜明

首先要明确发什么样的主题为主导来进行宣传和促销，如何能在最大程度上配合商品进行一系列的活动。比如销售服装类的，可以添加一些节日服饰搭配进行促销；如果销售鞋子类的，也可以以端午节为主题进行爆款促销，推荐有节日氛围的款式；如果销售食品类的，就可以更多地做一些不同商品的搭配套餐。

3) 制订促销的最佳方案

确定了鲜明的主题后,还需要有一个好的实施方案,这样才能把活动的最终目的或是说主旨传达到每个消费者心里,把消费者的积极性充分调动起来。参与促销活动的人员一定要对方案细节非常熟悉。

对于活动的各个环节一定要详细的进行叙述,让买家在节日的气氛中更能感受到卖家的体贴。对于活动的细节,个人认为越仔细越好,以免在买家进行购买的时候出现误会或者是纠纷,减少矛盾的产生。

4) 促销活动的时间规划

活动时间要趁早制定好,争取在对手没有开始前,这样可以先抢到商机,好的策划也离不开好的时机。

5) 制订销售目标及激励方案

促销折扣要明显,也不要弄得太复杂,让买家最直接地感觉到商品的价格明显降低了,这样的促销方案才能达到很好的成功。有很多商家会将原价提高然后再进行打折,实际上买家买到的不一定是最优惠的价格,所以既然是促销,卖家就要将折扣进行到底,给买家实实在在的优惠,在买家购物的同时可以感受到卖家的真诚。

其他就是一定要控制好成本价格,不要盲目地去拼低价,计算好促销的成本和收益;尽量做到能有最大的收益。当然在活动的过程中一定还会有这样那样的问题,希望大家心平气和的去处理问题,不要因为促销阶段客流量多而造成服务质量变差。这样只会让卖家丧失更多的客户。

思考题

1. 如何有效做好站内推广?
2. 站外推广的方式方法有哪些?
3. 跨境电商如何做好促销活动?

知识与技能训练

一、单项选择题

1. 网络营销中信息的传递方向是(   )的。
   A. 单向   B. 双向   C. 无序   D. 难以琢磨
2. 网络营销信息载体不包括(   )。
   A. 企业网站   B. 电子邮件
   C. 网络营销服务商资源   D. EMS
3. 在网络营销信息载体中,包含信息量最大的载体是(   )。
   A. 电子邮件   B. 网络广告
   C. 企业网站   D. 搜索引擎
4. 下列各项中,不是基于网站的网络营销的方法是(   )。
   A. 网络广告   B. 病毒性营销
   C. 信息发布   D. 网络会员制营销
5. 搜索引擎营销的基本形式不包括(   )。
   A. 分类目录型搜索引擎登录   B. 基于自然检索的搜索引擎优化

C. 免费搜索引擎关键词广告   D. 付费搜索引擎关键词广告

6. 下列各项中,不属于在线销售网站的是(　　)。

    A. 淘宝网   B. 当当网   C. 人人网   D. 易趣网

7. 从(　　)年开始,国内外主要搜索引擎服务收费上陆续开始了收费登录服务。

    A. 1999   B. 2000   C. 2001   D. 2002

8. 下列各项中,不属于搜索引擎优化的基本内容的是(　　)。

    A. 网页布局   B. 网站链接策略

    C. 网络品牌定位   D. 网站内容优化

9. 客户选择推广地域时可选择(　　)。

    A. 美国   B. 石家庄   C. 国外   D. 韩国

10. 下列各项中,属于搜索推广提供的选词、扩词工具的是(　　)。

    A. 估算工具   B. 关键词工具   C. 推广助手   D. 百度商桥

二、多项选择题

1. 网上零售的主要形式包括(　　)。

    A. B2B   B. B2C

    C. C2C   D. 以上都不是

2. 网络营销服务市场目前主要的服务有(　　)。

    A. 域名注册   B. 网站建设   C. 企业邮局   D. 网络实名

3. 在线销售的网站主要有(　　)。

    A. 淘宝网   B. 易趣网   C. 阿里巴巴网   D. 当当网

4. 基于企业网站的网络营销方法有(　　)。

    A. 搜索引擎营销   B. 病毒性营销

    C. 网站资源合作   D. E-mail 营销

5. 搜索引擎营销的基本目标有(　　)。

    A. 方便用户发现并获取企业网站信息

    B. 促进企业网上销售

    C. 帮助企业信息发布

    D. 有利于搜索引擎的收录和检索

三、判断题

1. 网络营销等同于电子商务。   (　　)

2. 网络营销就是"虚拟营销"。   (　　)

3. 分类目录搜索引擎是经过人工审核编辑后才录入数据库的。   (　　)

4. Google 是多元搜索引擎。   (　　)

5. 企业的品牌形象与电子邮件地址无关。   (　　)

6. 用户非常喜爱华丽的、装饰图片较多的网站。   (　　)

7. 企业网站只需要简单的公司简介及产品介绍。   (　　)

8. 搜索引擎优化和关键词广告都是利用用户在检索时对搜索结果页面的关注而传递营销
信息。   (　　)

9. 站内搜索效果的好坏直接决定着网站商品的销量。   (　　)

10. 所谓阶梯价格,就是在视觉上和感性认识上让人有第一错觉的那个价格,比如,以 100 元为界线,那么临界价格可以设置为 99.99 元或者是 99.9 元。　　　　　（　　）

四、案例分析

1. 一家美国家用电器公司拟进入日本市场推销某产品,公司确立了符合日本家电市场的产品、渠道、价格、促销策略,但由于日本实行贸易保护,设下了层层壁垒或进口障碍,因此未能进入日本市场。在这种情况下,这家公司通过美国政府派出外交官给日本政府施加政治压力,说服日本政府放宽限制;同时,向日本政府官员疏通、游说,向日本人民群众说明实际情况,争取日本人民的支持,终于打开了日本市场的大门。

问:这家美国家用电器公司是如何进入日本市场的。

2. 张先生经营的一家珠宝公司现在想要做搜索引擎营销,为了能够更好地避免搜索引擎营销三大误区带来的影响,请你针对每种情况分别找出对应的解决方案。

三大误区:其一,只顾排名、流量,忽视用户匹配度。其二,只顾排名,忽视展现内容。其三,只顾排名、流量,忽视网站用户体验。

主要参考文献

［1］鲁丹萍. 跨境电子商务［M］. 北京：中国商务出版社,2015.

［2］淘宝大学编. 电商精英系列教程：网店推广［M］. 北京：电子工业出版社,2014.

［3］黄成明主编. 数据化管理：洞悉零售及电子商务运营［M］. 北京：电子工业出版社,2014.

［4］林康有,宋钢主编. 国际贸易电子商务［M］. 北京：商务出版社,2005.

［5］李宏伟主编. 电子商务实训教程［M］. 北京：商务出版社,2008.

［6］章学拯主编. 电子商务与物流信息化技术应用［M］. 北京：商务出版社,2007.

［7］中华人民共和国商务部编. 中国电子商务报告(2013)［M］. 北京：商务出版社,2014.

［8］李怀恩主编. 电子商务网站建设与完整实例［M］. 北京：化学工业出版社,2014.

［9］黄敏学主编. 电子商务［M］. 3 版. 北京：高等教育出版社,2007.

［10］董志良主编. 电子商务概论［M］. 北京：清华大学出版社,2014.

［11］蔡剑主编. 电子商务案例分析［M］. 北京：北京大学出版社,2011.

［12］薛晓燕主编. 电子商务实务［M］. 北京：中国农业大学出版社,2013.

［13］鲁丹萍,梁莉芬主编. 国际贸易实务［M］. 北京：商务出版社,2010.

［14］崔立标主编. 电子商务运营实务［M］. 北京：人民邮电出版社,2013.

［15］王淑华主编. 电子商务基础与应用［M］. 北京：科学出版社,2009.